동북아 신질서
— 경제협력과 지역안보 —

국가정보대학원 편

김계동 전재성 이상환 김박수 유종일
박성택 연현식 김의곤 윤덕민 김학성

2004
백산서당

New order in Northeast Asia :
Economic Cooperation and Regional Security

Kim Gye-Dong
(Dean, Graduate School of National Intelligence)

Chun Chae-Sung
(Assistant Professor, Seoul National University)

Lee Sang-Hwan
(Professor, Hankuk University of Foreign Studies)

Kim Bak-Soo
(Senior Research Fellow, Korea Institute for International Economic Policy)

You Jong-Il
(Professor, KDI School of Public Policy and Management)

Park Seong-Tak
(Professor, Graduate School of National Intelligence)

Yon Hyon-Sik
(Professor, Graduate School of National Intelligence)

Kim Eui-Kon
(Professor, Inha University)

Yun Duk-Min
(Professor, Director-General for National Security and Unifacation Studies)

Kim, Hak-Sung
(Professor, Chungnam National University)

2004
BAIKSAN Publishing House

책을 내면서

　지리적으로 유럽대륙에서 아시아로 이어지면서 끝자락에 자리한 동북아는 미국대륙으로 이어지는 태평양의 관문이기 때문에 세계적으로 전략적 요충지에 자리잡고 있다는 평을 듣고 있다. 더구나 이 지역에는 중국, 러시아, 일본 등 강대국들이 포진하고 있으며, 미국의 이익도 첨예하게 개입돼 있는 지역이다.
　제2차 세계대전 이후 유럽에서 동·서 진영간의 이데올로기적인 경쟁과 대립의 각을 세우며 냉전의 시대로 돌입하고 있을 때, 동북아지역에서는 실제로 자본주의와 공산주의 양 진영간의 무력투쟁이 전개됐다. 1949년 10월 1일 중화인민공화국이 탄생하기 이전까지 중국대륙에서는 장개석의 국민당과 모택동의 공산당이 지루하고 처절한 내전을 치렀고, 이 내전이 끝난 지 8개월 뒤에는 한반도에서 3년여 동안 전쟁이 계속됐다. 특히 한국전 기간에는 유엔과 서방측 16개국, 공산측에서 중국과 소련이 참전하는 등 지역적으로는 제한전이었지만 실제 규모나 참전국 수에서는 세계전쟁이나 다를 바 없는 국제전이 전개됐다.
　세계적인 냉전이 계속되는 동안 동북아의 냉전적 대립은 유럽을 비롯한 어느 다른 지역의 냉전보다 심화됐으며, 또한 단순한 동·서유럽 양 진영의 대립과는 다른 복합적이고 다차원적인 갈등을 보여주기도 했다. 분단된 남북한을 축으로 하여 소련·중국·북한으로 이어지는 북방 3각관계, 미국·일본·한국으로 연결되는 남방 3각관계의 구도가 형성됐지만, 실제 내부를 살펴보면 복잡한 역학관계가 형성돼 있었다. 소련과 중국은 다차원적인 갈등관계를 가지고 무력분쟁까지 경험했으며, 이 와중에서 북한은 양국에 대한 등거리 또는 줄타기외교를 표방하고 있었다. 미국은 한국 및 일본과 각기 동맹조약을 체결하고 있었으나 한국과 일본은 가깝고도 먼 이웃으로 제한적인 협력관계에 있었다.

1989년 유럽과 다른 지역에서는 냉전이 종식됐지만, 동북아의 갈등과 대립관계는 변함없이 유지됐다. 러시아의 민주화와 중러관계 회복 등으로 일부 화해의 모습이 보이기도 했으나, 북한의 핵문제가 중심이슈로 등장하면서 동북아질서는 오히려 갈등관계로 역행하는 결과가 초래됐다. 북한의 경제난에 따른 붕괴 가능성, 핵카드를 동원한 벼랑끝외교 등은 동북아의 평화와 안정의 저해요인으로 등장했고, 이 문제는 세계냉전이 끝난 지 15년이 지난 지금에도 동북아 냉전해체의 장애요인이 되고 있다.

반면 경제적 측면에서 1970년대 후반부터 경제 개방정책을 추진해 기대했던 성과를 거두고 있는 중국의 경제성장에 따라 동북아 경제협력의 가능성은 높아지고 있다. 한국·중국·일본은 지리적 근접성, 문화적 유사성, 경제분야의 보완성 등으로 보다 긴밀한 경제협력, 특히 자유무역협정(FTA) 체결 가능성이 최근 들어 중점적으로 거론되고 있다. 경제통합과 다자 안보체제 구축에 성공한 유럽과 동북아는 다른 점이 많기 때문에 경제나 안보협력의 긴밀화가 어렵다는 평을 받고 있지만, 한국을 비롯한 역내국가들은 동북아 협력의 필요성을 인지하고 있으며 국가정책의 중요한 부분으로 포함하고 있는 것이 사실이다.

『동북아 신질서의 모색: 경제협력과 지역안보』라는 제목의 본 연구는 이러한 동북아의 지리적, 역사적, 세력 역학적, 경제적 측면을 망라해 동북아를 해부한 후 동북아에서 새로 태동할 질서를 전망해 보는 데 목적이 있다. 세 분야로 분류해 동북아 신질서의 의미, 동북아의 경제협력, 동북아의 평화와 안보 등 세부주제를 갈등과 대립으로 점철됐던 과거 역사보다는 미래 지향적 측면에서 각 분야 최고 전문학자들의 연구결과를 망라했다.

따라서 이 연구결과는 최근 들어 지역연구의 축이 되고 있는 동북아 연구의 기본서가 될 것으로 생각한다. 지역연구는 정치, 안보 또는 경제를 분리해서 연구하는 것보다는 이들을 종합적으로 연구해야 왜곡되지 않은 연구결과를 도출할 수 있을 것이다. 이 책은 그러한 점을 감안해 동북아에 대한 학제적 연구를 모색했다. 이러한 점에서 이 책은 학문적 발전과 정책결정과정에 모두 기여할 수 있을 것으로 확신한다.

2004년 6월 집필진을 대표하여
김 계 동

동북아 신질서 / 차 례

책을 내면서 · 3

제1부 동북아 신질서의 의미

제1장 동북아질서와 세력균형의 변화 / 김계동 ················· 17
1. 머 리 말 · 17
2. 냉전종식 이후 동북아 협력 · 갈등의 변화 · 19
3. 한반도 중심 동북아질서의 균형과 불균형 · 25
4. 동북아 다자안보의 가능성과 한계 · 32
5. 동북아 경제협력과 FTA체결 모색 · 38
6. 맺 음 말 · 43

제2장 동북아지역 갈등해소와 협력의 방향과 과제 / 전재성 ·············· 45
1. 머 리 말 · 45
2. 동북아지역 질서의 이해를 위한 개념적 틀 · 46
3. 동북아지역 질서의 특성 · 53

4. 동북아 갈등의 현안과 해결방향 · 61
5. 새로운 갈등해소와 협력증진의 모색 · 71

제3장 동북아공동체 형성의 가능성과 한계: 동북아 안보 · 경제레짐을 중심으로 / 이상환 77
1. 서론: 새로운 동북아질서에 대하여 · 77
2. 동북아공동체 형성에 대한 이해 · 85
3. 동북아 안보 · 경제레짐 형성에 대한 논의 · 89
4. 결론: 향후 동북아레짐 형성을 위하여 · 105

제2부 동북아의 경제협력

제4장 동북아 경제통합의 가능성과 추진방향 / 김박수 111
1. 머리말 · 111
2. 동북아의 교역 및 투자추이 · 113
 1) 동북아의 정의와 경제 및 교역의 비중 · 113
 2) 동북아의 역내교역 추이 · 117
 3) 동북아의 역내투자 추이 · 119
3. 동북아 경제통합의 긍정적 요인과 제약요인 · 123
 1) 동북아 경제통합의 긍정적 요인 · 123
 2) 동북아 경제통합의 제약요인 · 128
4. 동북아 경제통합의 가능성과 추진방향 · 132
 1) 기능적 경제통합의 방향 · 132
 2) 제도적 경제통합의 방향 · 134
5. 맺음말 · 138

제5장 **동북아구상과 전략: 세 가지 명제의 분석** / 유종일 141
  1. 동북아구상의 배경 · 141
    1) 대외환경의 변화 · 141
    2) 새로운 경제비전의 필요성 · 143
  2. 동북아구상의 비전과 전략 · 144
    1) 추진목표와 전략 · 144
    2) 대내적 과제 · 145
    3) 대외적 과제 · 147
  3. 다양한 동북아구상의 비교 · 149
  4. 동북아전략에 관한 세 가지 핵심명제 · 151
    1) 남북관계의 진전과 동북아구상 · 151
    2) 경제개혁과 동북아구상 · 153
    3) 제조업과 동북아구상 · 156
  5. 맺음말 · 163

제6장 **동북아 경제협력과 발전을 위한 한국의 전략** / 박성택 165
  1. 문제의 제기 · 165
  2. 한국산업의 성장요인 분석 · 168
    1) 산업기반의 연속적 확충: 신속한 산업구조조정 · 169
    2) 외부의존형 생산기반 확충 · 171
    3) 기술도입 및 흡수의 연속성 · 178
    4) 하류부문에서 상류부문으로의 상승 · 182
  3. 세계 경제환경에의 대응 · 184
    1) 세계주의의 확산 · 185
    2) 세계 산업구조의 변화 · 186
    3) 지역주의의 심화 · 189
  4. 한국산업의 발전방향과 과제 · 191
    1) 산업구조 혁신의 지속 · 191

2) 기존 산업 내 경쟁기반의 강화 · 192
　　3) 중국의 수요에 대응한 중간재산업의 육성 · 192
　　4) 최종 생산기반의 유지 · 194
　　5) 기술력의 향상 · 194
　　6) FTA의 전략적 활용 · 195
　5. 맺음말 · 196

제3부　동북아의 평화와 안보

제7장　동북아 패권경쟁과 지역안보 / 연현식 ·················· 201

　1. 머리말 · 201
　2. 동북아질서의 변화요인 · 203
　　1) 한반도의 변화 · 203
　　2) 일본의 위축 · 205
　　3) 중국의 부상 · 207
　3. 패권경쟁 참여국의 안보전략 · 209
　　1) 미　국 · 209
　　2) 중　국 · 211
　　3) 일　본 · 216
　　4) 러시아 · 219
　4. 동북아 패권에 영향을 미칠 수 있는 주요국 관계 · 223
　　1) 미 · 중 관계 · 223
　　2) 중 · 일 관계 · 227
　　3) 중 · 러 관계 · 231
　　4) 미 · 중 · 일 관계 · 234
　5. 미국의 동북아 패권 지속과 지역안보 · 238
　　1) 미국의 지속적인 지역질서 주도 · 238

2) 동북아 지역안보 · 241
　6. 맺음말 · 246

제8장　21세기 미국과 새로운 동북아 역학구조 / 김의곤 ·················· 249
　1. 머리말 · 249
　2. 21세기 미국의 외교와 국가이익의 불확실성 · 252
　　1) 미국외교의 불확실성과 다문화성 · 252
　　2) 미국의 국가이익과 세계경영 전략 · 254
　3. 9·11테러와 미국의 대북한정책 · 257
　　1) 통제와 포용정책 · 258
　　2) 강화된 통제정책 · 260
　　3) 이라크전쟁 이후 · 265
　4. 미국 대북한정책의 한계점 · 271
　5. 주변 강대국의 한반도정책 · 273
　　1) 중국의 한반도정책 · 274
　　2) 일본의 한반도정책 · 277
　　3) 러시아의 한반도정책 · 279
　6. 결론 및 전망 · 283

제9장　한반도 평화를 위한 다자적 접근모색 / 윤덕민 ····················· 287
　1. 머리말 · 287
　2. 4자회담은 왜 실패했나? · 289
　　1) 4자회담의 배경 · 289
　　2) 4자회담 진행과정 · 291
　　3) 4자회담의 평가 · 293
　3. 6자회담 · 295
　　1) 6자회담의 배경 · 295

2) 1차 6자회담 개최 · 300
   3) 관련국의 입장 · 303
   4) 전망 및 평가 · 306
  4. 평화체제와 다자보장 · 312
   1) 당사자 문제와 형식 · 313
   2) 국제보장 · 317
   3) 평화관리 문제 · 320
  5. 맺음말 · 324

제10장 **한반도 통일과정에서 동북아의 역할** / 김학성 ······················ 327
  1. 머리말: '평화·번영정책'과 동북아 역할의 부상 · 327
  2. 한반도문제의 위상 및 성격: 이론적 논의 · 330
  3. 한반도문제를 둘러싼 동북아질서의 현황 · 338
   1) 동북아 현 질서의 구조적 특징 · 338
   2) 한반도문제에 대한 동북아 강대국의 이해관계 · 344
  4. 동북아질서의 구조변화와 한반도문제 · 354
   1) 한반도문제 1: 평화정착 · 355
   2) 한반도문제 2: 통일 · 359
  5. 맺음말: 우리의 실천과제 · 364

〈표차례〉

<표 2-1> 국제 안보질서의 세 유형 ·· 54
<표 2-2> 아시아지역의 영토분쟁 사안 ·· 61
<표 2-3> 아시아·태평양지역의 다자간 제도 ·································· 75
<표 4-1> 한·중·일의 세계경제 비중 ·· 115
<표 4-2> 세계교역 중 한·중·일 비중추이 ·································· 115
<표 4-3> 동북아(한·중·일) 역내교역 비중추이 ··························· 117
<표 4-4> 한·중·일 국별 역내교역 비중추이 ······························ 118
<표 4-5> 일본의 중국에 대한 직접투자 ·· 121
<표 4-6> 한국의 중국에 대한 직접투자(집행기준) ······················· 122
<표 5-1> 동북아구상의 비교검토 ··· 150
<표 5-2> IMD가 제시한 2003년도 한국의 국가경쟁력 과제 ····· 155
<표 5-3> 산업별 노동생산성의 국제비교 ······································ 159
<표 6-1> 1968-94년 주요국의 구조조정 지수 ······························ 170
<표 6-2> 한국의 무역수지 ··· 173
<표 6-3> 한·중·일 3국의 지역별 수출비중 추이 ······················ 174
<표 6-4> 한·중·일 3국간 제조업 교역수지 ································ 175
<표 6-5> 후발국의 기술전략 패턴 ··· 180
<표 6-6> 주요국의 기술무역 추이 ··· 182
<표 6-7> 산업별 수입의존도 추이 ··· 184
<표 6-8> FTA의 전략적 우선순위에 관한 판단기준 ···················· 195
<표 8-1> 1993년과 2003년 북한의 NPT 탈퇴상황 비교 ············· 261

〈그림차례〉

<그림 5-1> 동북아구상의 배경 및 추진전략 148
<그림 5-2> OECD국가들의 금융 및 보험산업의 고용 비중 158
<그림 5-3> OECD국가들의 금융 및 보험산업의 부가가치 비중 158
<그림 5-4> OECD국가의 대 개발도상국 무역수지 (1999) 160
<그림 5-5> 우리나라의 무역수지 (1999) 160
<그림 5-6> OECD국가들의 제조업 고용 비중 162
<그림 5-7> OECD국가들의 교육, 보건, 사회복지분야 고용 비중 162
<그림 6-1> 구조조정지수 비교 171
<그림 6-2> 한·중·일간 주요 교역상품 176
<그림 10-1> 한반도문제의 존재론적 구도 332
<그림 10-2> 한반도문제의 분석범위 335

제 1 부
●
동북아 신질서의 의미

제1장 동북아질서와 세력균형의 변화

김 계 동

1. 머리말

　1990년대 초반 냉전종식 이후 새로운 세계질서의 전개에 따라 동북아지역에서도 질서구도의 재편이 이루어졌다. 동북아지역은 국가마다 정치·경제·문화·역사적 배경이 상이하고 이해관계가 다양하게 교차돼 항상 불안정의 위험을 내포하고 있었으나, 이러한 불안정요인은 냉전시대의 양극적 군사 대결구조 속에서는 초강대국의 강력한 정치적 통제력과 영향력에 의해 억제되면서 표면화되지는 않았다. 따라서 역내질서는 미국 주도의 자본주의 진영과 소련 주도의 공산주의 진영으로 특징되는 전략구도하에서 비교적 안정적으로 유지될 수 있었다.

　탈냉전과 소련의 붕괴는 동북아지역에도 제한적이나마 화해와 협력의 분위기를 조성하는 새로운 질서를 창출했다. 냉전시대

미·소의 양극적 대립과 더불어 동북아의 양 진영 경쟁체제가 붕괴했으며, 미국과 중국, 중국과 일본의 관계가 더욱 긴밀해졌고, 한국은 구소련 및 중국과 수교했다. 다른 한편 기존 세력구도에 변화가 초래함으로써 불확실성과 유동성을 증폭시키는 부정적 결과도 야기했다. 소련의 붕괴는 미국의 전략적 역할변화를 불가피하게 했으며, 이 두 강대세력의 입지변화는 역으로 일본과 중국의 위상제고와 영향력증대를 가져 왔다.

세계적 차원의 탈냉전에도 불구하고 동북아지역의 냉전적 요인은 상당히 오랜 기간 지속됐다. 경제적 경쟁과 마찰에 더해 영토문제로 비롯된 갈등이 계속됐으며, 일부는 세계적 군축추세에 역행해 군비를 증강하는 등 패권을 추구했다. 특히 1990년대 중반에 동아시아의 위기 또는 불안정상태가 노정됐다. 1993~94년 북한핵문제로 인한 한반도위기, 1995년 남사군도 영유권문제로 인한 남중국해의 분쟁, 1995~96년 대만해협에서 중국·대만의 충돌 등이 그것이다. 이러한 직접적인 분쟁 외에 미·일 경제마찰, 미국의 대만 무기판매 추진으로 인한 미·중관계의 냉각, 일·중간의 지역패권 장악모색 등 눈에 보이지 않는 갈등도 심화됐다.

이러한 현실은 동북아지역이 안고 있는 특이한 구조적 속성에서 연유된다. 이 지역은 전통적으로 안보위협에 대한 다양한 인식이 존재하고 뿌리깊은 역사·문화적 갈등요인이 내재하고 있어 공동안보의 개념과 틀을 발전시켜 오지 못했다. 냉전이 진행되는 동안 이 지역의 다양하고 다차원적인 갈등요인은 양 초강대국에 의한 엄격한 정치·군사적 통제하에서 수면하에 머물러 있었다. 그러나 냉전종식 이후 이러한 구속의 끈이 끊어지면서 잠재적 갈등요소들이 분출되기 시작했다. 시걸(Gerald Segal)은 동아시아의 안정은 다음과 같은 네 가지 조건이 충족돼야 이루어진다고 주장했다. ① 다원적 정치체제, ② 경제·사회분야의 상호의존 증대, ③ 지역공동체의 설립, ④ 확고하고 안정된 세력균형 등이 그것다.[1] 이 글은 이러한 국내외적인 동북아 환경변화의 요인을 중심으로 동북아 질서변화를 세력균형의 차원에서 개괄적으로 살펴보고자 한다.

2. 냉전종식 이후 동북아 협력·갈등의 변화

　냉전종식 이후 동북아질서의 가장 중요한 변화는 동맹관계의 변모로 나타났다. 냉전이 지속되는 동안 이 지역의 질서는 한·미 및 미·일을 연결하는 남방의 쌍무적 동맹관계와 구소련·북한 및 중국·북한을 연결하는 북방의 쌍무적 동맹관계에 큰 영향을 받았다. 이러한 다양한 동맹체제는 탈냉전과 함께 위기를 맞게 됐는데, 특히 사회주의권의 동맹이 크게 약화됐다. 소련의 와해와 그 뒤를 승계한 러시아의 대서방 편향은 사회주의권 동맹 전략구도의 존재이유를 소멸시키는 결과를 가져왔다. 러시아와 중국으로서는 국내문제 해결과 경제발전을 위해 서방 선진국의 지원과 협력이 절실했으며, 그 결과 북한의 반발에도 불구하고 한국과 국교를 수립했다. 특히 중국의 대북한 무역에 대한 경화결제 요구와 러시아의 대북한 군사기술 유출차단은 이들 국가와 북한의 동맹관계를 급속히 냉각시켰다.

---

1) Gerald Segal, "How Insecure Is Pacific Asia?," *International Affairs*, Vol.73, No.2, 1997, pp.235-249.

탈냉전과 더불어 서방의 동맹구도도 부분적으로 변화의 모습을 보이기 시작했다. 우선 미·일 안보체제의 결속력이 이완되기 시작했다. 냉전시기에 미국과 일본은 소련이라는 공동의 적에 대응하기 위해 상호 불만을 억제하면서 공고한 동맹 안보체제를 유지해 왔다. 그러나 냉전체제 붕괴로 이러한 미·일간의 전략구도는 한계를 드러냈다. 미국은 경제안보 차원에서 일본의 경제구조 조정과 시장개방을 집중적으로 요구했으며, 일본은 막대한 경제·기술력에 자신감을 갖고 국가위상 제고와 국제정치적 영향력증대를 모색하면서 대미의존 안보체제의 유지와 미국의 과도한 경제관계 요구에 불만을 나타낸 바 있다.2)

미·일의 경우와는 다르지만 한·미 안보동맹 체제도 구조조정이 계속 논의되고 있다. 미국은 주한미군의 역할을 한국방위를 위한 주도적 위치에서 보조적 위치로 전환하고 있으며, 한국 내에서도 자주적 안보체제 정립 필요성을 제기하는 여론이 부각되고 있다. 한국과 미국은 주한미군의 후방배치에 대해 지속적으로 협상하고 있다.3)

탈냉전은 동북아 역학관계에서 동맹관계의 변화와 더불어 역내 강대국간의 새로운 갈등관계를 형성했다. 우선 미·중간의 전략적 제휴관계가 균열되고 냉각관계가 형성됐다. 냉전기간 미국에게 중국은 소련을 견제하는 카드로서 상당한 전략적 가치가 있었으며, 중국은 대소 반패권전선 형성과 경제개혁 추진을 위해 미국을 필요로 했다. 그러나 구소련의 붕괴로 이러한 전략적 기

---

2) Hiroyuki Kishino, *Creating a Japan-U.S. Global Partnership* (Tokyo: International Institute for Global Peace, 1991), p.8.

3) 김계동, "한미 동맹관계의 재조명: 동맹이론을 분석틀로," 『국제정치논총』, 제41집 2호(2001).

본전제가 소멸함으로써 미국과 중국은 서로가 상대에 대한 입장을 재정립하는 계기를 맞게 됐다. 미국은 중국의 인권문제와 무기수출 및 역내 군사진출에 대해 심각한 비판을 가했으며, 중국 역시 미국의 대만에 대한 무기판매 결정과 경제적 교역관계 확대모색을 비난했다. 이러한 일시적인 관계악화에도 불구하고 양 국간의 관계는 적대적 상태까지 비화되지는 않고 있다. 미국으로서는 동북아지역의 안정과 평화유지를 위해 중국이 필요하고, 중국으로서는 경제개혁의 성공적 달성을 위해 서방 선진국가들의 지원과 협력이 필요하기 때문이다.[4] 특히 최근 들어 북핵문제 해결을 위한 6자회담을 양국이 주도함으로써 동북아 국제문제에 대해 서로 협력적인 태도를 보이고 있다.

일·러관계도 북방영토 반환을 둘러싸고 갈등이 표면화됐다. 일본과 러시아간의 북방영토 문제는 새로운 것은 아니지만, 냉전이 진행되는 동안에는 크게 부각되지 않았다. 그러나 소련을 승계한 러시아가 대서방 관계개선을 적극 추진하면서 이 문제는 본격적인 논의의 대상이 됐다. 러시아 지도층은 파국의 국면으로 치닫고 있는 경제를 살리기 위해 일본의 경제적 지원과 협력이 절실하게 필요하기 때문에 일본의 요구를 거부만 하기 어려운 입장이었지만, 민족주의적 색채를 강하게 띠고 있는 보수파들이 건재한 국내정치적 여건과 안보전략적 필요에 의해 일본의 반환 요구를 받아들일 수 없는 진퇴양난에 빠지게 됐다. 이에 반해 일본은 북방영토의 반환 없이는 대러 경제협력이 불가능하다는 정경 불가분의 입장을 견지했다.[5]

---

4) David C. Kang, "Getting Asian Wrong: The Need for New Analytical Frameworks," *International Security*, Vol.27, No.4 (Spring 2003), pp.61-66.

한·중·일간에도 미묘한 긴장관계가 복합적으로 나타나고 있다. 중국과 한국은 일본이 과거사를 아직 정리하지 못하고 있어 일본과 대립관계를 유지하고 있다. 특히 일본에서의 신사참배와 역사교과서 왜곡문제로 갈등관계가 해소되지 못하고 있다. 한국과 일본은 중국위협론에 기초한 미국의 미사일 방어체제에 대해 독자적으로 대응하는 데 어려움을 겪고 있다. 중국의 국력이 상승하면서 미국뿐만 아니라 한국과 일본의 경계대상이 되고 있다.

최근 미·중·일간에는 환율, 무역수지, 불공정 무역관행을 둘러싼 갈등이 지속적으로 나타나고 있다. 중국의 위안화가 상대적으로 평가 절하돼 있다고 보고 있는 미국은 평가절상 압력을 가하고 있다. 아직은 동맹·협력체제가 유지되는 가운데 긴밀한 동반자관계의 발전을 모색하고 있는 미국과 일본도 양국간의 이해관계 조정과 상대를 보는 불신적 시각이 잠재하고 있으며 통상마찰이 시현되기도 한다. 한국과 일본은 농산물에 대한 미국의 압박을 비판하고 있다. 일본과 중국의 경제관계도 현재로서는 잘 유지되고 있으나 갈등요인은 상존하고 있다. 중국은 일본의 경제협력을 필요로 하면서도 과거 침략의 역사적 경험에 바탕을 둔 잠재적 경계의식을 가지고 있으며, 일본 역시 중국의 군사력 증강에 따른 해상교통로 위협과 역내 패권추구 및 대러시아 접근을 우려하고 있다.6)

---

5) 이외에도 동북아에는 중·러간의 국경분쟁, 중·일간의 조어도를 둘러싼 도서분쟁, 중·북한간의 국경분쟁, 한·일간의 독도로 인한 도서분쟁 등의 영토적 갈등이 존재하고 있다.

6) 김우상, "미·중관계의 미래와 동아시아 안보질서 전망," 『국제정치논총』, 제40집 4호(2000); 이호재, "21세기 동북아 국제질서와 새로운 세력균형체제 모색: 동북아 5개국 체제," 『국제정치논총』, 제39집 3호(1998).

그러나 동북아지역에는 이러한 비관적 갈등요인만 있는 것은 아닙니다. 갈등관계 못지 않게 역내국가들간에는 협력관계도 모색됐다. 예컨대 미·러 협력관계의 발전, 중·러관계의 밀착, 미·일 안보체제의 발전모색, 일·중 관계증진을 위한 노력, 한국과 중·러관계의 발전, 북한의 대미·일 관계개선 모색 등이 그것이다. 미국은 러시아의 국내정치적 혼란을 방지하고 전략적 군사력 축소를 유도하기 위해 최대의 협력을 제공했으며, 러시아도 성공적 개혁의 관건이 되는 서방의 협력을 지원받기 위해 미국과 긴밀한 협조관계를 유지했다.

중국과 러시아도 양측 지도자가 상호 방문하는 등 양국관계 정상화와 협력방안을 다각적으로 강구했다. 일본과 중국도 과거의 불행한 역사적 관계로 잠재적 갈등요인이 존재하고 있는 가운데 서로를 경계했으나, 협력의 증진을 위한 노력도 병행했다. 일본은 자국의 지역적 위상제고 및 정치적 입지강화를 위해 전통적 지역강국인 중국의 협력이 필요했으며, 중국으로서는 지속적인 경제현대화의 추진에 필수적인 자본 및 선진기술 때문에 일본의 협력제공이 필요했다. 또한 양국은 러시아의 견제라는 공동의 안보목표도 가지고 있었다.

이상의 내용을 종합해 볼 때, 냉전 이후 전개된 동북아지역의 새로운 질서는 어느 한 차원에서 단언하는 것이 곤란한 복합성과 유동성으로 특징지어졌다. 소련의 해체로 공산국가들간의 결속관계가 와해되고 서방국가들간의 반소 연합전선도 무의미해짐에 따라 동맹협력권 내부의 갈등이 간헐적으로 나타나고 있는 가운데, 각 개별국가들은 국가이익 우선의 국내외적 정책을 강구했다. 과거 역내질서의 바탕을 이룬 이념을 중심으로 한 정치·군사적 결속관계가 점차 경제적 실리가 근간을 이루는 지경학적 현실주의(geo-economic realism)로 대체됐으며, 따라서 역내국가간의 관계도 사안에 따라 협력과 비협력이 모색되는 시류 영합적인 제휴형태를 띠는 경향을 보였다.

이와 같이 냉전종식 직후인 1990년대 전반기에 생성된 동북아 신질서는 2000년대에 들어와서도 큰 변화를 보이지 않았다. 탈냉전 이후 동북아지역의 새로운 질서는 다음과 같이 크게 세 가지 차원에서 분석될 수 있다. 제1차원은 동북아지역의 안정과 평화를 유지하는 데 주도적 역할을 수행하고 있는 동맹관계다. 한·미, 미·일 및 북·중 동맹관계가 여기에 포함된다. 이는 앞으로 구조와 내용에 상당한 조정이 있을 것이나, 기본적인 틀은 유지될 것으로 전망된다. 이 동맹체제 중 어느 하나라도 와해될 경우 이는 해당국의 군사력 증강, 지역 군비경쟁으로 이어지고 지역의 안정구조를 약화시킴으로써 결국은 이 지역 전체의 불안정으로 연결될 가능성이 크다.

제2차원은 협력 및 갈등관계의 병존이다. 동북아지역은 기존 전략구도가 약화 내지 해체되면서, 과거 적대적 진영에 있던 국가간에 교차적 협력관계가 형성되는가 하면, 같은 진영에서 전략적 협조를 유지하던 국가간에 갈등의 폭이 커지는 상황이 전개됐다. 따라서 동북아지역의 새로운 질서는 지역평화와 안정증진 및 공동이익 창출을 위한 국가간 협력이 모색되면서도 전통적 이해관계와 경제문제를 둘러싼 갈등이 증폭되는 방향으로 나아가고 있다.

제3차원은 전체적인 역학관계의 변화다. 소련의 해체 및 러시아의 위상저하에 따라 일본과 중국의 국가위상 제고 및 역할증대가 추진됐다. 미국은 세력균형자 및 중재자역할을 수행하려 하지만, 러시아의 위상회복이 불투명한 가운데 일본과 중국의 입지와 역할강화가 이루어지고 있다. 따라서 이 지역의 역학관계는 미국이 계속 균형적 역할을 수행하는 가운데 일본과 중국이 강대국의 위상을 유지하고 러시아가 기득권을 유지코자 하는 다극체제의 형태로 발전하고 있다.

3. 한반도 중심 동북아질서의 균형과 불균형

동북아질서의 변화에 따라 한반도를 중심으로 한 주변국의 세력균형은 1980년대 후반부터 평형상태를 잃기 시작했다. 남한은 소련 및 중국과 관계정상화를 시도했고, 북한도 미국 및 일본과 관계개선 협상을 시작했다. 이때부터 한반도의 평화는 교차승인을 해야 이룰 수 있다는 논리가 전개됐다. 다시 말해 과거의 세력균형이 갈등관계를 지속함으로써 이루어진 네거티브한(negative) 균형이었다면, 1980년대 후반부터는 교차승인과 상호협력을 통한 포지티브한(positive) 균형을 모색한 것이다.

역사적으로 주변국과 한반도의 관계는 동북아 강대국간의 역학관계 변화만큼이나 복합적인 성격을 내포하고 있었다. 제2차 세계대전이 종료된 이후 한반도는 미국과 소련을 중심축으로 한 외세의 각축장이 됐다. 제2차 세계대전의 승전국들은 다른 힘의 공백지역에서 모색했던 것과 같이 일본이 물러간 한반도에 대해 자국의 영향력 확대와 세력권 구축을 위한 개입정책을 추진했다.[7]

---

7) 주변열강의 대한반도 개입정책에 대해서는 김계동, 『한반도의 분단과

지정학적으로 동북아에서 전략적 요충지에 위치하고 있는 한반도에 대한 주변국의 개입정책은 두 가지로 분류할 수 있다. 첫째, 적극적 개입정책은 다른 경쟁국들의 영향력을 배제 또는 극소화시키면서 자국의 영향력을 확대하는 정책이다. 둘째, 소극적 개입정책으로 강대국들의 이익이 충돌해 자국의 독점적 이익의 확보가 어려울 경우 경쟁국 또는 경쟁국들과 이익을 균형적으로 배분해 공동으로 영향력을 행사하거나 공동세력권을 형성하는 것이다.[8]

제2차 세계대전 이후 한반도의 분단과 전쟁 당시 미국과 소련을 비롯한 외세는 대체로 소극적 개입정책을 추진했다. 미국과 소련의 한반도에 대한 이익이 충돌하게 되자 양국은 영향력의 균형을 모색해 한반도의 분할점령을 결정했다. 북한이 무력통일을 꾀하며 6·25전쟁을 일으키자 미국은 공산측의 한반도 독점지배를 봉쇄하기 위해 참전했다. 미국과 유엔군이 북한군을 물리치고 한·중 국경 부근까지 진출하자 중국은 서방측의 한반도 독점지배를 봉쇄하기 위해 군대를 파견했고, 결국 한반도는 재분단되면서 공산측과 서방측의 세력균형이 이루어졌다. 이러한 과정의 의미는 주변국 중 어느 한 세력이라도 한반도에 대한 현상타파를 추구해 세력균형을 파기하려고 노력할 경우, 다른 세력은 한반도의 세력균형을 모색해 팽창을 봉쇄한다는 것이었다.

이러한 한반도에서 주변국가의 세력균형 정책은 동북아 역학구조의 축이 돼 냉전이 종식될 때까지 지속됐다. 소련·중국·북

전쟁: 민족분열과 국제개입·갈등』(서울대출판부, 2000) 참조.

8) 김계동, "한반도 분단·전쟁에 대한 주변국의 정책: 세력균형 이론을 분석틀로", 『한국정치학회보』, 제35집 1호(2001).

한을 중심으로 하는 공산주의진영의 북방 3각관계와 미국·일본·한국으로 이어지는 자본주의진영의 남방 3각관계는 거의 완벽한 상태의 세력균형을 이루어 왔다. 북한은 한국전쟁 이후 중국과 소련에 대한 '등거리' 또는 '줄타기'외교를 전개했지만, 양국과 1961년 공식적인 동맹조약을 체결해 정치·경제·군사적 유대관계를 맺고 지원을 받았고, 남한은 한·미 상호방위조약을 직접적인 축으로 하고 미일동맹의 간접적인 연결고리를 활용해 안보를 유지할 수 있었다.9)

세계적인 냉전이 지속되는 동안 남방 3각관계와 북방 3각관계는 대화와 협상이 단절된 채 대립을 지속했다. 1970년대에 세계적 차원에서 데탕트가 이루어졌으나, 남북관계가 화해단계에 들어가지 못한 상태였기 때문에 동북아에서 분열상을 보인 양 진영은 협력적 관계를 갖는 것이 불가능했다. 미국과 중국은 1972년 관계를 개선했고, 미국과 소련도 1972년 전략무기제한협상(SALT I)을 하는 등 평화와 공존을 위한 협력적 관계를 수립했으나, 남북관계는 고사하고 북한의 대미·일 적대감과 한국의 대중·소 적대감은 거의 풀리지 않았다. 그러나 이 두 진영은 첨예하게 대립하고 갈등관계를 지속하면서도 세력균형을 이루었기 때문에 평화와 공존이 가능했다.

이후 동북아의 역학관계는 1980년대 후반 냉전이 종식되면서 변하기 시작했다. 1989년부터 추진하기 시작한 한국 북방외교의 결실로 한국은 동유럽국가들과 수교하고, 이어서 중국 및 소련과 관계정상화를 이룩했다. 이에 따라 한반도에서 세력균형은 중국

---

9) 김계동, 『북한의 외교정책: 벼랑에 선 줄타기외교의 선택』(백산서당, 2002), 154-186쪽.

과 소련에 유리한 방향으로 나아가는 듯했다. 그러나 동유럽 및 소련 공산주의의 몰락 이후 미국이 세계질서의 주도권을 장악해 세계 유일의 초강대국이 됐고, 따라서 동북아에서 미국 영향력의 확대가 지속됐기 때문에 동북아에서의 세력균형이 구조적인 면에서 변형되긴 했지만, 실질적인 균형은 지속될 수 있었다.

동북아의 세력균형이 유지될 수 있었던 또 다른 측면은 북한이 미국 및 일본과 관계개선을 추구하면서 실질적인 관계를 발전시켜 나간 것이다. 북한의 대미·일 관계개선 추진을 계기로 한반도 주변의 세력균형은 변칙적인 형태로 유지됐다. 중국과 러시아는 한국과 수교해 '두개의 한국정책'(two Korea policy)을 추진했지만, 북한이라는 존재 때문에 상당기간 동안 정경분리에 의거해 한국과는 정치는 배제하고 경제부문의 협력만 추진했다. 미국은 동북아에서 주도적 역할을 수행하고 있었지만, 북한과의 관계는 거의 단절된 상태에서 영향력이 없었기 때문에 구조적인 측면에서 한반도에 대해서는 중국과 러시아에 비해 열세를 벗어나기 어려웠다.

그러나 북한이 1993년 3월 NPT에서 탈퇴하겠다는 성명을 발표해 북한의 핵무기 개발의혹이 제기되면서 미국의 북한에 대한 개입정책은 본격적으로 시작됐다. 주변국의 모든 관심은 북핵문제로 집중됐고, 핵개발을 저지하려던 미국의 대북정책이 급부상하게 됐다. 미국은 한편 북한과 핵문제를 해결하기 위한 고위급 회담을 하면서, 다른 한편으로는 경제 및 군사제재 위협을 가하며 '당근과 채찍'의 정책을 구사했다. 한국과 일본은 미국의 주도적 정책을 지지 및 의존했고, 중국은 미국의 대북한 강압정책에 반기를 들면서도 북한을 설득하려는 태도를 보였다.[10] 구소련 해체 이후 북한 및 한반도에 대한 영향력이 크게 축소됐던 러시아는 중재자역할을 자임하며 '6자회담', '8자회담' 등 다자적 해결안을 제시했다.

미국과 북한의 핵문제로 비롯된 갈등적 협상은 1994년 10월 21일 제네바합의(agreed framework)로 일단락되면서 양국은 협력적 협상을 전개했다. 북한은 경제난 해결을 위해 미국과의 관계개선을 절실히 필요로 했고, 미국의 입장에서도 북한의 경제난에 따른 체제붕괴는 동북아의 안정을 해친다는 인식하에 연착륙정책을 구사하며 북한에 대한 지원정책에 앞장섰다. 결국 북한은 '통미봉남'(通美封南) 원칙하에 남한과의 대화와 협상은 중단하고 미국과의 대화에 주력했다. 이에 따라 미국의 한반도에 대한 영향력은 크게 늘어났다.11)

당시까지 한반도와 주변국은 구조적으로 주변국의 정책과 움직임에 따라 관계를 설정하는 주변국 주도의 상황이 지속됐다. 남북관계는 적대적 대치상태를 유지하고 있었기 때문에 남북한이 협력해 주도할 수 있는 부분은 거의 없었다. 주변국들은 남북한간의 대립상황을 활용해 '분할과 통치'(divide and rule)의 원칙에 의거해 한반도에 개입해 왔다.

그러나 이러한 상황, 즉 주변국이 한반도문제를 주도하는 상황은 남북한의 관계가 개선되면서 변화의 조짐을 보이기 시작했다. 2000년 6월 개최된 남북정상회담은 남북한관계에 큰 획을 긋는 일일 뿐 아니라 한반도와 주변국관계에도 기존의 질서를 급변시키는 사건이었음에 틀림없다. 이제 주변국들은 한반도에 대해 남

---

10) 미국이 유엔을 통해 북한에 대한 경제제재를 도모하자, 중국이 이에 반대하며 미국의 정책에 반기를 들어 결국 미국은 북한에 대한 경제제재를 포기했다. 중국은 미국의 북한에 대한 군사제재에도 반대했다.
11) 김계동, 앞의 책(2002), 218-239쪽.

북한을 분리시키고 경쟁시키는 차원에서 주변국들 상호간의 영향력 경쟁에서 남북한 관계개선에 얼마만큼 도움을 줄 수 있는지, 남북한 긴장완화에 따른 자국의 영향력 감소를 어떻게 막을 수 있을지에 신경을 곤두세웠다.

정상회담 이후 주변국의 남북한에 대한 정책은 보다 적극성을 보였다. 첫째, 기존의 영향력을 유지시키려고 노력했다. 예컨대 대북 전쟁억지 역할을 하던 주한미군의 가치가 남북한 관계개선에 따라 크게 떨어질지도 모른다는 우려감에서 미국은 주한미군이 동북아에서 '균형자'의 역할을 하도록 전환시키려고 했다. 둘째, 과거의 '분할통치' 개념에서 벗어나 남북한이 관계 개선하는 것을 지원하는 측면에서 개입정책을 시도했다. 특히 중국과 러시아가 북한에 대해 남북한 관계개선의 자문역할을 하려는 태도를 보인 바 있다. 셋째, 남북한 관계개선에 따라 적대·우호의 개념이 변화할 조짐을 보였다. 과거에는 남북한의 적대관계에 따라 희미하게나마 남방 3각관계와 북방 3각관계의 틀이 유지됐으나, 이 구도는 완전히 붕괴하고 다차원적인 경쟁체제가 들어설 가능성이 높아진 것이다.

수십 년간 지속돼 온 남북한 적대관계가 평화공존 관계로 나아가게 되면, 동북아의 안보환경도 크게 탈바꿈할 것으로 보인다. 1953년 한국전 휴전협정 이후 남북한은 준전시상태에 버금가는 군사적 대립을 해 왔고, 특히 최근 들어서는 북한의 핵 및 미사일 개발문제로 불안정한 상황이 지속돼 왔다. 주변국들은 이러한 불안정한 상황이 무력충돌로 발전하는 것을 방지하기 위해 한반도문제에 상당히 적극적으로 개입해 왔으며, 최근 들어서는 북핵문제를 동북아국가들이 모두 참여하는 다자적인 틀에서 해결하려는 모습을 보이고 있다.[12]

또한 북한의 경제난에 따른 체제붕괴가 동북아의 안정을 해친다는 전제하에 동북아국가들은 북한에 대한 지원정책을 펼쳐 왔다. 주변국들의 입장은 북한이 붕괴해 동북아질서의 혼란상태가 초래되는 것보다 북한이 어느 정도 경제성장을 이룩해 남한과 경쟁할 수 있는 '분할통치' 개념의 환경조성을 원했다. 그러나 이러한 정책은 남북관계의 변화에 따라 새로운 전환기를 맞고 있다. 남북한의 대립관계가 협력관계로 전환됨에 따라 동북아국가들의 대한반도 정책은 크게 변하고 있다.

동북아의 안정을 희구해 온 미국과 일본은 남북한 관계개선과 북한의 태도변화에 따라 한반도의 냉전구조 해체가 본격화된다면, 동북아의 안정을 위해 미국과 일본이 지불해야 하는 안보부담을 경감시킬 수 있다는 측면에서 남북한 관계개선을 지지할 것이다. 중국과 러시아는 북한과의 유대강화를 통해 동북아 세력균형을 지향하는 데 공동보조를 취하는 동시에 북한에 대해 개방·개혁을 촉구할 것이다. 두 국가는 동시에 한반도의 긴장완화를 이 지역에서 미국의 영향력을 약화시키기 위한 기회로 사용할 것이다.

---

12) 김계동, "한반도 평화체제 구상," 『국방정책연구』, 제61호(2003년 가을), 128-241쪽.

4. 동북아 다자안보의 가능성과 한계

동북아에는 유럽과 마찬가지로 1960년대까지 미국과 소련을 축으로 하는 양극체제가 유지됐으나, 1970년대에 들어서면서 중국이 제3의 세력으로 부상하면서 다극체제가 시작됐다. 1980년대에는 경제력에 의해 일본이 새로운 강대국의 대열에 진입하게 됨에 따라 4강의 '비대칭적 균형상태'를 이루었다. 이는 냉전 이데올로기 측면에서 소련과 중국이 한 편이 되고 미국과 일본이 다른 편이 돼 대립하는 동시에, 전략적 측면에서 소련과 중국이 대립하고 경제적으로 고도의 성장을 이룬 일본은 미국에 대해 군사적으로 의존했기 때문에 '비대칭적 균형상태'였다는 평가를 받는 것이다.

냉전종식과 함께 새롭게 등장한 긴장요인을 제거하고 동북아의 안정과 평화를 위해 1980년대 후반부터 한국, 일본 및 러시아는 동북아의 다자간 안보 협력기구의 필요성을 강조해 왔다. 그러나 동북아지역에 다자 안보협력 체제를 구축할 필요가 있다는 것은 인정하지만, 유럽과 달리 동북아의 다자체제 구축은 용이하지 않을 것이라는 부정적 견해도 존재했다. 유럽에서 이루어진 신뢰구축이나 군축모델이 다른 지역에서 그대로 적용될 수 있는 만능모델이 아니라는 것이었다. 동북아지역은 유럽과는 근본적으로 다르게 다양하고 이질적인 정치·문화·역사적 배경을 가지고 있으며, 또한 동북아에는 공통된 위협이 존재하지 않으며, 기본적으로 다자주의의 경험 없이 쌍무동맹 또는 협력에 의해

안보가 유지되고 있다는 점이 동북아지역의 다자 안보체제의 구축이 어렵다는 논리로 인용돼 왔다.13)

그러나 다자 안보협력체의 목적과 유럽의 경험을 살펴볼 때 동북아의 다양한 갈등 및 위협요인을 제거할 수 있는 방안으로 다자 안보협력체의 유용성이 적극 제시됐다.14) 다자안보 협력체제의 목적은 참여국가간 갈등의 조짐이 있을 경우 군사적 충돌로 진전되지 않도록 사전에 긴장요인을 해소하고, 분쟁이 존재하더라도 더 이상 확대되는 것을 방지하는 것이다. 참여국들은 공동의 관심사에 대한 논의를 통해 역내국가간의 대화관습(habit of dialogue)을 축적하고 공통규범을 추구하며 국가 행동양식의 예측가능성을 높인다. 위와 같은 목적을 가진 다자안보 협력체제는 정치적 대화, 군사적 신뢰구축, 군비축소 등을 단계별로 추구한다. 참여국은 안보불안을 줄일 뿐 아니라 안보 외의 분야에서도 이익을 획득한다. 따라서 다자안보 협력체제에 의해 추진되는 다자간 안보협력(security cooperation 또는 cooperative security) 접근은 지역안보 증대를 목적으로 하고, 특정한 안보위협에 군사적으로 대응하기보다는 국가간 분쟁의 발생소지 및 지역 불안정요인을 사전에 방지·제거하는 예방외교적 역할의 수행을 강조한다.15)

유럽안보협력회의(CSCE)의 경험을 보면 다자안보 협력체는 대체로 다음과 같은 역할을 수행한다. 첫째, 참여국들은 지역분쟁

---

13) 이상균, "동북아 다자안보 협력체제 구축방안," 『국가전략』, 제3권 1호 (1997), 199쪽.

14) 송병록, "동아시아공동체 형성을 위한 분야별 협력방안: 군사·안보부문," 『국제정치논총』, 제42집 3호(2002), 109-113쪽.

15) 김계동, "다자안보기구의 유형별 비교연구: 유럽 통합과정에서의 논쟁을 중심으로," 『한국정치학회보』, 28집 1호(1994), 552-553쪽.

의 근본적 원인이 될 수 있는 정치·경제·사회·환경·테러·마약문제 등 역내 공통 관심사에 대해 협의한다. 둘째, 정부간 또는 비정부간 군사안보 문제와 관련한 토론의 장(forum)을 마련해 의견을 교환하고 국가간 활동의 투명성을 제고한다. 의견교환 및 투명성제고를 통해 '상호 안심의 정도'(level of mutual reassurance)를 증대시킬 수 있다. 셋째, 역내 신뢰안보를 구축하기 위해 국방예산, 군사 훈련계획 등의 군사정보와 자료를 정기적으로 교환하고 군 인사교류를 주선한다. 운용적 신뢰구축이 이루어지면 구조적 군비통제(군사력 축소)를 실현할 수 있다. 넷째, 분쟁방지를 위한 예방외교(preventive diplomacy)를 수행하기 위해 사실조사 활동(fact finding)을 시행한다.

유럽에서 다자안보 협력체제가 시작될 수 있었던 가장 큰 계기는 1950년대 후반부터 추진된 서유럽 경제통합이었다. 전체 유럽이 아니라 서유럽만의 통합이었고 정치·군사분야를 배제한 경제통합이었으나, 서유럽 경제통합을 통한 다자적 관계의 형성은 추후 유럽안보에서 '다자주의적 접근'을 하는 데 유용한 경험과 교훈을 제공했다고 할 수 있다. 따라서 동북아의 다자적 접근도 우선 접근하기 용이한 비정치분야부터 시작해 정치·군사로 발전시켜 나가는 것이 바람직하다. 또한 동북아 역내국가간의 정치체제 및 경제력은 서로 상이하기 때문에 점진적 접근방식에 따른 다자안보 협의체 구성을 목표로 해야 한다.[16]

한국은 1980년대 후반부터 동북아지역 안보협력 체제의 필요성에 대해 언급해 왔다. 1988년 10월 18일 노태우 대통령은 유엔

---

[16] 김유남·노병렬, "동북아 안보레짐의 형성 및 가능성: 다자간 안보협의체와의 상호보완성 연구," 『국제정치논총』, 제39집 1호(1999).

총회 연설에서 동북아지역의 다자간 안보협의체의 필요성을 역설하면서 남북한과 미·일·중·소가 참여하는 '동북아 6개국 평화협의회' 창설을 제안했다. 한국이 중국 및 소련과 외교관계를 수립하고 북한과의 유엔 동시가입을 실현한 후 1992년 제47차 유엔총회 연설에서 노태우 대통령은 동북아의 상호이해 및 신뢰증진을 위해 이해당사자들간에 대화와 협력의 장이 필요하다고 재차 강조했다.

1993년 7월 싱가포르에서 개최된 아세안 확대 외무장관회담(ASEAN-PMC)에서 한승주 외무장관은 아·태 광역차원의 안보대화와는 별도로 동북아지역만의 안보대화 추진의 필요성을 역설했다. 다음해 7월 25일 방콕에서 개최된 아세안지역포럼(ARF: ASEAN Regional Forum) 창설 각료회의에서 한장관은 "동북아 안보환경은 냉전의 종료에 따라 대체로 개선되었으나 한반도의 긴장 등 불안정요소가 상존하고 있다"고 전제하고, ARF와 병존해 협조관계를 유지할 '동북아 다자안보협력 틀'의 창설을 제안했다.[17]

동북아국가들은 다자안보 협력체의 가장 초기적인 단계라 할 수 있는 '동북아안보대화'(NEASD: Northeast Asia Security Dialogue)를 추진했다. NEASD는 상호불신 제거와 신뢰구축에 역점을 두고 추후 이를 바탕으로 동북아에서 군비통제를 달성하기 위한 다자간 안보협력의 추진을 목표로 했다. 참여국들은 예방외교(preven-

---

17) ARF 각료회의에는 아세안 6개국인 브루나이, 인도네시아, 말레이시아, 필리핀, 싱가포르, 태국과 한국, 미국, 일본, 캐나다, 호주, 뉴질랜드, 유럽연합 의장국 등 아세안 7개 대화 상대국, 중국, 러시아 등 2개 협의 대상국, 베트남, 라오스, 파푸아뉴기니 등 3개 옵서버국 등 모두 18개국 외무장관이 참석했다. <국정신문>, 1994년 8월 8일.

tive diplomacy)와 분쟁방지(conflict prevention)에 중점을 두는 군사적·비군사적 안보협력을 달성한다는 목표하에 점진적인 접근방식을 추진했다.[18]

동북아지역의 안보협력은 분쟁방지를 위한 예방외교 목표를 수행하기 위해 주권존중 및 영토보존, 불가침과 무력사용 및 위협금지, 국내문제 불간섭, 분쟁의 평화적 해결, 평화공존, 민주주의 및 인간존엄성 존중의 원칙을 기본강령으로 해야 한다. 다자안보 협력체가 성공하기 위해 제시되는 가장 중요한 조건은 '현상인정'이다. 협력체는 갈등과 분쟁을 줄이기 위한 것이기 때문에 갈등이 생길 수 있는 요소를 제거해야 한다. 이를 위해서는 갈등적 현상을 비갈등적 현상으로 전환시키는 것도 중요하지만, 이 과정에서 어느 한편의 이익을 침해할 수 있고 새로운 갈등이 나타날 수도 있다. 따라서 일단 현상을 인정하고, 그 현상에서 비롯되는 갈등을 줄여 나가는 방식을 택하는 것이 더 바람직하다. 유럽의 다자안보 협력이 성공할 수 있었던 것은 기존의 정치·군사·경제분야의 동맹 및 협력관계와 2차대전 후 국경선의 존재를 인정하는 바탕 위에서 이루어졌기 때문이다. 따라서 동북아에서 기존의 세력 역학관계, 동맹, 분단체제 등을 인정하는 바탕 위에서 안보협력 체제를 추진하는 것이 중요하다.

또한 다자안보 협력체제는 다양한 분야에서 포괄적인 개념을 가지고 추진해야 한다. 따라서 협력체의 의제를 선택할 때는 광범위하고 융통성 있게 접근해야 한다. 유럽의 CSCE는 정치·군사·경제·과학·기술·인권·환경 등 다양한 분야로 접근했기 때문에 포괄적인 신뢰구축을 이룰 수 있었다. 동북아에는 다양하

---

18) 이상균, 앞의 책, 201쪽.

고 상충되는 이익과 이해관계가 존재하기 때문에 동등하고 모두에게 도움이 되는 포괄적 접근이 어려울 것이지만, 포괄적으로 접근해야 한다는 명제 없이 다자안보 협력을 추진하게 되면 특정국가에게 유리한 불평등하고 불균형한 제도가 이루어질 우려가 있다.

동북아의 다자간 안보협력은 한반도 통일에 유리한 환경을 조성하는 데 중요한 역할을 할 것이다. 통일에 유리한 구체적인 환경조성의 내용은 ① 남북한의 통일합의에 대한 국제적 지지와 보장의 획득, ② 통일과정에서 남북한 당사자들이 주도권을 행사할 수 있는 국제환경의 조성, ③ 통일과정에서 주변 강대국들의 방해 내지는 무력개입을 방지할 수 있는 국제 안보환경의 조성, ④ 북한의 급작스런 붕괴나 주변정세의 급변에 대비한 역내협력 및 조정기구의 마련 등이다.

따라서 동북아 다자안보 협력체의 설립은 다음과 같은 면에서 한반도 통일에 기여할 것이다. 첫째, 어떤 특정국가가 통일과정에서 압도적인 영향력이나 압력을 행사하는 것을 방지할 수 있다. 둘째, 한반도 통일과 관련된 주변 강대국간의 이해관계 및 입장조정에 유리하다. 셋째, 남북한과 관련된 군사 블록화의 등장을 방지함으로써 이에 관련되지 않은 국가들이 한반도 통일에 대해 갖는 거부감 및 우려를 해소할 수 있다.[19]

동북아에서 다자간 안보협력 체제가 구축된다면 한반도의 경우 남북한간에 이미 체결된 기본합의서 등 양자협정이 다자협력의 틀 안에서 보장·강화될 수 있으며, 남북한 당사자간에 해결

---

19) 이철기, "동북아 다자간 안보협력의 필요성과 가능성: 한반도문제와 관련성을 중심으로," 한국정치학회 주최 제4회 한국정치 세계학술대회 발표논문(1994. 7. 19~20), 16쪽.

이 어려운 문제를 다자간 대화의 틀을 통해 합의를 유도해 낼 수 있을 것이다. 무엇보다 중요한 것은 이 다자간 안보협의체에 북한이 참여하도록 유도해 신뢰구축 등 군비통제를 실시함으로써 한반도 통일을 위한 평화체제를 구축할 수 있다는 점이다.

5. 동북아 경제협력과 FTA체결 모색

동북아 경제협력의 필요성은 1990년대 중반 이후 본격적으로 거론되기 시작했다. 1995년 WTO 출범 이후 96개 이상의 지역협정이 체결되는 등 지역주의가 급격히 확산됐고, 1997년 아시아 외환위기의 여파에 따라 아시아 각국이 대미 무역의존에서 탈피해야 할 필요성을 절감했으며, 중국이 2001년 10월 WTO에 가입한 이후 동북아뿐 아니라 세계경제에서 주도적인 역할을 수행하게 된 점이 동북아 경제협력을 추진하는 동기가 된 것이다. 동북아의 역내교역과 투자 등 경제협력의 확대는 일본의 첨단기술과 자본, 한국의 생산기술과 개발경험, 중국의 노동력과 거대한 잠재시장 등 3국간의 경제적 보완관계에 기인하고 있다.[20]

1999년부터 시작된 한·중·일 동북아 3국간 정상회의는 동북아 경제협력을 점차 체계화하고 있다. 외무, 재무, 경제·통상장관 회의뿐 아니라 환경, 에너지분야 등 기타 고위급회담도 정기적으로 개최되고 있다. 한·중·일 3국간 협력구조의 제도화는

---

20) 배긍찬, "동북아 경제중심 건설을 위한 외교적 과제," 『외교』, 제66호 (2003년 7월), 134쪽.

동북아 3국간 경제공동체 구상으로 발전할 가능성을 제시하고 있다. 경제규모 면에서 한·중·일 3국은 15억의 소비자, 7조 달러의 GNP, 2조 달러의 무역규모 등 EU 및 NAFTA지역과 함께 세계 3대 경제권에 속한다. 일본은 지난 10년간 연속 중국의 최대 교역상대국이었고, 중국은 지난 8년간 일본의 제2교역상대국이었으며, 한·중 양국은 상호 제3의 교역상대국이었다.

동북아의 총교역에서 역내교역이 차지하는 비중은 1990년의 12.5%에서 2002년에는 22.4%로 증가했다. 이 기간중 역내수출의 비중은 11.2%에서 19%로 증가한 반면, 역내수입은 14%에서 26.3%로 급증했다. 이는 이들 동북아 3국이 수출은 세계시장을 대상으로 하는 반면, 원·부자재 수입은 역내에 크게 의존하고 있다는 의미로 해석된다. 이러한 역내교역의 급증이 동북아 경제통합의 필요성을 제기하고 있다.

발리에서 개최된 ASEAN+3 정상회의에 참석한 한·중·일 정상은 2003년 10월 7일 별도 정상회의를 갖고 동북아 경제협력을 포함한 14개항의 공동선언을 발표했다. 경제협력과 관련된 구체적인 내용은 FTA 및 투자협정 체결에 대한 공동연구 추진, 세계무역기구(WTO)의 협상무대와 에너지, 물류유통, 정보기술(IT) 분야에서의 협력 등 포괄적인 '동북아지역 네트워크' 구축을 포함하고 있다. 이 협력내용을 지원하기 위해 3자위원회의 설치를 합의했다. 14개항 중 경제협력과 관련된 구체적인 내용은 아래와 같다.

o 무역 및 투자협력
 - 도하개발아젠더 협상추진 공동노력.
 - WTO규정의 남용과 자의적 적용 방지노력.

o 정보통신 기술산업 협력
o 황사, 산성비, 기후변화 등 환경보호 협력강화
o 폭풍, 태풍, 홍수, 지진 등 재난예방 관리협력
o 에너지분야의 호혜적 협력확대
o 지역 내 금융안정 증진을 위한 협력
o '국제 핵융합실험로 사업' 등 과학기술 협력증진
o 3국 연계 관광개발 등 관광인프라 개발협력
o 어업자원 보존협력
o 인적 교류 등 다양한 교류채널 확대
o 국제적 관심사 협력노력
o 아시아지역 협력노력
o 전염병 및 국제범죄 대처 협력강화

　최근 들어 동북아 경제협력의 일환으로 가장 활발하게 논의되는 내용은 자유무역협정(FTA)에 대한 것이다. 2002년 11월 한·중·일 정상회의시 중국이 동북아 FTA 타당성의 검토를 제의했다. 동북아 FTA에 대해 가장 유보적인 태도를 보이던 중국이 한·중·일 FTA를 제안한 이유는 최근 WTO 가입 및 ASEAN과의 FTA 체결로 대외 경제협력에 자신감을 갖게 됐기 때문인 것으로 분석되고 있다. 이러한 중국의 제안에 대해 한국정부는 긍정적인 의사를 표시한 반면, 일본은 WTO 가입 후 중국의 법제도 개선 등의 추이를 보아 가며 중장기적으로 접근하겠다는 의견을 제시했다.
　동북아 FTA가 성공적으로 추진되기 위해서는 중국과 일본의 지역패권 경쟁이 해소돼야 한다. 최근 들어 중국경제의 급부상과 일본경제의 상대적 퇴조로 양국간 경제적 경쟁이 심화되고 있으며, 특히 양국은 동아시아에서 역내 주도권을 놓고 치열한 경쟁 양상을 보이고 있다. 중국은 동남아국가들의 대중국 위협인식 제거와 ASEAN의 친중화를 위해 ASEAN과 FTA를 체결하고, 베트남, 캄보디아, 라오스, 미얀마 등 역내 후발국들에 대한 경제·군사원조를 확대했다. 이에 대응해 일본은 싱가포르와 FTA를 체결하고 태국, 필리핀, 말레이시아, 베트남 등과 유사한 형태의 FTA 체결 가능성을 타진하고 있다. 또한 동남아에 대한 경제지원의 일환으로 동아시아개발 이니셔티브(IDEA) 프로그램을 추진했으며, 2003년 11월 도쿄에서 사상 최초의 일본·ASEAN 정상회의를 개최해 일본의 ASEAN에 대한 영향력 제고를 시도하고 있다.

이런 상황에서 한·일간에 FTA 접촉이 시작됐다. 한국과 일본은 동아시아에서 정치적으로나 경제발전 수준에서 가장 유사하기 때문에 양국의 FTA 체결은 바람직한 것으로 평가됐다. 2003년 10월 20일 태국에서 개최된 APEC 정상회의에서 만난 한국과 일본의 정상은 양국간 FTA 체결을 위한 협상을 2005년까지 끝내기 위해 2003년 안에 협상을 시작하기로 합의했다.[21] 일본이 한국과 FTA 체결에 적극적인 태도를 보이는 것은 일본경제의 침체상황을 극복하기 위한 목표도 있지만, 실제로는 강력하게 부상하고

---

21) 실제로 한·일간의 FTA협상은 1998년부터 시작됐다. 이 해 11월 한·일 통상장관 회담에서 FTA에 대한 민간차원의 기본연구 합의, 1998년 12월 대외경제정책연구원과 일본 아시아경제연구소 공동연구 시작, 2000년 9월 한·일 정상 FTA비즈니스포럼 결성합의, 2001년 1월 비즈니스포럼 FTA 조기실현 공동선언 발표, 2002년 3월 한·일 정상 신·관·학 공동연구회 설치합의, 2003년 1월 한·일 투자협정 발효, 2003년 6월 한·일 정상 FTA 정부협상 조기개시 노력합의 등이다. 『주간동아』, 2003년 6월 19일.

있는 중국에 대한 일종의 견제방안이라는 지적도 있다.

한·일 FTA협상에서 주의해야 할 점은 무역역조 심화우려와 경쟁력이 상대적으로 약한 기계부품 및 소재업계의 피해를 최소화하는 일이다. 경제규모가 한국의 10배 가까운 시장에 무관세로 진출한다는 것은 유리한 입지를 확보했다고 할 수 있으나, 기술력의 차이와 복잡한 유통단계로 일본시장에 침투하는 것은 많은 부담을 안게 될 것이고, 특히 자동차와 전자산업이 어려움에 직면할 것이다. 따라서 너무 서두르지 말고, 한국기업의 진출에 걸림돌이 되는 제도를 개선하고 기술이전이나 투자를 유인하기 위한 외교력을 발휘해야 한다는 지적이 나오고 있다.[22]

일본의 평균관세율(2.7%)이 한국(7.9%)보다 낮기 때문에 관세율이 철폐되면 가격경쟁력에서 한국이 불리할 것이라는 지적이 있으나, 평균관세율과 개별관세는 다르기 때문에 업종에 따라 한국이 유리할 수도 있고, FTA가 시작됐다고 당장 무관세로 되는 것이 아니라 향후 10년 정도에 걸쳐 무관세가 되기 때문에 이에 대비할 시간은 충분하다. FTA는 관세철폐뿐 아니라 경제 전반에 걸친 협력을 의미하기 때문에, 지속적인 일본의 자본과 기술의 유입에 따라 대일수출도 증가할 수 있을 것이다. 일본과 FTA를 체결하면 한·중·일, ASEAN 등과의 FTA를 추진할 수 있다는 점도 한·일 FTA 추진의 주요동기 중 하나다.[23] ASEAN은 한·

---

[22] 대외경제정책연구원의 보고에 따르면 한·일 FTA가 체결되면 단기적으로 한국의 대일 무역적자가 연간 60억 9천만 달러로 늘어날 것이지만, 한국의 수출제품에 사용되는 일본 부품가격이 인하돼 중장기적으로 전체 무역수지가 매년 30억 천만 달러쯤 개선될 것으로 전망했다. <내외신문>, 2003년 10월 13일.

[23] 그러나 중국과의 FTA 체결에 대해서는 부정적 시각이 지배적이다. 중

중·일 3개국 중 중국과 FTA를 체결하기로 2002년 합의했고, 일본은 2002년 농산물을 생산하지 않는 싱가포르와 2002년 처음으로 FTA를 맺었다.

유럽국가들은 서로 비슷한 상품을 생산하는 경제구조를 가지고 있어 시장을 개방할 경우 경쟁을 통한 이득이 많다. 그러나 동아시아국가들은 아직 경제발전에서 큰 편차를 보이고 있어 경제통합을 하더라도 서로 경쟁을 통해 경쟁력을 상승시킬 요인이 아직은 적은 편이다. 동북아 3국의 경제수준을 보면, 일본은 가장 발전한 선진국으로서 고도의 공업화를 이룩했고, 한국은 과거 40년간 공업화를 추진한 결과 선진국 진입을 눈앞에 두고 있는데 비해, 중국은 1970년대 말 개방·개혁정책 추진 이후 고도성장을 이루었으나 아직 한국이나 일본에 비해 발전수준에서 격차를 보이고 있다. 이러한 국가간의 경제력 격차 때문에 순조로운 무역자유화를 이루기 어렵다는 우려가 있으며, 이를 극복하는 것이 동북아 경제협력과 FTA 체결의 제1의 과제라고 할 수 있다.

6. 맺음말

세계안보 차원에서 살펴보면 동북아지역은 중동지역과 함께 심각한 위기에 처해 있다. 미국, 중국, 러시아, 일본의 핵심적인

국과 FTA를 체결하면 중국으로부터 값싼 농산물과 노동집약적 공산품이 대규모로 유입될 것이라는 점에서 한·중 FTA는 어려울 것이라는 전망이다. 정진영, "한국 경제외교의 현안과 대응방향," 『외교』, 제64호 (2003년 1월), 58-59쪽.

국가이익이 교차하면서 이는 잠재적인 지역 불안정의 요인이 되고 있다. 특히 북핵문제로 비롯된 위기는 단시일 내에 해결될 조짐을 보이지 않고 있다. 1953년 한국전 휴전 이후 이 지역에서는 별다른 무력충돌이 발생하지 않았으나, 어느 다른 지역보다 일촉즉발의 위기상황은 더 빈번하게 벌어졌다.

이러한 위기는 동북아에서 어느 정도 이루어졌던 세력균형에 의해 분쟁이나 전쟁으로 발전하는 것을 피할 수 있었다. 동·서양 진영으로 명확하게 분리됐던 유럽과 달리 동북아지역에는 다양한 양자관계가 복합적으로 분포돼 있어 불균형적인 요소도 존재하고 있었지만, 4대 강국의 상호견제와 위협의 균형은 평화관계는 아니지만 무력충돌을 억지해 공존을 가능케 하는 효과를 거둘 수 있었다.

역사적으로 국제질서는 갈등과 위기에서 비롯된 도전을 정책적 선택과 협력을 수단으로 해서 새로운 기회로 탈바꿈하는 과정을 되풀이하면서 형성돼 왔다. 동북아의 냉전적 갈등도 다자간 협력에 의해 또는 다자협력 체제를 구축하기 위한 기회로 전환시키는 데 좋은 계기를 마련하고 있다. 1990년대 초반부터 시작된 북한의 핵문제를 해결하기 위해 동북아국가들이 망라된 6자회담이 개최되고 있으며, 유럽 또는 동남아 등과의 경쟁에서 뒤지지 않기 위해 동북아국가들간의 경제협력 또는 경제공동체에 대한 연구도 활발히 진행되고 있다. 머지 않아 제한적이나마 안보와 경제의 측면에서 동북아 다자협력의 틀이 구축될 것으로 예상된다.

제2장 동북아지역 갈등해소와 협력의 방향과 과제

전 재 성

1. 머리말

　동북아는 흔히 다른 지역, 특히 유럽과 비교해 통합의 정도가 낮고, 강대국들간의 이해대립 및 세력균형의 모순이 첨예하며, 다자주의적 갈등해소의 기제가 저발전해 있고, 안보위협이 상존하는 상대적으로 불안정한 지역으로 인식돼 왔다. 이러한 질서 속에서는 지역갈등을 해소하려는 노력이 어려움에 봉착할 수밖에 없으며 상호협력이 더욱 어렵다고 여겨지는 것이 당연하다.
　여기에서는 동북아지역 질서의 모습을 이해하기 위해 우선 지역질서의 유형을 현실주의적·도구적 질서, 자유주의적·규범적 질서, 구성주의적·연대적 질서로 나누어 살펴보고, 각 질서 속에서 국가간 갈등이 어떤 기제를 통해 해소되고, 협력이 어떻게 증진되는지 개념적 이해를 시도하고자 한다. 다음으로는 동북아 국제질서의 특성을 역사적 상황과 관련해서 살펴보고, 동북아는 여전히 현실주의적·도구적 질서가 팽배한데, 그렇게 된 이유를 논하고자 한다. 세 번째로는 현재 동북아지역에 존재하는 많은 갈등현안과 이들의 해소 및 관리방안을 살펴보고, 마지막으로 자유주의적·규범적 질서로 변해 갈 수 있는 가능성과 구체적인 기제에 관해 논하고자 한다.

2. 동북아지역 질서의 이해를 위한 개념적 틀

현재 동북아지역 체제를 공간적·시간적으로 정의하기는 쉬운 일이 아니다. 흔히 국제체제를 "의미 있고 정기적인 상호작용과 교류가 있는 국가주체들 혹은 비정부집단간의 집합"이라고 정의할 수 있고, 국제체제가 더욱 발전해 구성주체들간의 규범적 관계까지 포괄하게 되면 국제사회라 칭한다.[1] 현재의 동북아 역시 미국, 중국, 러시아, 일본의 강대국과 한국, 북한, 대만의 7개 세력이 의미 있고 정기적인 상호작용과 교류를 통해 이루어 내는 국제체제라 볼 수 있는데, 문제는 현 지역체제의 특성이 공간적·시간적으로 어떻게 경계지어지는 것이 의미가 있는가 하는 점이다. 동북아를 공간적으로 정의하는 데는 많은 어려움이 따르고, 이러한 공간적 구별행위 자체가 정치적일 수 있다. 한국의

---

1) 이러한 정의는 특히 영국의 국제사회학파에게서 볼 수 있다. Hedley Bull, *The Anarchical Society* (New York: Columbia University Press, 1977) 참조

역할을 한다고 보기는 어려웠다.

이러한 현실주의적·도구적 국제질서 속에서 갈등은 일차적으로 갈등주체간의 세력배분 구조에 의해 결정되고, 전쟁의 위협과 무력에 의존한 외교활동이 중요한 정책수단이 되며, 협력은 사안별로 단기적이고 직접적이며 소위 '엄격한 상호성'에 의해서만 지속될 수 있는 모습을 보였다. 국제레짐이나 국제법 혹은 국가간 규범이 적나라한 국가간 갈등과 경쟁을 매개하고 혹은 더 나아가 이에 영향을 미치는 일이 생기기는 어려웠다.

국가가 이기적이고 자신의 이익을 극대화시키기 위해 노력한다고 해서 국가간 협력이 발생하지 않는 것은 아니다. 오히려 국가가 상호 이익을 공유하기 위해 협조의 틀을 더욱 발전시켜 나갈 수도 있는 것이다. 19세기 유럽의 질서는 강대국들이 자국의 왕조적 보수주의를 강화하는 한편, 나폴레옹의 프랑스와 같은 제2패권국의 등장을 방지하기 위해 이전과는 다른 강대국간 협조체제를 만들어 성립한 질서라고 할 수 있다. 이들 국가는 주요 갈등사안, 예컨대 그리스와 벨지움이나 발칸제국의 독립문제, 터키제국의 약화로 인한 세력균형의 재조정문제가 있을 때마다 소위 강대국간 회의체제를 발동시켜 이를 해결해 왔다. 19세기의 국제정치가 18세기의 국제정치보다 전쟁의 횟수, 강대국들의 전쟁참여 횟수, 전쟁에서 사상자의 수, 전쟁의 지속기간 모두에서 월등히 평화로운 시기였다고 볼 때, 일단은 협조체제에 의한 갈등해소와 협력이 얼마나 많은 효과를 거두었는지 인정할 만하다.

국가 상호간의 이익과 이익에 근거한 제도의 출현, 출현된 제도적 협력의 반복과 제도의 정착 등에 의해 만들어지는 제도를 소위 자유주의적·규범적 질서라 칭할 수 있을 것이다. 국가는 여전히 행동의 중심에 있고 자국의 이익을 위해 활동하며 국민국가적 정체성을 최우선적으로 고려하고 있지만, 공동의 이익과 갈등해소의 제도화, 협력의 필요성에 대한 인식을 공유함으로써 갈등사안이 발생할 때 힘과 전쟁, 외교에 의존하기보다는 우선적으로 기존의 제도적 협력에 의해 문제를 해결하려고 하는 성향을 가질 수 있다. 또한 제도적 협력이 축적돼 각종 사안을 다룰 수 있는 틀과 논리가 축적된다면, 갈등해소의 길은 더욱 제도화되고 평화로울 수 있을 것이다.

19세기 유럽의 질서와는 달리 20세기의 질서는, 특히 제2차 세계대전 이후 국가의 민주화와 시장확산에 의해 더욱 공고해졌다고 보는 견해가 있다. 소위 자유주의 국제정치 이론가들이 주장하는 바로, 제2차 세계대전 이후의 민주주의·자본주의국가간의 국제질서를 예로 들 수 있다. 국가는 민주화돼 한편으로는 국가간의 대화와 타협에 의한 갈등해소의 규범이 국제적으로 확산되는 한편, 국가 이외의 행위자, 즉 시민사회 내 각종 집단간의 국제적 협력이 가속화돼 기존의 국가 중심적, 군사력 위주, 이익 중심적 국제관계가 상당부분 변했다는 주장이다. 또한 시장이 확산돼 자본의 역할이 강화되면서 자유주의 무역질서, 통일된 금융질서, 자본 투자에 유리한 평화로운 국제 정치·경제질서가 정립되고, 이러한 가운데 자유주의적·규범적 질서를 구성하는 새로운 축들이 등장했다는 주장이다. 민주화와 시장이 과연 어느 정도 갈등해소와 협력증진에 역할을 하고 있는지는 여전히 논의중이나, 국가간 갈등해소 과정에서 무력에 직접적으로 의존하려는 경향을 제지하는 요인을 창출해 냈다는 주장에는 일리가 있어 보인다.

이러한 자유주의적·규범적 질서는 대체로 복합적이고 안정적이며, 이러한 질서 속의 국제관계는 규범, 규칙, 타자에 대한 의무감에 의해 성립되는 경향을 보인다. 또한 힘, 특히 군사력이 갈등해소에 중심적 역할을 하는 쟁역이 제한되는 모습을 보인다. 국제관계에서 국가는 유일한 행위자라기보다 여타의 행위자와 많은 역할을 나누고 있으며, 국내문제에 대한 주권평등, 내정불간섭, 때로는 인권적 개입의 규범까지도 작동하는 모습을 보인다. 국민국가적 정체성이 주된 인식적 요인이나, 점차 국가간 협력과정에서 집합적 정체성(collective identity)이 형성되기 시작하고, 공동의 이익에 대한 관념이 공고화된다고 볼 수 있다. 이러한 관념은 명확하고 공식적이며 광범위한 규칙에 의해 지탱되며, 점차 도덕적 관념에 기반한 규범도 생겨난다고 볼 수 있다. 자유주의적·규범적 질서하에서는 규칙, 규범, 국제법, 힘의 집합적 관리 양식 등이 강조돼 갈등해소의 새로운 방법을 모색하게 되는데, 이 속에서 경제적 협조, 국제레짐, 집단안보체제 등의 새로운 기제가 실험되고 자리잡는 특징을 보인다. 전쟁을 통한 갈등해소는 제한되고, 외교는 규칙의 교섭과 집행을 위해 사용되며, 국제관계를 규율하는 국제법에 더 많은 역할이 부여된다.

현재의 지역질서를 상호간에 비교할 때, 흔히 가장 발전된 지역질서로 1990년대부터의 유럽지역 질서를 예로 든다. 2차대전 이후 서유럽은 새롭게 등장한 미국, 냉전의 와중에서 주적으로 떠오른 소련과 동구 공산주의국가에 대항할 필요에 직면하는 한편, 제2의 빌헬름 2세, 제2의 히틀러의 등장을 막기 위한 생각에 노심초사했고, 그 결과 통합을 통한 지역질서를 구축하기 시작했다. 무역·금융·시장의 통합, 정치과정·외교정책의 통합, 그리고 급기야는 안보공동체를 지향하는 이러한 과정은 근대 국제질서를 초월하는 탈근대 이행의 첫걸음으로까지 보이고 있으며, 유럽의회나 유로, 유럽중앙은행의 출현과 이에 따른 국가주권의 부분적 양도는 이러한 이해가 수긍할 만한 것임을 보여주고 있다.

이 과정에서 나타나는 가장 중요한 변화는 국민국가적 정체성을 대신하는 지역정체성의 출현으로, 개별국가의 국민이 자국에 대한 충성도나 합일감뿐 아니라 지역 전체에 대한 충성도나 합일감까지 느끼게 된다는 것이다. 이는 이미 칼 도이취가 이야기했던 정치커뮤니케이션의 활성화를 통한 지역 안보공동체의 모습으로, 개인은 이제 유럽의 군대에서 군복무를 하고, 유럽공동체에 세금을 내며, 유럽 내 타국의 판사에게 재판을 받게 돼, 유럽 전체를 위한 전장에서 목숨을 바치고, 자신의 세금으로 역내 타국민의 복지를 지원하며, 타국민이 행하는 재판에 자신의 운명을 거는 것을 주저하지 않는 단계를 생각할 수 있게 되는 것이다. 이러한 질서 속에서 갈등해소와 협력은 많은 부분 이미 개별국가간 협력의 한계를 넘어서게 될 것이고, 근대 국제질서 속의 국내정치와 같은 기제가 지역공동체 내에 출현하게 될 것이다.

집합적 정체성을 강조하는 국제정치 이론의 대표 격으로 구성주의 이론을 생각해 볼 때, 이상의 질서를 구성주의적·연대적(solidarist) 질서라 명할 수 있을 듯하다. 이러한 질서는 상호신뢰와 일반적인 의무감에 기초해 안정적이고 평화로우며, 모든 국제관계가 국제법의 규칙에 따라 이루어진다고 볼 수 있다. 국내외 문제에 대한 엄격한 구분이 사라지고, 정당한 목적이 있다고 인정되는 사안에 대해서는 국내문제에 대한 국제적 간섭 또한 용인된다. 개인이 국내법의 주체로서 갈등해소와 협력의 주체가 될 수 있는 것처럼, 국제문제에서도 개인이 국제법의 주체로 등장할 수 있다. 이제 국민국가적 정체성과 목표가 집합적 정체성과 집합적 이익에 의해 형성되고 이에 종속되게 되는 것이다. 구성주의적·연대적 질서는 공동체의 목적으로 전쟁을 영원히 제거하고 폭력의 사용을 엄격히 규제하며, 연대와 통합의 목적을 공고화하고 개인의 권리보호, 공동체의 방어, 공동체를 확산시키는 것에 주력하게 된다. 결국 이러한 질서 속에서 주체는 공동의 도덕적·규범적·법적 틀에 기반해 갈등을 해소하고, 이러한 규칙은 협조와 통합, 공동체의 발전을 촉진시킨다고 볼 수 있다. 이상의 내용을 상술하면 <표 2-1>과 같다.2)

3. 동북아지역 질서의 특성

앞에서 논한 각 유형의 지역질서와 그 속에서의 갈등해소 및 협력증진 양태는 기본적으로 유럽의 주권국가 주체들, 그리고 이들의 상호작용 속에서 진화된 국가간 규범, 즉 주권평등, 영토보존, 내정불간섭 등의 규범에 기초한 것이다. 그리고 근대 국제질서는 그것이 비록 군사력에 주로 의존하는 현실주의적·도구적 질서라 할지라도, 상호간의 이해와 암묵적인 규칙에 근거하고 있음을 알 수 있다. 즉 패권방지와 전쟁수행상의 규범, 균형과 평형이 바람직하다는 인식 등 최소한의 상호이해가 있을 때 현실주의적·도구적 질서도 유지될 수 있는 것이다. 헤들리 불이 말한 바와 같이 무정부상태이지만 무질서상태는 아니며, 무정부상태가 만들어 낸 사회적 질서, 즉 무정부상태적 사회의 모습이라 할 만하다.

---

2) Muthiah Alagappa, "The Study of International Order: An Analytical Framework," in Muthiah Alagappa (ed.), *Asian Security Order: Instrumental and Normative Features* (Stanford: Stanford University Press, 2003), pp.42-43 참조.

〈표 2-1〉 국제 안보질서의 세 유형

	현실주의적·도구적 질서	자유주의적·규범적 질서	구성주의적·연대적 질서
질서의 성격	기초적이고 편의적이며 임시적인 질서. 고위정치를 중심으로 하며 국제법의 규칙에 좌우되지 않음. 다양한 이슈영역에서 힘이 중요함.	복합적이고 안정적임. 대부분의 국제관계가 규범, 규칙, 타자에 대한 의무감에 의해 성립됨. 힘이 중심적 역할을 하는 이슈영역이 제한됨.	상호신뢰와 일반적 의무감에 기초해 안정적이고 평화로운 관계를 이룸. 모든 국제관계가 국제법의 규칙에 의해 이루어짐.
질서의 영역	국가간 차원에 한정된 질서로 모든 권위는 국가에 종속됨. 국내문제에 대한 국제적 영향력이 최소화되어 있고, 인권문제에 대한 집단적 국제행위는 최소화됨.	국가간 차원에 한정돼 있으나 국가가 유일한 행위자는 아님. 국내문제에 대한 주권평등 및 내정불간섭의 원칙이 준수됨. 국가간 합의에 의한 인권개입이 발생함.	국내외문제에 대한 엄격한 구분이 없음. 정당한 목적이 있으면 국내문제에 국제적 간섭이 용인됨. 개인도 국제기구에 직접 호소할 수 있음.
정체성	국민국가의 정체성, 힘, 이익의 요소가 지배적임. 상호이익에 기반한 국제제도만 기초적인 협조와 공존을 가능케 함. 집합정체성, 집합적 이익 부재.	국민국가적 정체성이 지배적이지만 상호이익에 기반한 관계가 형성됨. 상호이익이 더 중요해지며 집합적 정체성과 집합적 이익이 출현하기 시작함.	국민국가적 정체성과 목표가 집합적 정체성과 집합적 이익에 의해 형성되고 이에 종속됨.
목적	주요목적은 생존, 국력과 영향력의 극대화, 국제체제의 보존. 이차적 목적은 소유권 존중, 합의준수, 폭력행사 제한, 평화.	국가목적은 생존, 국력증강, 경제장과 발전. 집단이익은 평화, 전쟁방지, 안정적 환경, 폭력행사 제한, 집단의 보존과 복지, 안정적인 경제체제.	공동체의 목표로 전쟁의 영원한 제거, 연대와 통합목적의 공고화, 경제적 복지의 추진, 개인권리의 보호와 증진, 공동체의 방어, 공동체적 가치와 공동체의 확산.
규칙의 종류와 기능	관습과 조약에 근거한 규칙으로 도덕적 내용은 부재. 주요기능은 공존을 보장하면서 해로운 결과를 방지함.	명확하고 공식적이며 광범위한 영역에 적용되는 규칙이 존재하며 도덕적 내용도 일부 존재. 협조와 공존을 촉진시키며 해로운 결과를 방지함.	공동의 도덕적·규범적·법적 틀에 기반한 규칙 존재. 규칙은 협조, 통합, 공동체의 발전을 촉진시킴.
질서형성의 방법	권력 배분구조에 기초한 것으로 주요방법은 패권의 존재, 세력균형, 강대국간 협조체제 등이 있고, 이차적 방법으로 국제레짐(군비통제, 갈등회피 등)이 있음.	규칙, 규범, 국제법, 힘의 집단적 관리 등을 강조함. 주요방법으로는 경제협조, 국제레짐, 집단안보, 그람시적 패권, 강대국간 협조체제, 조정된 세력균형 체제 등이 존재함.	신뢰와 상호의무가 질서의 기초를 마련함. 주요방법으로는 민주적 공동체의 공고화와 확장, 경제적·정치적 통합, 국제레짐 등이 존재함.
질서의 도구	전쟁: 정책의 정당한 도구이며, 전쟁의 근거에는 거의 제한이 없고, 실제 수행에 관한 규칙이 존재함. 외교: 차이와 분쟁을 평화적으로 해결하는 주요수단. 국제법: 평상시인 문제를 해결하는 데는 중요하나 정치적 차이를 해결하는 데는 중요하지 않음.	전쟁: 전쟁에 대해 제한된 근거만 부여하며 집단간 관계에서 무력의 역할은 제한됨. 외교: 규칙의 교섭과 집행에 주요수단임. 국제법: 국제관계를 규율하는 데 법을 포함한 원칙, 규범, 규칙을 강조함.	전쟁: 공동체 관계에서는 사용되지 않고, 공동체 외부집단과의 관계에서 사용됨. 외교: 합의에 이르는 교섭과 집행과정에서 주요한 수단. 국제법: 공동체의 모든 행위가 규칙에 의해 규제됨.

동북아지역 질서를 바라볼 때, 우선적인 특징은 주권국가간 국제질서가 외생적으로, 그것도 폭력적으로 서구 제국주의에 의해 왜곡돼 이식됐으며, 그 과정에서 건전한 규범이 자리잡기에 많은 어려움을 겪어 왔다는 사실이다. 1840년대의 아편전쟁을 기점으로 동북아 정치집단들은 평등한 국제법의 조약주체로 등장하지 못하고, 불평등조약의 제한된 주체로 편입됐으며, 그 과정에서 국민국가로의 이행과정이 왜곡됐다. 이러한 과정은 제국주의로 인해 더욱 악화됐고, 조선, 청, 일본의 동북아 3국은 제국 혹은 식민지 양자택일의 길만이 주어져, 결국 동북아국가간의 주권국가적 질서를 형성하는 데 실패했다. 결국 일본은 제국주의의 길로, 청과 조선은 식민지, 혹은 반식민지 상태로 가게 되고, 왜곡된 동북아 국제질서는 2차대전 종식을 계기로 급변했다. 제국의 길을 걸었던 일본은 전범국이 돼 소위 1945년 질서의 질곡에 여전히 묶여 있어 현재까지도 정상국가화를 목표로 내걸어야 하는 상황이며, 중국과 한국은 통일된 영토국가 수립에 실패해 모두 다 분단된 국민국가로 남아 있다. 분단의 현상 역시 소련과 미국의 냉전적 양극대립이라는 새로운 외부상황으로 말미암은 것이라 할 때, 동북아의 국제질서는 외부로부터의 이행압력 때문에 모두가 정상적인 국민국가로의 길이 부정된 동북아 3국에 의한 질서라고 인식할 수 있겠다.

이러한 지역질서의 역사는 현재까지 드리워 있어, 앞에서 논한 국제질서의 유형을 직접 적용시키기에 많은 어려움을 갖게 한다. 동북아 국제질서는 중층적이고 다양한 시대적 모순이 겹겹이 쌓여 있고, 그 속에서 갈등해소와 협력의 길도 다른 지역보다 훨씬 더 복잡한 모습을 보인다. 흔히 말하듯이 동북아에서는 왜 나토와 같은 다자협력기구가 없으며, 유럽과 같은 지역정체성이 결여

돼 있고, 여전히 냉전의 마지막 고도로 남아 있는가 하는 질문이 이와 연관돼 있는 것으로 보인다.

냉전의 종식은 역사적으로 왜곡된 동북아질서를 근본적으로 재조명하고, 국가간 관계를 새롭게 정립할 수 있는 기회를 만들어 준 것이 사실이다. 구소련의 몰락으로 미국과 소련간의 양극적 대립과 동북아의 양 진영체제가 몰락했으며, 미국과 중국, 중국과 일본간의 관계가 더욱 긴밀해졌고, 한국은 구소련 및 중국과 수교했다. 시장의 확산과 문화교류로 인해 하위정치적 협력질서가 보다 공고히 자리잡게 됐으며, 국가간 양자관계에서 다양한 이슈간의 다양한 갈등해소 및 협력기제가 출현했다. 더불어 1990년대 초반부터 다자주의적 협력에 관한 관심이 본격화되고, 1994년 출현한 아세안지역포럼(ARF)을 기점으로 동북아 다자안보 대화에 대한 노력도 가속됐다.

이상과 같은 상황을 종합해 볼 때, 현재 동북아질서의 성격은 현실주의적·도구적 질서의 성격이 주된 특징이나, 점차 자유주의적·규범적 질서를 구성하는 요인이 복합적으로 작용하기 시작하는 상황이라고 정의할 수 있을 듯하다. 여전히 미 패권의 힘에 의한 주도, 세력균형, 동맹, 자력구제의 원칙이 주가 돼 규범보다는 힘이, 협조보다는 갈등이, 제도보다는 편의적 관계가 자주 등장하기는 하나, 점차 제도화된 협력과 규범, 국제레짐, 다자적 관계가 출현하는 상황이라고 볼 수 있겠다.

이와 같은 동북아 안보질서의 특성을 보다 구체적으로 살펴보면, 첫째, 근대적 이행의 미완결로 나타나는 현상이 있다. 앞에서 논한 바와 같이 주권적 평등과 무정부상태의 사회적 측면이라는 기본적 규범을 공유할 기회를 박탈당한 기존의 동북아 3국과 제국적으로 양극체제를 주도한 구소련과 미국은 하나의 사회로서 동북아를 창출하는 데 실패했다. 그 결과 정당한 행위주체가 누구인지, 즉 대만을 국가로 인정할 것인지, 북한이 근대국가로 존립하는 것을 외교적 혹은 실제적으로 승인할 것인지, 혹은 이들의 안전보장을 어떤 형식으로 시행할 것인지 여전히 논란을 벌이고 있다. 과거 제국주의를 시행했고 미국에 대해 공격을 감행했던 일본을 어떤 관점으로 보고 전후처리를 어떻게 마감하며 새롭게 정당한 국제정치의 주체로 등장할 수 있도록 인정할 수 있을지, 즉 일본의 정상국가화 노력에 어떻게 대응해야 할지의 문제 역시 해결해야 할 과제다.

둘째, 현실주의적·도구적 질서 속에서 갈등의 해결은 근본적인 세력균형의 변화에 대해 제도화된 대응을 이끌어 내는 일을 어렵게 하고 있다. 흔히 현실주의적 질서 속에서 국력의 불균등한 발전은 불안정을 야기한다고 여겨지고 있는데, 세력전이와 같은 현상이 대표적이다. 세력전이의 상황에서 기존의 이등국 혹은 그보다 약했던 국가가 급속히 세력을 신장시키게 되면, 이에 대한 제도화된 대처가 어렵게 되고 이러한 상황은 전쟁으로 귀결된 경우가 종종 있다. 19세기 말부터 독일의 급속한 성장이 유럽의 체제 내에서 흡수되지 못하고 세계대전으로 화한 경우가 그 예라 할 것이다. 현재 동북아에서는 중국의 세력신장이 괄목할 만하다. 중국은 과거의 공산주의체제에서 상당부분 탈피해 급속한 경제발전을 이루고 있으며, 이에 상응하는 외교적 세력증가와 군사력 증강에 박차를 가하고 있는데, 이는 중국위협론으로 인식돼 동북아국가, 특히 미국의 경계를 불러일으키고 있다. 세력전이가 급속히 일어나고, 이를 적절히 흡수할 제도적 장치가 결여돼 있는 것이 또 하나의 특성이라 할 수 있으며, 이는 향후 많은 갈등의 소지가 될 수 있다.

셋째, 동북아의 현실주의적 질서는 패권의 영향력을 온존·강화하도록 하는 효과를 가져온다. 냉전종식 이후 유럽국가들은 냉전기 동맹을 해체하거나 재조정하고 미국에 대한 유럽의 목소리를 신장시키기 위해 많은 노력을 기울여 왔는데, 이는 유럽연합의 강화와 군사적 자립, 외교노선에서 독자적 노선이라는 성과를 거두어 왔다. 나토를 둘러싼 미국과의 갈등, 이라크전에 대한 소위 반전 유럽 3국의 등장, 반미여론의 확산 등이 그 결과라 할 것이다. 반면 동북아에서는 여전히 미 패권을 중심으로 한 양자적 동맹의 네트워크(미일, 한미동맹을 구성요소로 한)와 미·중간의 양자적 관계, 미·북간의 현안해결 등의 모습을 보이고 있는데, 이는 한·중·일 등 동북아국가간의 관계가 제도적으로 정착되고 자체적인 갈등해소 및 협력기제가 자리잡고 있지 못한 결과라고 하겠다. 중국과 한국은 여전히 일본에서의 신사참배와 역사교과서 왜곡문제를 중심으로 기존의 적대관계를 해소하지 못하고 있으며, 일본과 한국은 중국위협론에 기초한 미국의 미사일 방어체제에 대한 독자적 대응에 어려움을 겪고 있다. 북한의 안전보장 및 한반도 평화체제에 관한 사안도 미국의 주도력 없이는 해결되지 못한다는 인식이 팽배해 있다. 즉 미국이 역내 안정자 혹은 균형자로 있지 않으면 역내갈등이 해결되기 어려운 양상을 보이고 있는 것이다. 이런 상황에서 여전히 패권주도의 현실주의적 지역질서가 주된 특징으로 자리잡고 있다고 하겠다.

넷째, 다자주의적 질서와 다자주의적 갈등해소 기제의 결여다. 기존의 분석에 의하면 다자주의적 제도가 형성되기 위해서는 강한 주도국에 의한, 즉 힘에 의한 제도의 창출, 공동이익에 대한 관심과 교섭에 의한, 즉 이익에 의한 제도의 창출, 전통적으로 혹은 새롭게 등장한 지역공동체 의식, 집합정체성에 의한 제도의 창출 등을 논의해 볼 수 있다. 현재 동북아에서는 집합정체성에 의한 다자주의적 제도의 창출을 기대하기는 대단히 어려운 상태다. 여전히 과거의 적대감이 존재하고 있고, 전통적으로 존재해 온 지역적 유대감은 약화됐으며, 새롭게 지역정체성을 구성할 수 있는 현실적·사상적 기제도 마련돼 있지 못한 상황이다. 각국의 이익 역시 첨예하게 엇갈리고 있어, 환경문제, 난민문제 등 소위 인간안보 문제에 관한 다자주의적 갈등해소와 협력이 점차 출현하고 있으나, 막상 영토문제, 안보문제 등 고위정치적 핵심사안에 대해서는 다자간 협력이 활발하지 못한 상황이다. 힘에 의한 제도의 창출은 역시 미 패권의 주도에 의한 방안이 가장 유력하나, 미국은 여전히 다자주의적 질서를 미 주도의 양자적 질서의 보완 정도로만 여기고 있는 상황이다. 미국은 현재 동아시아 전역에 걸쳐 존재하는 다자주의적 제도, 즉 아세안지역포럼(ARF)이나 아시아태평양경제협력체(APEC) 정도 수준의 협력을 강조하고 있는데, 이는 패권은 다자주의보다는 양자주의를 선호한다는 전통적 가설에 부합하는 것이다.

다섯째, 앞에서 논의한 바와 같이 동북아의 질서와 협력은 현실주의적·도구적 단계에서 벗어나 점차 자유주의적·규범적 성격을 또한 지녀 가고 있는데, 이는 냉전적 양극대립의 종식이라는 구조적 요인의 변화와 함께 시장의 확산 및 역내국가들의 민주화라는 새로운 요소에 힘입은 바 크다. 현재 동북아국가들은 세계적 수준의 경제적 세계화와 더불어 역내 경제관계를 강화하고 있다. 중국은 시장사회주의를 발전시키는 동시에 세계무역기구에 가입했으며, 한·중·일 3국뿐 아니라 미국, 러시아와의 경제관계 또한 급속히 발전하고 있다. 한편 한국과 일본의 민주화 및 시민사회의 발전, 중국의 개방·개혁으로 말미암아 정부차원,

시민사회 차원에서 국가간 교류가 활성화되고 있으며, 이는 주요 사안에 대한 교섭을 통한 해결, 시민사회 차원에서 지역적 집합 정체성의 출현에 긍정적 역할을 하게 될 것이다. 동북아국가간의 활발한 자유무역협정(FTA) 추진노력, 사회문화적 교류 등은 보다 복잡한 제도와 규범의 출현 및 정착을 자극할 것이고, 이에 따라 모든 사안에 군사력을 위시한 힘의 요소가 결정적으로 작용하게 될 여지를 줄여 나가게 될 것이다.

4. 동북아 갈등의 현안과 해결방향

다른 지역과 마찬가지로 동북아에도 많은 갈등현안이 존재하고 있으며, 다양한 갈등해소 및 관리방안과 협력증진 방안이 추구되고 있다. 첫째, 동북아국가간에 존재하는 핵심적 사안은 역시 안보문제라 할 수 있다. 동북아의 안보문제는 국가를 이루는 가장 기본적인 요소인 영토를 둘러싼 갈등에서 다른 아시아국가들보다 첨예하다고 보기는 어렵다. <표 2-2>에서 보이듯이 동북아국가간에 영토분쟁 현안이 존재하는 것은 사실이나, 이는 다른 지역에 비해 분쟁소지가 있는 사안의 수나 갈등의 정도에서 직접적인 무력충돌 및 전쟁으로 화할 잠재력이 더 크다고 보기는 어렵다.[3]

---

[3] 최근에도 영토문제는 간헐적으로 갈등을 조성하고 있다. 중국과 대만은 일본 우익단체인 '일본청년사'(日本靑年社) 회원들이 2003년 8월 25일 중국, 대만, 일본간에 영토분쟁이 일고 있는 동중국해의 댜오위타이(釣魚台)에 상륙한 데 대해 이날 엄중 항의하고 재발방지를 촉구했다.

〈표 2-2〉 아시아지역의 영토분쟁 사안[4]

분쟁 당사국	분쟁내용	현재의 갈등 정도
동북아시아		
중국·러시아	국경분쟁	낮음
중국·일본	도서분쟁(조어도/센카쿠열도)	중간
중국·북한	국경분쟁	낮음
중국·타지키스탄	국경분쟁	낮음
일본·러시아	도서분쟁(북부 도서)	중간
일본·한국	도서분쟁(독도)	중간
동남아시아		
베트남·중국	영해분쟁(남중국해)	중간
베트남·캄보디아	국경과 영해분쟁(태국만)	중간
베트남·필리핀	도서분쟁(스프래틀리군도)	중간
태국·캄보디아	국경과 해양분쟁	중간
태국·미얀마	국경분쟁	중간
태국·라오스	국경분쟁	낮음
태국·말레이시아	국경분쟁	중간
인도네시아·말레이시아	국경과 해양분쟁(리지탄과 시파단)	중간
말레이시아·중국	도서분쟁(스프래틀리군도)	중간
필리핀·말레이시아	국경분쟁(사바)와 해양분쟁	중간
필리핀·중국	도서분쟁(스프래틀리군도)	높음
싱가포르·말레이시아	해양분쟁	낮음
남아시아		
중국·인도	국경분쟁	중간
중국·부탄	국경분쟁	낮음
인도·파키스탄	국경분쟁(카시미르, 자무)	높음
인도·방글라데시	국경과 해양분쟁(뉴무어·남탈패티)	중간
아프가니스탄·파키스탄	국경분쟁	낮음

'일본청년사' 회원 9명은 이날 오전 7시 4분 센카쿠열도에 상륙해 등대 보수작업을 하며 5시간 가량 머물렀다고 해상보안청 관리가 발표한 바 있다. 중국 외교부의 쿵취앤(孔泉) 대변인은 "댜오위타이에 대한 일본측의 어떠한 일방적인 행위도 불법"이라고 말하고, "이는 중국의 영토보전과 주권을 침해하는 중대한 행위"라고 비난했다.

[4] Jianwei Wang, "Territorial Disputes and Asian Security: Sources, Management, and Prospects," in Muthiah Alagappa (ed.), *Asian Security Order: Instrumental and Normative Features* (Stanford: Stanford University Press, 2003), pp.42-43 참조.

둘째, 중국과 한반도의 분단에서 비롯되는 안보문제를 들 수 있다. 중국의 양안관계는 비단 중국과 대만의 문제뿐 아니라 주변국들과 갈등을 야기할 수 있는 잠재력을 가지고 있다. 특히 중국위협론이 대두되고, 부시 현 행정부의 등장과 함께 미·대만관계가 긴밀해지면서 양안관계는 역내국가들의 무력충돌에까지 이를 수 있는 잠재력을 가지고 있다. 양안관계가 미·중간의 세력균형 문제와 연결되고, 미일동맹 역시 대만문제와 연결될 경우 동북아 전체의 문제로 화할 가능성이 있는 것이다. 현재에 이르기까지 양안문제는 당사국들간의 암묵적인 협력으로 해결돼 온 것으로 보인다. 일례로 1996년 중국은 대만의 선거결과를 견제하기 위해 대만에 인접한 지역에 미사일을 발사했는데, 미국은 2대의 항공모함과 14척의 전함을 파견함으로써 위기를 미연에 방지하는 효과를 거두었다. 소위 '계산된 모호성'의 정책으로 미국은 중국의 가능한 공격행위를 막을 수 있었으며, 중국과의 지속적인 호혜관계에 대한 기대도 표현할 수 있었다.5)

한반도문제는 제2차 핵위기에서 보였던 것처럼 동북아 전체의

---

5) 대만은 지속적으로 방위력을 증강하지 않는다면 (베이징올림픽이 열리는) 2008년 이후 중국의 침공을 받을 수 있으며, 중국은 2008년 이전이라도 대만에 무력침공 위협을 가할 수 있다고 대만 국방부가 2003년 9월 29일 경고한 바 있다. 대만 국방부는 2004년 국방예산안과 함께 입법원에 제출한 보고서에서 "2008년 이후 대만의 방위력이 필요한 수준으로 증강되지 못해 양안(兩岸)간 군사력 불균형을 초래한다면 중국은 대만을 군사적으로 마비시키고 공격을 감행할 수 있는 유리한 조건을 갖게 될 것"이라고 경고했다. 보고서는 또 인민해방군 병력은 2002년 말 현재 230만 명인데 이 중 64%가 지상군, 6%는 포병이라고 밝혔다. 또 공군기는 3천여 대에 달하는데, 이 중 60%는 대만에서 600해리(690.5마일) 내에 배치돼 있다고 밝히고 있다.

대량살상무기 비확산체제, 테러국에 대한 대량살상무기 지원문제, 미사일로 인한 각국에 대한 안보위협, 난민문제, 한반도 평화정착 문제 등 다양한 갈등을 불러일으킬 소지가 있는 핵심적인 불씨다. 동북아 전체의 갈등해소 및 협조증진이라는 측면에서 볼 때, 북핵문제 및 북한의 안보위협 문제는 점차 남북간, 북일간, 북중간, 미북간 양자적 차원의 갈등을 넘어 지역 전체의 안보문제로 확산되는 경향을 보이고 있다. 북핵문제에 대한 6자회담의 개최는 하나의 사안을 둘러싼 다자간 협상이라는 새로운 갈등해소의 전기를 마련하고 있으며, 이는 동북아 갈등해소에서 하나의 특이현상으로 기록될 것이다. 그러나 이러한 다자적 갈등해소 노력이 동북아 전체 국가들을 구속할 규범의 정착과 규범준수 노력의 제도화, 더 나아가 다자주의적 안보제도의 출현으로 이어질지는 조심성 있게 지켜보아야 할 사안이다.

셋째, 동북아국가간의 세력 및 영향권 확장, 무력증강 혹은 안보딜레마로 인한 안보상의 충돌을 들 수 있다. 안보문제에서의 갈등은 어느 국가가 공격적이고 확산적인 현상변경 정책을 추구할 때에도 발생하고, 방어적이고 소극적인 의도에서 군비증강을 추구하는 안보딜레마가 걸려도 발생한다. 공격적인 국가가 군비를 증강하고 영향권을 확산할 경우 여타 국가는 당연히 안보위협을 느낄 것이고, 이에 따라 방어적 측면에서 군비경쟁을 유발할 것이다. 그러나 설사 국가가 공격적 의도 없이 타국의 있을지도 모르는 공격에 대응하기 위해 방어적으로 군비를 증강하더라도, 이 국가의 의도와 장래의 상황을 확신할 수 없는 다른 국가의 경우에는 군비증강의 맞대응을 피할 수는 없는 노릇이다. 현재 동북아의 국가들은 여전히 군비경쟁에 휩싸여 있는데, 이는 대량살상무기 증강노력, 정보화를 위시한 군현대화, 군편제 개편,

동맹체제의 현대화 등 다양한 모습을 띠고 나타나고 있다. 중국과 일본, 미국은 모두 자국의 군비를 충실히 하고, 정보화군을 비롯한 군현대화에 박차를 가하고 있는 반면, 북중동맹, 미일동맹, 한미동맹을 자국의 이익에 맞게 재편하려는 노력을 치열하게 전개하고 있다. 이 상황에서 중국은 반패권과 주권존중을 내세워 미국을 압박하고 있으며 일본의 MD 참여를 비난하고,[6] 미국은 미사일 방어체제, 미일·한미동맹의 재편을 통해 중국의 위협에 대응하는 모습을 보이고 있다.[7] 이 과정에서 중국과 러시아는

---

[6] 중국은 최근 일본의 미사일방어(MD)체제 도입계획에 강한 우려를 표명하고 있는데, 2003년 9월 차오강촨(曹鋼川) 중국 국방부장은 중국을 방문중인 이시바 시게루(石破茂) 일본 방위청장관과 가진 국방장관 회담에서 일본의 MD 도입계획과 관련, "세계의 (군사적인) 전략균형이 무너질 우려가 있으며 새로운 군비경쟁이 촉발될 우려도 없지 않다"고 지적했다. 이에 대해 이시바 장관은 북한의 노동 탄도미사일 등을 염두에 두고 미사일방어체제를 구축하기 위해 예산을 계상한 것으로 "순수한 방어용이며 군비경쟁으로 이어지지 않을 것"이라고 설명했다. 또한 차오강촨 부장은 역사문제와 관련해서도 "역사문제는 회피할 수 없으며 야스쿠니(靖國)신사 참배와 교과서문제 등이 있다"면서, 옛 일본군이 버린 화학무기도 중국 인민의 생명과 환경에 큰 영향을 미치고 있어 이 문제도 중시하고 있다고 말했는데, 이는 중일간의 안보갈등을 엿볼 수 있게 하는 부분이다.

[7] 대만은 중국의 군사비지출이 계속 늘어나는 것을 감안해 군사력을 현대화함으로써 아시아·태평양지역의 평화와 안정을 유지하는 데 더 적극적인 역할을 해야 한다고 대만주재 미국 최고위관리인 팔 대표가 2003년 8월 27일 밝힌 바 있다. 그는 "점차 커지고 있는 대만해협의 군사적 격차를 줄이기 위해 대만군을 현대화하겠다는 대만 지도자들의 공약"을 환영한다고 밝혔다. 그의 이러한 발언은 대만의 군사력 증강을 부추기는 것이어서 중국의 반발을 불러일으킬 것으로 보인다. 팔 대표는 대만해협에서 군사적 불균형, 한반도에서 핵확산, 국제테러집단의

동북아에서 미국의 군사적 패권을 방지하기 위해 연합전선을 구사하기도 한다.8) 현실주의적·도구적 세력균형 체제와 동맹체제가 근본적으로 변하고 있지 않은 모습이다. 일본 역시 변화하는 세계정세 및 동북아정세의 흐름 속에서 정상국가화, 더 나아가 군사대국화를 추진한다는 인식을 불러일으키고 있다. 일본은 각종 법제개편을 통해 기존의 군사적 제약에서 벗어나고자 시도하고 있으며,9) 미사일방어(MD)에의 참여, 북한의 안보위협에 대한

준동이 역내안정과 평화를 위협하는 3대 요인이라고 밝혔다.

8) 중국과 러시아는 2003년 8월 31일 유엔 군축회의(CD) 65개 회원국들이 우주무기 사용을 금지하도록 하는 조약의 체결에 나서도록 촉구하면서, 미국의 미사일방어(MD)체제 구축계획에 대한 도전을 재개했다. 후샤오디(胡小笛) 제네바주재 중국대사는 "세계는 지금 우주무기 관련 기술이 비약적으로 진보하고 있는 것을 목격하고 있다"며 "우주 무기화의 위험이 증가하고 있다"고 주장했다. 중국은 "지난 72년 조인된 탄도탄요격미사일(ABM) 조약이 지난해 미국의 탈퇴로 붕괴하면서 우주에서 무기를 갖지 못하게 하는 국제적인 시도를 더욱 약화시켰다"고 보고 있다. 그는 이에 따라 국제적인 무기통제 조약들의 주요 포럼인 CD가 새로운 조약체결을 위해 보다 빠르게 움직여야 한다고 말했다. 레오니드 시코트니코프 제네바주재 러시아대사는 지난해 러시아와 중국이 제시한 제안은 조약협상에 강한 관심을 불러일으켰다고 말한 것으로 전해진다.

9) 일본이 최근 추진중인 안보체제 강화방안은 위기관리체제 정비, 독자방어 기반강화, 해외파병과 무장확대, 개헌 및 전수(專守)방위정책 전환 움직임 등으로 집약된다. 일본은 북한의 핵과 미사일위협을 빌미로 2003년 3월 길이 1m의 지상물체를 식별할 수 있는 첩보위성 4기를 발사한 데 이어 자위대의 작전반경 확대를 위해 2005년까지 헬기 4기를 탑재하는 경항공모함급 대형 호위함(1만 3,500t) 2척과 공중급유기 4기를 도입할 예정이다. 또 2005년까지 미국으로부터 미사일방어(MD) 시스템을 도입해 해상자위대의 이지스함 4척과 항공자위대의 6개 대공

대처논리를 기반으로 군사 강대국화를 추진하고 있다.10)

현재까지 동북아의 이러한 안보갈등을 해소할 기제로서 현실주의적·도구적 방안을 초월하는 것은 부실한 것으로 보인다. 각 국가는 여전히 타국 국방정책의 의도를 확신하지 못하고 있어

    미사일부대 가운데 1개 부대에 우선 배치하는 등 독자방어 기능도 확충하고 있다. 그러나 무엇보다도 자위대의 해외파병과 무장확대, 전수방위정책 전환 움직임 등은 주변국을 크게 자극하고 있다. 일본은 아프간전쟁을 계기로 2001년 9월 '테러대책 특별법'에 이어 2003년 7월 27일 이라크전쟁 지원을 명목으로 '이라크 부흥지원 특별조치법안'을 채택했다. 이라크 지원법은 과거 유엔평화유지활동(PKO) 참여와는 달리 파견 대상국인 이라크의 동의확보 절차를 생략했고 자위대의 교전 가능성도 사실상 문제삼지 않았다.

10) 일본 방위청은 4년 예정으로 해상자위대 소속 이지스구축함 4척 모두에 미국의 미사일방어체제를 구축하고 항공자위대의 27개 지대공미사일 부대 중 약 절반에도 개량형인 패트리어트 3(PAC3)시스템을 갖출 방침을 가지고 있다. 이는 북한에서 발사된 탄도미사일을 2단계에 걸쳐 요격할 수 있는 미국의 MD체제를 주요 방위시설에 구축하기 위한 노력의 일환으로, 방위청은 이를 위해 지난 1995년에 나온 '방위계획 대강(大綱)'의 수정작업과 함께 올 연말쯤 '2001-2005년 중기 방어계획'을 검토, 7,500t급 이지스함에 해상배치형(SMD) 중거리 방어시스템 구축안을 포함시킬 계획이다. 또한 일본정부는 오는 2006년 미사일방어체제 도입에 맞춰 '미사일방위 통합부대(가칭)'를 창설할 방침인 것으로 알려져 있다. 통합부대는 해상자위대의 이지스함과 항공자위대의 지대공미사일인 패트리어트(PAC3)를 하나의 부대로 재편성한 부대가 된다. 구체적으로는 일본 전국 6개 지역에 있는 항공자위대의 패트리어트 부대와 해상자위대가 보유하고 있는 4척의 이지스함 가운데 1척을 통합부대 사령부 밑에 두는 방안을 유력하게 검토하고 있다고 교도통신은 전했다. 방위청은 2005년 정기국회에 '방위청설치법' 및 '자위대법' 개정안을 제출해 이르면 2006년에 통합부대를 창설한다는 계획이다.

안보딜레마가 지속적으로 작동하고 있으며, 그 와중에 일부 국가는 팽창적이고 공격적인 정책을 구사할 여지는 얼마든지 있다. 반면 다자주의적 안보체제의 확립에는 역내국가들이 그리 적극적이지 않으며, 그 와중에 세력균형과 동맹정책, 패권추구와 자력구제의 원칙이 첨예하게 대립해 있다.[11]

넷째, 동북아국가간의 경제문제를 둘러싼 갈등을 들 수 있다. 시장의 확산과 자본주의 팽창은 양면의 칼을 가진 존재로 보인다. 국제정치학에서도 시장의 확산은 일면 국가간 무역, 금융을 둘러싼 갈등을 심화시켜, 결국에는 이를 조정할 패권국가가 부재하거나 국제레짐이 없을 경우 전쟁으로까지 비화한 경험을 강조하고 있는가 하면, 국가간의 경제활동이 국가간 안보갈등을 완화시키는 평화의 전도사 역할을 했던 경험을 부각시키고 있기도 하다. 문제는 경제현안의 갈등이 발생했을 때, 이를 상호간의 이익을 도모하기 위해 갈등을 해소하고 협력의 기제를 발견할 수 있는가, 그리고 이러한 경제적 갈등이 안보문제로 화하지 않도록

---

[11] 미국과 일본은 2003년 5월 31일 아시아지역에 나토(북대서양조약기구)와 같은 군사동맹을 체결하자는 구상을 공식 거부했다. 이시바 시게루(石破茂) 일본 방위청장관은 싱가포르에서 열린 연례 아시아안보회의(ASC)에서 아시아에 나토와 같은 안보체제를 구축하자는 아이디어가 나오고 있지만, 아시아는 인구와 종교, 문화, 경제, 정부구성 면에서 다양성을 보이고 있기 때문에 나토와 같은 집단안보체제를 구축하는 데 장애물이 많을 것이라고 지적했다. 폴 월포위츠 미 국방부 부장관도 아시아의 여건이 유럽과 달라 새로운 군사동맹 구축구상이 성공하지 못할 것이라고 반대이유를 밝혔다. 이시바 장관과 월포위츠 부장관은 아시아지역 안보문제 해결에는 새로운 군사동맹체보다는 아세안(동남아국가연합)과 아세안지역안보포럼(ARF), 아시아태평양경제협력체(APEC) 같은 기존 조직이 더 효과적일 것이라고 주장했다.

방지할 능력이 있는가에 집약될 것이다. 동아시아 국가들은 대체로 긴밀한 경제관계를 발전시켜 온 것으로 보인다. 동아시아국가의 전체 교역량 중 역내 교역량은 1980년의 36%에서 1994년에는 50%로 증가했다. 또한 아시아태평양협력체(APEC) 국가의 경우 역내 교역량은 같은 기간 59%에서 74%로 증가했다. 일본, 미국, 유럽 및 신흥공업국으로부터의 자본이전 또한 이러한 경향을 가속화했다. 동아시아 내 해외 직접투자는 1985년 41억 달러에서 1966년 655억 달러로 증가했으며, 이는 다시 1998년에 699억 달러로 증가했다. 자본이동을 기초로 평가된 금융통합에서도 아시아는 통합 정도가 증가했고 역내개방도가 향상됐다. 더욱이 일본을 축으로 형성된 아시아 내 생산 네트워크는 역내국가간 경제통합의 정도를 상당히 제고했다. 1997년의 금융위기가 아시아지역 내에서 중국과 대만을 제외하고 급속히 확산된 사실은 역설적으로 아시아의 경제통합 정도가 매우 높았음을 보여주는 것이다.

그러나 한편 갈등의 소지가 증가하는 현상도 나타나고 있다. 최근 미·중·일간에는 환율,[12] 무역수지, 불공정 무역관행[13]을

---

[12] 원자바오(溫家寶) 중국 총리는 최근 존 스노 미국 재무장관에게 중국 위안(元)화의 안정을 유지하는 것이 중국이나 미국 모두의 이익에 부합한다고 말한 바 있다. 원총리는 이날 "위안화 환율안정을 유지하는 것이 중국과 미국 모두의 이익에 부합된다"면서, "중국은 시장의 공급과 수요에 기반을 둔 통제된 변동환율제를 채택하고 있으며, 이는 중국의 현실에 맞다"고 밝혔다.

[13] 최근 위안(元)화 절상 등의 문제로 신경전을 벌이고 있는 중국과 미국의 모습은 무역통계의 실태를 살펴보면 여실히 알 수 있다. 미국측이 중국산 저가상품 때문에 지난 한 해에만 무려 1천억 달러가 넘는 무역적자를 기록했다고 주장하는 반면, 중국은 그 절반에도 못 미치는 숫자를 공개하며 맞서고 있다. 중국 세관통계를 보면 지난 1998년 중국의

둘러싼 갈등이 지속적으로 나타나고 있다. 미국은 중국의 위안화가 상대적으로 평가 절하돼 있다고 보고 있으며, 이에 따라 평가 절상 압력을 가하고 있다. 또한 중국이 WTO 가입 이후에도 여전히 불공정 무역관행을 지속하고 있는 것으로 여긴다. 한국과 일본은 농산물에 대한 미국의 압박을 달가워하지 않고, 지난번 칸쿤 WTO 회의에서 보인 것처럼 미국의 압력을 비켜 가기 위해 많은 노력을 기울이고 있다. 그러나 경제문제에서의 갈등은 안보문제보다 좀더 자유주의적·규범적 해결책을 모색하는 데 유리한 입장에 있는 것으로 보인다. 현재 경제문제는 비단 역내국가뿐 아니라 세계적 차원에서 다루어지고 있는 문제이며, 이에 따라 WTO, APEC 같은 다자적 제도가 분쟁해결에 많은 힘을 발휘하고 있다고 볼 수 있기 때문이다.

대미 무역흑자는 205억 6천만 달러였다. 그러나 미국측 통계에 나온 대중적자는 이보다 배 이상 많은 568억 9,800만 달러로 무려 363억 3,800만 달러의 차이가 난다. 또한 미국은 중국에 대해 미국상품에 대한 추가 시장개방을 통해 무역불균형 문제를 해소하라고 압박하고 나섰다. 제임스 켈리 미 국무부 동아태담당 차관보는 최근 미 상원 외교위에 출석, 미중관계 전반에 관해 증언하면서 중국이 미국상품에 대해 자국시장을 추가 개방하지 않으면 중국의 미국시장 진출이 '대중적인 반발'을 초래할 것이라고 경고했다. 최근 발표된 통계에 따르면 미국의 대중국 무역적자는 113억 달러를 기록해 전달보다 13%나 증가했는데, 심화되고 있는 대중국 무역불균형 문제는 2004년 대선을 앞두고 고용창출에 주력하고 있는 미 부시행정부의 난제로 부상하고 있다.

5. 새로운 갈등해소와 협력증진의 모색

최근 알라가파 교수는 아시아 안보질서에 대해 다음과 같은 비교적 낙관적인 명제를 제시하고 있다.[14] 즉 첫째, 타지역, 특히 유럽과의 비교에서 흔히 제기되는 바는 아시아는 다른 지역에 비해 위험한 지역이라는 인식이 팽배해 있지만, 사실 아시아 각국은 타국을 주권국가로 인정하고 있으며, 국제적으로 받아들여지고 있는 원칙, 규범, 국제법, 규칙에 의거해 타국과의 관계를 유지해 나가고 있다. 국가간 경쟁은 여전히 지속되고 있지만, 국제협력과 협동, 공동의 정치적·경제적·사회문화적 목적을 추구하려는 노력은 지속되고 있다.

둘째, 현재 아시아지역의 안보질서는 현실주의적·도구적 질서라고 할 수 있지만, 자유주의적·규범적 질서에 의해 점차 많은 부분이 보완돼 가고 있다는 것이다. 또한 초보적이고 편의에 의한 것이기는 하나 구성주의적·연대적 질서도 서서히 생겨나고 있다. 아시아지역에는 지역적 집합정체성이나 집합적 이익이 확고하다고 할 수는 없으나, 기초적인 규범적 기초가 튼튼한 것은 사실이다. 국가의 정치적 독립, 영토보존, 내정불간섭 등 국제연합에 명시된 근대 국민국가의 기초적 규범이 뿌리를 내리고

---

14) Muthiah Alagappa, "Introduction: Predictability and Stability Despite Challenges," in Muthiah Alagappa (ed.), *Asian Security Order: Instrumental and Normative Features* (Stanford: Stanford University Press, 2003), pp.17-23 참조.

있다. 역내에서 발생하는 많은 분쟁이 무력이 아니라 평화적인 방법으로 해결돼야 한다는 인식 또한 광범위하게 확산되고 있다. 역내국가간 군비통제나 신뢰구축에 대한 명시적 제도가 많이 정립돼 있는 것은 아니나, 국가간 분쟁의 평화적 해결에 관한 다양한 노력이 지속되고 있는 것은 사실이라고 할 수 있다.

셋째, 아시아의 안보질서는 다양한 기제에 의해 유지되고 있다는 것이다. 즉 자력구제, 패권의 역할, 양자주의, 동맹을 포함한 세력균형, 강대국간 협조체제, 세계적·지역적 차원의 다자주의적 제도 등 안보제도의 스펙트럼상에서 볼 수 있는 거의 모든 형식과 기제가 아시아 안보질서의 수립에 기여하고 있다. 이 중에서 아시아는 패권과 자력구제, 세력균형 같은 현실주의적 기제가 보다 광범위하게 사용되고 있음은 부인할 수 없다. 그럼에도 불구하고 아시아의 질서가 미국의 패권에 의해 일방적으로 주도되거나, 소수 강대국의 세력균형만으로 유지된다고 볼 수는 없다. 미국의 지도력 역시 지역강대국의 협력을 필요로 하며, 국제법이나 국제레짐도 힘을 발휘하고 있다. 더불어 KEDO를 강대국간 핵 관리체제라는 점에서 협조체제로 볼 수도 있고, 동티모르 사태 해결에서 보이는 바와 같이 국제연합의 역할도 인정할 수 있을 것이다.

넷째, 아시아의 안보질서가 미국의 패권적 역할에만 의존한다고 볼 수는 없다는 것이다. 미국은 물론 동맹의 네트워크와 전진배치, 확장된 억지력 등으로 역내 안보질서에 지대한 영향력을 행사해 왔다. 특히 한반도, 양안관계, 중·일간 경쟁에 있어 역내 안정자의 역할을 해 온 것은 사실이다. 그러나 아시아국가들은 점차 근대적 국민국가로 자리잡으면서 이를 관장하는 규범을 체화했고, 상호간의 생존이나 발전, 협력을 향한 노력을 가속화했으며, 경제발전과 성장을 위한 공동이익의 발견과 이의 제도화에 많은 노력을 기울여 왔다. 이러한 경향의 확산은 미국의 패권적 역할의 한계를 보완하는 중요한 요소이며, 역내의 분쟁과 갈등해결에 점차 많은 역할을 하게 될 것이다.

다섯째, 현재와 같은 아시아 안보질서는 앞으로 10년 내지 20년간은 큰 변화 없이 지속될 것이라는 전망이다. 미국의 단극체제는 당분간 유지될 전망이며 급격한 탈패권적 이행이나 다극체제의 성립을 기대하기는 어려울 것으로 보인다. 중국, 일본, 러시아간의 영향권 경쟁은 지속되겠지만, 이러한 경쟁이 당분간 구조적 특성 자체를 변화시킨다고 볼 수는 없을 것이다.

이러한 지적은 동북아질서에도 상당부분 적용될 수 있는 내용으로 여겨진다. 동북아국가들은 앞에서 논한 바와 같이 여전히 현실주의적·도구적 질서 속에서 갈등 해소방안을 찾고 있지만, 전반적 추세는 자유주의적·규범적 질서가 복합적으로 작용한다고 할 수 있다. 우선 미국의 패권적 힘은 규범적 입장과 무관하게 질서유지라는 측면에서만은 큰 힘을 발휘하고 있다.15) 즉 첫째, 미국은 역내 강대국간의 경쟁을 완화시키는 역할을 한다. 동북아의 경우 일본과 중국이 강대국이고, 마음만 먹으면 군사강대국으로 발전할 수 있는 잠재력을 가지고 있다. 이들 국가는 지리적으로도 인접해 있을 뿐 아니라 적대적인 과거사의 경험까지 가지고 있다. 이들 국가간에는 지역적 안보딜레마가 걸려 있는데, 미국은 이러한 딜레마를 완화시키는 역할을 하고 있다. 미국

---

15) Michael Mastanduno, "Incomplete Hegemony: The United States and Security Order in Asia," in Muthiah Alagappa (ed.), *Asian Security Order: Instrumental and Normative Features* (Stanford: Stanford University Press, 2003), pp.143-144 참조.

은 양대국간의 경쟁을 조정함에 있어 "일본과의 동맹을 지나치게 강화하면 중국은 자국에 대한 봉쇄의 두려움을 느낄 것이고, 중국과의 파트너십을 강화하면 일본이 방기될 위험을 느낄 것"이라는 딜레마를 조정할 필요가 있다.

둘째, 미국은 역내 상대적 약소국의 안보 관심사를 완화시키는 역할을 한다. 약소국은 미국이 역내에 존재하고 있으며 역내 강대국의 야심을 완화시키는 역할을 함으로써 영토분쟁을 포함한 많은 잠재적 사안이 무력충돌로 비화하지 않도록 자제시키는 역할을 한다고 본다. 미국은 아시아지역에 많은 이해관계를 가지고 있으나, 영토적 야심을 가진 것은 아니라고 볼 때 이런 견해가 지지될 수도 있다. 한국과 일본의 관계에서도 미국은 한일간에 적대관계가 형성되지 않도록 축을 이루고 있는 것으로 보인다.

셋째, 미국은 국지전이나 지역분쟁으로 비화할 수 있는 많은 안보위기를 관리하는 역할을 한다. 1993년의 북핵위기, 99년의 인도·파키스탄분쟁, 96년 중국·대만간 긴장관계 등은 보다 심각한 지역분쟁으로 비화할 수 있는 폭발력을 가지고 있었으나, 미국의 개입으로 분쟁 가능성이 준 것으로 볼 수 있다. 앞서 논한 양안관계에서 미국의 역할을 상기할 수도 있겠다.

넷째, 미국은 아시아의 국제경제 관계에 개입해 국가간 경쟁을 완화시키고 협력을 제고하는 역할을 하기도 한다. 1997년 금융위기 당시 미국의 역할에서 보이듯이 미국은 지역 경제질서를 자유화하는 긍정적 역할을 한다.

이렇게 현실주의적 질서와 더불어 자유주의적 갈등해소 방안이 서서히 작동하고 있는 것을 볼 수 있다. 대표적인 것이 안보에서 그 개념을 보다 확대해 정의하고, 이를 보다 유연한 방법으로 적용하려는 노력이다. 일례로 보다 포괄적인 안보(comprehensive security 또는 human security) 개념을 상정하고, 추구하는 방법에서도 보다 협력적인 안보 혹은 비공식적인 안보(cooperative security)의 모습을 띠는 상황이다. 다자주의 안보제도의 발전과 소위 트랙2 외교의 활성화로 요약될 수 있는 상황은 비록 동북아지역 자체 내에서 독자적으로 발전하는 데는 많은 한계를 가진 것이 사실이나, 동아시아 지역에서의 발전상황으로 많은 자극을 받고 있는 것으로 보인다. 특히 트랙2 외교는 자유주의적·규범적 질서의 맹아를 싹 틔우는 데 많은 효과를 갖는데, 첫째, 트랙2 활동의 규범과 양식은 지역 안보구조의 안정성을 향상시킴으로써 모든 아시아국가의 공동이익을 제고시킨다. 강대국의 관점에서 보면 트랙2 활동은 지역질서의 양자적 기초를 보완하고 강화하는 역할을 하고, 다른 국가의 관점에서 보면 트랙2의 다자적 활동은 강대국의 양자적 기초와 배타적 성향을 완화하는 역할을 할 수 있다. 둘째, 트랙2 활동에 참여해 본 참여자들은 한결같이 사회화 기제에 관해 이야기한다. 즉 트랙2의 기구는 서로 다른 입장을 가졌거나 협력에 관해 회의적인 참여자들을 보다 긍정적이고 대화 지향적으로 변화시킨다. 트랙2 활동을 통해 과거의 적대국이 우호관계를 맺게 되는 것을 보는데, 특히 동북아와 남아시아의 경우 과거의 해묵은 감정에서 비롯된 적대감이 점차 완화되는 효과가 있다. 셋째, 트랙2 활동의 다자주의적 성격은 참여국의 특수한 양자적 관계와 상관없이 모든 참여자를 한 곳에 모아 면대면 접촉을 하도록 함으로써 트랙1 활동의 공식성과 번거로움을 피해 허심탄회하게 대화할 수 있도록 한다. 넷째, 트랙2 활동은 비공식적 성격을 가지므로, 참여자는 자신의 정부의 공식입장에서 어느 정도 자유롭게 새로운 정책과 대안을 학문적 성격을 가지고 논할 수 있다. 다섯째, 트랙2 활동은 안보문제를 군사안보 등 고위정치적 사안에 머무르게 하는 경향에서 탈피해 광범위한 안보와 협력안보의 관심을 갖도록 유도한다. 여섯째, 트랙2 활동을 통해 주요국가의 핵심 정책결정자간의 교류와 친목도모가 가능하게 된다.16)

<표 2-3> 아시아·태평양지역의 다자간 제도

정부간 다자제도(트랙1)
소지역별
ASEAN(Association of Southeast Asian Nations: 동남아시아국가연합)
SAARC(South Asian Association for Regional Cooperation: 지역협력을 위한 남아시아연합)
SCO(Shanghai Cooperation Organization: 상하이협조기구)
지역별
ARF(ASEAN Regional Forum: 아세안지역포럼)
ASEAN+3(ASEAN + 중국, 일본, 한국)
지역간
ASEAN(Asian Europe Meeting: 아시아·유럽회의)

비정부간 다자제도(트랙2)
소지역별
ASEAN ISIS(AEAN Institutes for Strategic and International Studies: 국제전략연구를 위한 아세안기구)
지역별
CSCAP(아시아태평양안보협력기구)
지역간
CAEC(아시아유럽협조기구)

---

16) Brian L. Job, "Track 2 Diplomacy: Ideational Contribution to the Evolving Asia Security Order," in Muthiah Alagappa (ed.) *Asian Security Order: Instrumental and Normative Features* (Stanford: Stanford University Press, 2003) 참조.

그리고 이러한 활동을 기초로 성립된 수 개의 협력안보 레짐 역시 동북아에서 새로운 안보갈등 해소를 촉진시킬 것으로 보이는데, 이를 표로 살펴보면 <표 2-3>과 같다.

　이상에서 살펴본 바와 같이 동북아국가는 역사적으로 급변하는 상황을 거치면서, 근대 국제질서를 확립하고 그 근본규범을 받아들여 갈등의 평화적 해결과 협조증진을 위한 규범을 정착시키고자 하는 노력을 보여 왔다. 그러나 왜곡된 역사적 진행방향과 때때로 드러나는 확장적인 외교정책, 외부의 구조적 압력으로 인해 여전히 현실주의적·도구적 질서를 극복하지 못하고 있으며, 그 속에서 자력구제, 세력균형, 동맹, 패권추구 등의 수단에 의해 갈등을 해결하고 협력을 부분적으로 이루어 내는 모습을 보여 왔다. 이제 냉전적 대립이 종식되고, 역내국가의 민주화 및 시장의 확산, 근대적 체제의 전진과, 동아시아 및 세계적 차원에서 수립된 자유주의적 다자주의 레짐의 자극효과 등으로 인해 점차 발전된 갈등해소와 협력증진 수단을 마련해 가는 상황을 맞이하고 있다. 이러한 상황서 역내국가들이 점차 협력의 기제를 발전시키고, 더 나아가 지역의 공통된 이익과 정체성을 만들어 가는 노력을 기울여야 기존의 대립과 갈등의 양상을 극복할 수 있게 될 것이다.

제3장 동북아공동체 형성의 가능성과 한계:
동북아 안보·경제레짐을 중심으로

이 상 환

1. 서론: 새로운 동북아질서에 대하여

새로운 세계질서는 정치, 경제, 사회, 문화 등 모든 분야에서 인간의 생활권이 국경을 넘어 확대되는 경향 속에서 발생하는 국가간의 긴장관계와 국가주권의 약화현상을 수반하는 세계 정치·경제적 현상을 일컫는다. 정치 측면에서는 민족국가간의 대립·경쟁을 유발하는 분권주의와 민족국가를 통합하려는 각종 범세계적·지역적 기구 및 레짐의 형성·강화로 설명될 수 있고, 경제 측면에서는 주로 각종 범세계적·지역적 경제기구 및 레짐의 형성·강화로 대변될 수 있다. 사회·문화 측면에서도 인간 생활권의 확대와 인류 공통문제의 증대가 새로운 세계질서가 보여주는 현상이다. 이러한 신세계질서는 국가간의 상호의존과 범세계적 생활양식 및 의식구조의 동질화 등의 심화·확대를 기초로 하고 있다.

지난 10여 년 동안 세계질서는 커다란 구조적 변화를 겪어 왔으며, 이는 두 가지 큰 흐름을 동시에 노정하고 있다. 하나는 소련의 붕괴로 제2차 세계대전 이후 50여 년 동안 유지돼 왔던 동서체제가 무너지면서 군사적·이념적 대결상태가 끝나고 냉전이 사라지게 됐다는 것이고, 다른 하나는 경제적 다극화현상이 대두돼 경제적 갈등이 전개되고 있다는 것이다. 소련의 힘이 약화되는 한편 EU와 일본은 새로운 경제세력으로 등장했다. 냉전시대에 미국은 대소봉쇄를 위해서 이들의 경제성장이 소련의 위협을 봉쇄하는 데 기여한다고 믿었다. 그러나 오늘날에 와서 미국은 소련의 군사적 위협보다 중국의 경제적 부상이 미국의 국가이익에 더 큰 위협을 가한다고 생각하고 있다. 냉전시대 서방 동맹국간에 팽배했던 '선안보·후경제'의 전략이 탈냉전시대에 와서는 '선경제·후안보'라는 새로운 양상으로 발전하게 됐다. 즉 오늘날 서방 선진국들의 최대 정책적 관심사는 경제적 어려움을 극복하는 데 집중돼 있다. 그럼에도 불구하고 아직도 세계 도처에서는 민족분규로 야기되는 분쟁이 상존하고, 이러한 지역적 분쟁은 지역적 군비경쟁을 초래할 가능성이 여전히 있는 것이다.

21세기 오늘날의 국제 정치·경제질서는 새로운 안보상황을 맞이해 그 어느 때보다도 국제협력이 요구되고 있고, 이에 따라 미국을 중심으로 한 강대국간 새로운 안보레짐의 형성이 가속화되고 있으며, 한편 경제적 측면에서는 세계경제 통합현상이 심화되고 있으나, 세계화의 부정적 결과에 대한 개도국의 우려로 지역적 차원의 통합논의가 보다 활발하게 이루어지고 있다. 이를 구체적으로 살펴보면 다음과 같이 묘사될 수 있다.

첫째, 21세기 새로운 안보상황은 그 어느 때보다도 국제협력을 요구하고 있다. 탈냉전 이후 이념갈등과 강대국간의 분쟁 가능성은 현격히 감소했으나, 민족·종교·영토·환경관련 갈등과 인접국가간의 분쟁 가능성은 오히려 증가하고 있다. 한편 안보의 개념도 종래의 정치적·군사적 개념에 한정하지 않고 보다 다원적이며 포괄적인 개념으로 재정립돼 가고 있다. 즉 정치·군사·외교 등에 집중됐던 협의적 안보개념을 경제·사회·문화 등을 포함하는 광의적 안보개념으로 확대하고 있는 것이다. 최근 논의되고 있는 '인간안보'(human security) 개념은 단순한 생존권에 한정하지 않고 삶의 질까지 포괄하는 국가수준이 아닌 개인수준의 안보인식을 기초로 하고 있는 것이다. 이러한 새로운 안보위협은 일개 국가의 노력이나 위협에 대한 개별적인 접근방식으로는 해결하기가 쉽지 않은 것이다. 따라서 지역적·범세계적인 다자차원에서의 국제적 협력노력이 지속적으로 요구되는 것이다.

둘째, 미국중심의 강대국간 새로운 안보레짐 형성이 가속화되고 있다. 미국은 부시행정부 출범 이래 동맹관계를 강조하는 외교노선을 표방하면서 미사일방어(MD)체제 구축을 위한 노력을 경주해 왔으며, 이에 대한 우려로 중국과 러시아는 전략적 제휴의 움직임을 강화해 왔다. 그러나 9·11테러사태 이후 미국이 테러와의 전쟁을 선언하고 강대국들의 참여를 독려하면서, 기존의 동맹국은 물론 중국과 러시아도 이에 동참하게 됨에 따라 강대국간에 새로운 관계가 형성되게 됐다. 미국을 중심으로 하고 NATO와 일본 및 중국, 러시아가 동조하는 반테러 국제레짐의 구축은 단시 테러문제뿐 아니라 각종 국제정치 현안, 특히 안보관련 이슈에 강대국간의 합의를 유도하는 새로운 안보레짐의 형성을 의미하는 것이다. 새로운 안보상황에 기인한 이러한 신안보레짐은 미국의 주도와 주요 강대국의 협력을 기반으로 하는 과두 안정적 안보질서라고 할 수 있으며, 강대국간 과거의 대립적 성격보다는 협력적 성격이 강한 국제체제라고 할 수 있다.

셋째, 세계경제 통합현상이 심화되고 있다. 1990년대 이후 세계화의 흐름 속에서 세계경제는 통상·금융분야에서 지역적·범세계적으로 통합이 가속화되고 있다. 세계화와 자유무역주의 추세가 심화되면서 국가간 교역이 증대했으며, 이러한 추세는 현재 진행중인 뉴라운드와 지역협력체 확산에 대한 낙관적 전망을 가능케 한다. 뉴라운드 협상의 출범은 WTO가 시장개방 확대와 새로운 통상규범 설정을 통해 다자주의적 통상질서를 안정적으로 정착시키고, 세계화의 심화와 세계경제의 번영을 도모하겠다는 의지를 재확인했다는 점에서 그 중요한 의미가 있다. 최근 지역협력의 방향은 지역협력체의 회원국 확대와 협력심화가 지속되는 가운데 기존 협력체간의 연계강화를 통한 광역지역주의의 등장이 활발하게 이루어지고 있다. 이러한 추세는 향후에도 지속될 것이며, 특히 동아시아(EAFTA: East Asia Free Trade Area)와 미주(FTAA: Free Trade Area of the Americas)지역을 중심으로 더욱 활발히 전개될 것으로 전망된다.

넷째, 국제적 차원의 안보 및 경제논의에서 이원화된 세계화의 양상이 노정되고 있다. 국제적 차원의 빈부격차가 신자유주의에 입각한 세계화의 추진으로 더욱 가속화돼 왔다는 인식이 세계화에 대한 제3세계의 반발을 더욱 증폭시킬 가능성을 배제할 수 없는 상황이며, 이러한 상황전개에 대한 위기의식은 카타르 도하에서 개최된 WTO 각료회의에 반영됐고, 또한 국제적 차원에서 빈곤퇴치와 빈부격차 해소에 대한 관심을 고조시키는 계기로 작용하고 있다. 이에 따라 21세기 국제질서의 일반적 양상인 다자협력은 세계화에 대한 반발요인의 발생으로 경제적 측면에서는 국가간 세계화 대 반세계화의 조정국면을 거쳐 지역적 경제협력을 다지면서 이를 확대하려는 소극적인 노력을 취한다면, 반면에 테러사건 이후 새로운 안보인식하에 안보적 측면에서는 보다 국제적인 차원의 협조체제를 모색하는 적극적 양상을 보일 것으로 전망된다.

이러한 급변하는 세계질서 속에서 최근의 동북아 주변정세를 살펴보면 다음과 같이 요약될 수 있다. 첫째, 강대국간 세력경쟁과 새로운 양자관계의 형성이다. 냉전종식 이후 동북아에서는 러시아의 영향력이 쇠퇴하면서 미국이 유일하게 안보·경제적으로 강대국의 지위를 행사해 왔으며, 최근 안보협력 확대를 통한 미·일동맹의 강화와 이에 대응하기 위한 중·러간 전략적 동반자관계의 구축이라는 새로운 양자관계의 형성으로 나타나고 있고, 특히 중국과 일본은 영향력 확대를 위한 노력으로 해·공군력을 중심으로 한 군비증강을 꾀하고 있다. 이처럼 지역 내 강대국간 세력경쟁은 안보적 측면에서 미·일동맹 강화와 중·러 동반자관계의 구축으로 나타나고 있으나, 경제적 측면에서 중·러 양국이 미·일의 경제적 도움을 필요로 하고 있으므로, 한반도 주변 4대강국간 새로운 양자관계는 냉전적 갈등과 달리 경쟁 속에서 제한된 협력을 모색하는 안정적 관계를 보이고 있다.

둘째, 경제적 상호의존의 심화현상이다. 동아시아지역 경제는 1990년대 이후 미국경제의 지속적인 호황에 힘입어 외환위기시 일시적으로 주춤하다가 일본을 제외하고는 전반적으로 점진적 성장을 보여 왔으며, 역내국가간 교역량의 증대로 경제적 상호의존이 심화되고 있다.

셋째, 남북한간 협력·갈등의 혼재현상이다. 6·15남북정상회담

이후 금강산 관광사업과 이산가족 상봉 등을 통해 남북한간 화해와 협력을 시도해 왔고, 북한의 ARF 가입과 영국, 독일, 호주 등에 대한 대서방국 수교도 북한의 외교적 고립탈피를 촉진시킴으로써 한반도의 안정과 평화에 공헌하는 요인으로 작용해 왔으며, 이러한 흐름은 한반도 주변질서의 안정에 기여하는 긍정적 요인이라고 할 수 있다. 그러나 9·11테러사태 이후 핵·미사일문제 등으로 인한 북·미대화의 한계, 북·일 수교협상의 비관적 전망, 북한의 생화학무기 보유관련 사찰문제 등은 한반도 안정에 부정적 영향을 미칠 수 있는 요인으로 잠재하고 있다.

향후 동북아정세는 새로운 질서를 구축하기 위한 주변 강대국간의 경쟁과 협력이 지속하는 모습을 보일 것이다. 안보적 측면에서 한·미·일 남방 삼각체제와 북·중·러 북방 삼각체제가 견제하는 냉전적 구도가 근저하면서, 한·미 동맹관계와 미·일 동맹관계를 토대로 주도적 위치를 점하려는 미국에 대해 중국과 러시아가 경계를 하는 양상이 계속될 것이다. 특히 9·11테러사태가 보여주듯이 새로운 안보위협은 미·중 및 미·러관계를 새로운 협력관계로 발전시킬 기회를 제공하고 있으며, 한반도 주변의 평화와 안정을 위한 다자간 안보레짐의 형성을 가능하게 하는 촉진제 역할을 할 것으로 보인다. 이러한 안보상황과 함께 경제적 측면에서 한반도 주변 4강과 한국의 경제적 상호의존은 보다 심화될 것이며, 중국의 경제적 부상에 따른 영향력 증대는 동북아 경제질서에 새로운 변화를 야기할 것이다. 결국 향후 동북아 불안정의 대표적인 요인으로 꼽을 수 있는 것은 중국과 일본간의 지역패권적 지위를 차지하기 위한 상호 경쟁적 대립이라고 할 수 있다. 중국의 부상과 이에 따른 일본의 위기의식이 동북아 안보환경을 부정적인 방향으로 이끌 수 있는 것이다. 최근 일본

자위대의 해외파병과 보통국가화 추구는 양국간 잔존하는 역사적 문제와 함께 중·일 양국간 갈등의 소지를 안고 있는 것이 현실이다.

동북아지역은 그 동안 역내국가간 무역 및 투자관계의 증진 등 경제적 상호의존이 심화돼 왔음에도 불구하고, 이러한 발전에 상응하는 지역협력을 구체화시키려는 노력이 상대적으로 매우 미흡했던 것이 사실이다. 일반적으로 동북아시아의 지리적 범위는 중국, 일본, 한국, 북한, 대만, 몽골 등 6개국을 포함한다. 그러나 최근 논의되고 있는 동북아지역 협력은 한·중·일을 주요한 대상으로 하고 있다. 동북아지역 협력을 위해 어떠한 노력도 시도되지 않았다는 것은 아니나, 현재 동북아지역에는 이들 지역국가만을 대상으로 하는 어떠한 지역협력체도 결성돼 있지 않은 것이 현실이다. 그러나 1996년 ASEM의 출범과 1997년부터 동아시아국가들을 곤경에 빠트린 경제위기는 역내국가들간 경제협력을 바탕으로 한 지역주의를 가일층 촉진하는 주요한 계기를 제공했다.[1]

이제 동북아를 대상으로 한 지역협력 문제는 더 이상 미룰 수 없는 우리의 주요 정책 관심사가 되고 있다. 21세기에도 이러한 지역주의 추세가 지속될 경우 세계경제는 유럽, 북미, 동북아 등 3대 경제권 형성에 의해 좌우될 가능성이 매우 높은 것이 현실이다. 따라서 상호의존적 관계가 심화되고 있는 동북아국가간 역내 경제협력을 증진시키고 범세계적 지역주의 추세에 대응할 수 있는 제도적 기반을 마련해 나가야 할 필요성이 그 어느 때보다

---

1) 배긍찬, 『동북아 경제중심국가 건설을 위한 외교적 과제』(외교안보연구원, 2001).

도 커져 가고 있다고 할 수 있다.

2003년 2월 노무현 대통령은 취임사를 통해 동북아 경제중심국가 건설을 신정부의 주요 국정목표라고 천명한 바 있다. 이러한 선언의 배경은 동북아의 경제규모가 세계의 1/5을 차지하고 있고, 한국·중국·일본 등 동북아 3국의 인구도 유럽연합(EU)의 4배에 달하는 상황에서 중국과 일본, 아시아대륙과 태평양을 연결하는 중요한 지정학적 위치를 점하고 있는 한국이 동북아의 중심이 될 수밖에 없다는 인식에 기초하고 있는 것이다. 노대통령은 한국이 주역이 되는 동북아시대를 열기 위한 제1단계로 경제적 '번영의 공동체'를 창출하고, 이를 바탕으로 궁극적으로 '평화의 공동체'를 지향해 나가야 한다는 비전을 피력했다. 이와 같은 신정부의 국정목표는 경제적 측면에서 '동북아 경제중심국가 건설'로, 안보적 측면에서는 '동북아 평화체제 구축'으로 모아지는 것이다.[2]

결국 본 연구의 목적은 이러한 범세계적 지역주의 추세에 대응해 향후 동북아국가간 경제·안보협력을 활성화하기 위해 지역국가간에 어떠한 노력이 행해져야 할 것인가를 제시해 보려는 데 있다. 이 연구에서는 우선 동북아공동체 형성을 촉진하는 요인과 이를 가로막는 장애요인 등 동북아공동체 형성 관련요인 ──엄밀히 말해 동북아 안보·경제레짐 구축 관련요인──에 대해 살펴보고, 나아가 향후 동북아 안보·경제레짐 형성을 위해 요구되는 사항을 논의해 보고자 한다.

---

[2] 배긍찬, 위의 책.

2. 동북아공동체 형성에 대한 이해

동북아지역을 지리적 측면에서 보면, 우선 희랍어로 동쪽을 의미하는 아시아(Asia)라는 개념은 근세 들어 지리적 개념에 따라 크게 동아시아(East Asia), 남아시아(South Asia), 중동아시아(Middle East Asia)로 구분되며, 동아시아도 동북아시아(Northeast Asia)와 동남아시아(Southeast Asia)로 나누어진다. 즉 동아시아는 한국, 중국, 일본, 대만, 북한, 몽골까지 포함하는 동북아와 인도네시아, 말레이시아, 태국, 필리핀, 싱가포르, 브루나이, 베트남, 라오스, 캄보디아, 미얀마 등 동남아 10개국 전체를 통칭한다. 여기서 언급하고 있는 동북아지역은 바로 이러한 지리적 개념에 근거하고 있다. 이러한 지리적 배경을 근거로 하고 있는 동북아공동체의 형성은 지역적 정체성을 필요로 한다. 지역적 정체성이란 어떤 지역의 역내협력을 촉진하고 역내국가간 내부적 결속을 유지·강화시켜 주는 공동체의식의 기반이므로, 이러한 정체성이 결여된 지역협력은 단순히 경제적 이득에 기초한 국가간 거래에 국한됨으로써 진정한 의미의 지역공동체 형성을 불가능하게 만들 수 있다. 따라서 동북아가 진정으로 공동체를 모색하기 위해서는 지역적 정체성을 도출하고 이를 함양해 나갈 필요가 있는 것이다.[3]

현재 동북아시아는 세계경제의 3대 축을 이루고 있는 북미와 유럽에 비해 지역 경제협력이 상대적으로 매우 부진한 상황이다.

---

3) 배긍찬, 위의 책.

동아시아지역 협력은 EU를 중심으로 하는 유럽과 NAFTA를 결성한 북미지역은 물론 MERCOSUR를 형성하고 있는 남미지역보다도 부진한 것이 사실이다. 현재 동아시아지역이 포함된 지역경제 협력구도로는 북미와 동아시아를 경제적으로 연결하는 APEC과 유럽 및 동아시아간 정치, 경제 등 포괄적 협력을 모색하기 위한 ASEM 등이 있으나, 북미의 NAFTA나 유럽의 EU와는 달리 동북아지역만을 대상으로 하는 어떠한 공식적인 지역협력체도 아직 존재하지 않고 있다.

동북아공동체 형성에 긍정적인 요인은 다음과 같다.4)

첫째, 높은 성장잠재력을 들 수 있다. 오늘날 북미, 유럽, 동북아는 세계경제의 3대 축으로 부상하고 있다. 동북아경제는 유럽의 EU와 북미의 NAFTA에 비교할 때 아직도 그 규모 면에서는 작으나, 중요한 것은 동북아경제의 성장속도가 여타 지역에 비해 월등히 빠르다는 점이다. 동북아 경제위기로 최근 역내국가들의 경제성장이 일시적으로 침체상태를 보였던 것이 사실이나, 최근에는 본격적인 회복국면에 접어들고 있다. 과거와 같은 고도성장은 어렵다 하더라도 적어도 미국·유럽 등 선진국들의 성장률보다는 높으리라 전망된다. 세계경제에서 한·중·일 3국이 차지하는 경제규모를 GDP 기준으로 살펴보면 약 1/5을 점유한다. 2002년도 기준으로 세계경제에서 3국이 차지하는 GDP의 비중은 한국 1.70%, 중국 3.82%, 일본 12.89%로 총 18.40%이며, 홍콩 0.57%를 추가하면 18.96%에 달한다. 같은 해 실질GDP 증가율은 한국 3.1%, 중국 8.0%, 일본 1.2%로 미국 2.2%와 EU 1.0%에 비해 상대

---

4) 안효승, 『동북아지역 FTA 추진전망』(외교안보연구원, 2003); 배긍찬, 『동아시아 지역협력 추진전망』(외교안보연구원, 2000).

적으로 높다.

둘째, 역내국가간 상호의존의 심화를 들 수 있다. 한·중·일 3국간 교역은 지난 10년간 전반적으로 증가했다. 지난 10년간 중·일간 교역은 약 4배, 한·중간 교역은 7배, 한·일간 교역은 1.3배 증가했다. 3국간 역내교역 비중은 1990년 11.3%에서 1996년 20.2%에 도달한 후 아시아 금융위기로 1998년 16.9%로 감소했으나 2000년에는 19.8%로 회복됐다. 한·중·일 3국간 교역관계에서 나타나고 있는 특징의 하나는 교역구조상의 불균형이다. 한국은 일본에 대해 지속적인 적자를 기록해 왔고, 중국은 한국에 대해, 일본은 중국에 대해 각각 적자를 보여 왔다. 2000년도의 경우 일·중간에는 일본이 248억 불 적자, 한·중간에는 중국이 56.6억 불 적자이며, 한·일간에는 한국이 113.6억 불 적자를 보였다. 또한 3국간의 직접투자는 교역에 비해 상당히 낮은 수준이다. 내용면에서 한국과 일본은 투자국임과 동시에 피투자국이나 중국은 주로 피투자국이다. 한국과 일본 양국의 대중국 직접투자는 1990년대 중반까지 증가세를 보이다가 97년 외환위기를 계기로 90년대 후반에는 감소했으며, 2000년부터 다시 증가세를 보이고 있다. 따라서 고도성장의 높은 잠재력을 가진 동아시아국가들이 상호 증대되고 있는 경제적 의존관계를 제도적으로 확대·발전시킬 수 있는 협력의 틀이 마련될 경우 동아시아지역 협력의 잠재력은 세계 그 어느 지역보다도 크다고 할 것이다.

셋째, 1997년 이후 동아시아를 강타한 경제위기는 동북아국가간 역내 경제협력을 촉진하고 가속화시키는 중요한 계기를 제공하고 있다. 최근의 금융위기와 국제금융질서 개편논의 등 변화하는 국제경제 환경은 동북아국가들로 하여금 새로운 차원의 지역협력 가능성을 모색케 하는 중요한 계기를 제공해 주고 있다.

동북아공동체 형성에 부정적인 요인은 다음과 같다.[5]

무엇보다도 냉전의 경험은 동북아국가간 지역협력을 가로막는 중요한 정치적 요인이 되고 있다. 냉전기간에 동북아국가들은 자본주의 대 사회주의 양대진영으로 나뉘어 상호 대립하는 관계를 지속했기 때문에 동북아 전체를 대상으로 하는 어떠한 협력체도 생각하지 못했다. 냉전기간에 동북아는 한국, 일본 등 자본주의 국가와 중국, 북한 등 사회주의국가간의 오랜 대결구도가 지속됐기 때문이다. 구체적인 요인은 네 가지로 요약될 수 있다.

첫째, 역내 다양성을 들 수 있다. 동북아국가들은 영토 및 인구의 크기, 경제발전 수준, 정치체제의 상이성이라는 측면에서 엄청난 차이를 보이고 있다. 중국 같은 10억이 훨씬 넘는 인구에 광대한 영토와 자원을 가진 국가가 있는 반면, 대만 같은 소규모 도서국가가 공존하고 있다. 경제발전의 수준에서도 현격한 차이를 보이고 있는데, 일본은 세계 제2의 경제대국이며, 동북아의 한국과 대만 등은 동북아 신흥산업국가군을 이루고 있다. 또한 중국은 아직 개도국 경제구조를 가지고 있으나 거대한 성장잠재력 때문에 21세기 초·중반에 가서는 세계 최대 경제대국인 미국의 경제력을 능가할 것이라는 전망까지 나오고 있다. 반면 북한과 몽골은 역내 최빈국 그룹을 형성하고 있다. 또한 동북아국가들은 정치체제 면에서도 엄청난 차이를 보이고 있다. 냉전종식 이후 동유럽의 사회주의국가들이 자본주의체제로 전환한 것과는 대조적으로 동북아의 중국과 북한은 여전히 사회주의 일당 지배체제를 고수하고 있다.

둘째, 아직 정치적 신뢰구축이 미비하다는 점이다. 더욱이 동

---

5) 안효승, 앞의 책; 배긍찬, 앞의 책, 2000.

아시아국가간에는 아직도 정치·안보적 측면에서 지역협력을 용이하게 할 만큼 충분한 신뢰구축이 이루어지지 않고 있다는 점을 들 수 있다. 일본은 한국과 중국 및 북한에 대해 아직도 청산되지 않은 과거사문제를 안고 있으며, 한국과 일본간, 그리고 중국과 일본간에는 해결되지 않은 영토문제가 남아 있다. 과거사와 영토문제는 여전히 동북아 3국간 본격적인 협력을 어렵게 만들고 있는 주요 장애요인이 되고 있다.

셋째, 일본과 중국간 경쟁적 대결관계를 들 수 있다. 중·일간 전략적 경쟁관계도 동북아공동체 형성을 어렵게 하는 주요요인이 돼 왔다. 특히 동남아를 대상으로 일본과 중국간 지역패권 경쟁 가능성이 상존하고 있다는 점을 주목할 필요가 있다. 냉전종식 이후 중국과 일본은 이 지역에서 미국의 전략적 후퇴에 따른 힘의 공백상태를 메우려는 노력을 경쟁적으로 보여 왔다. 그러나 문제는 일본과 중국 모두 동북아지역 협력에 충분한 지도력을 보여주지 못하고 있다는 점이다. 다시 말해 경제적으로 실력을 갖춘 일본은 동북아지역 협력을 주도해 나갈 만한 정치적 리더십이 부족해 보이며, 최근 6자회담 등 성숙한 리더십을 보여준 중국은 실제로 경제적 능력이 부족하다는 문제점을 안고 있다.

3. 동북아 안보·경제레짐 형성에 대한 논의

지금부터 동북아공동체 형성논의를 동북아 안보 및 경제레짐 구축을 중심으로 다루어 보고자 한다.

국제레짐 이론은 1970년대 이래 국제관계의 다양한 쟁점영역에서 널리 사용되고 있다. 특히 1980년대 중반 이래 소련과 동구 사회주의권에서 급격한 개혁의 흐름은 국제협력에 대한 기대와 함께 그 협력의 틀을 모색하게 했다. 이러한 상황변화는 신현실주의자들의 주장에 의문을 제기하게 했고, 신자유주의자들의 주장에 타당성을 더해 주었다. 국제레짐 이론의 성장은 이러한 신자유주의적 시각의 적실성 제고와 함께 가능했던 것이다.

신자유주의적 시각은 현실주의적 시각의 가정을 대부분 수용하고 있지만, 국제제도와 레짐의 영향력을 강조한다는 점에서 신현실주의와 다르다. 즉 국제체제의 무정부상태를 "타국에 의해 잠재적이고 현실적인 폭력의 위협에 처해 있는 상황"으로 보는 신현실주의자들과 달리 신자유주의자들은 이를 "국가간 게임의 규칙을 감시하고 처벌할 중앙권위의 부재"로 보기 때문에, 국제정치에서 제도화(institutionalization)가 각 국가의 행위에 중대한 영향을 미치며 이기적인 국가들 사이에서도 이러한 국제제도에 의해 협력이 용이해질 수 있다고 보는 것이다.[6]

이러한 국제레짐 이론은 신현실주의 이론과 국제기구 이론의 한계점을 극복하고, 국제관계에서 발생하는 새로운 협력의 양상을 설명하기 위해 등장했다. 투즈(Roger Tooze)에 의하면 국제레짐은 현실주의와 자유주의 내에서의 불만이 결합해 등장한 것이다. 즉 현실주의가 상호의존의 복잡성을 이해하는 데 한계가 있고, 자유주의 또한 공식적인 국제기구의 연구로는 새로운 형태의 국가간 협력을 설명하기 힘들기 때문에, '제도화된 국가간의 행위'(institutionalized international behavior)에 초점을 두는 국제레짐 이론이

---

6) David A. Baldwin, *Neorealism and Neoliberalism: The Contemporary Debate* (New York: Columbia University Press, 1993).

등장했던 것이다.[7]

국제레짐 개념은 학자에 따라 다양하게 정의되고 있다. 러기(John G. Ruggie)는 레짐을 "일단의 국가군에 의해 받아들여지는 일련의 상호기대, 규칙, 규제, 계획, 기구적 역량, 재정적 공약의 조합"(a set of mutual expectations, rules, and regulations, plans, organizational energies and financial commitments)으로 정의하고 있다.[8] 또한 코헤인(Robert O. Keohane)은 국제제도를 국제기구, 국제레짐 및 관습의 세 가지 형태로 구분하고, 국제레짐을 "국제관계의 특정 쟁점영역과 관련해 정부들이 합의 명시한 제반 규칙을 가진 제도 또는 국가들이 다양한 쟁점영역에서 그들의 기대를 조정하고 국제적 행위를 조직화하기 위해 만든 지배적 제도(governing arrangements)"라고 정의하고 있다.[9] 그에 의하면 국제레짐은 국제기구 및 관습과 구별이 명확하지 않고 국제기구의 주된 임무가 국제레짐의 기능이 올바로 작동하게 하는 것이기 때문에, 실제에 있어서는 이들이 국제레짐에 포함된다고 보고 있다.[10]

한편 영(Oran R. Young)은 국제레짐을 "이익과 관련된 특정 행위에 있어서 그 행위를 규제하는 사회적 기구 또는 수용된 행위의

---

7) Roger Tooze, "Regimes and International Cooperation," in Groom and Taylor (eds.), *Frameworks for International Co-operation* (New York: St. Martin's Press, 1990), p.298.
8) John G. Ruggie, "International Responses to Technology: Concepts and Trends," *International Organization*, Vol.29, No.3 (1975), p.570.
9) Robert O. Keohane and Joseph S. Nye, *Power and Interdependence: World Politics in Transition* (Boston: Little Brown and Company, 1977), p.19.
10) Robert O. Keohane, *International Institution and State Power: Essays in International Relation Theory* (Westview Press, 1989), pp.4-5.

조합"으로 설명하고, 모든 사회조직과 마찬가지로 레짐 또한 "행동의 유형 또는 기대의 수렴에 관한 실체"라고 정의하고 있다.[11] 크래스너(Stephen D. Krasner)는 국제레짐을 "국제관계의 특정 영역에서 행위자의 기대하는 바가 수렴되는 명시적 혹은 묵시적인 원칙, 규범, 규칙 그리고 정책결정 절차의 총체"(sets of implicit or explicit principles, norms, rules, and decision-making procedures around which actors' expectations converge in an area of international relations)라고 정의하고 있는데, 이러한 그의 정의는 가장 보편적으로 받아들여지고 있다.[12] 크래스너의 정의는 원칙, 규범, 규칙 및 정책결정 절차라는 국제레짐의 네 가지 구성요소를 제시함으로써 기존의 개념보다 확장되고 개선된 점은 있으나, 이들 구성요소에 대한 해석과 구별에 대한 어려움이 그 한계로 지적되고 있다.

이처럼 다양한 국제레짐에 대한 정의를 정리하면, 국제레짐은 "특정한 국제적 쟁점영역에서 이해관계가 있는 참여자들의 행위를 규제하는 상호 연결망" 혹은 "국제관계의 특정 쟁점영역에서 관련 행위자들의 행위를 규율하는 각종 규범의 총체"라고 정의할 수 있다. 따라서 국제레짐이란 국제사회의 행위자와 그 행위자의 행위를 규율하는 규범을 모두 내포하는 개념이라고 할 수 있다.

크래스너에 의하면 국제레짐은 국제관계에서 다음과 같은 역

---

11) Oran R. Young, "Regimes Dynamics: The Rise and Fall of International Regimes," in Krasner (ed.), *International Regimes* (Ithaca: Cornell University Press, 1983), p.93.

12) Stephen D. Krasner, "Structural Causes and Consequence: Regimes as Intervening Variables," in Krasner (ed.), *International Regimes* (Ithaca: Cornell University Press, 1983), p.2.

할을 한다. 첫째, 국제레짐은 각 국가의 이익을 극대화시키는 방법을 변화시킨다. 둘째, 국제레짐은 국가이익의 해석을 변화시킴으로써 국제협력을 유도한다. 셋째, 국제레짐은 약소국의 외교능력을 강화시킬 수 있다. 넷째, 국제레짐은 각기 다른 국가의 국력의 실제 능력을 변화시킨다. 따라서 국제레짐은 다자간 갈등이 발생하는 상황에서 두 개 이상의 국가가 협력적·제도적으로 대응하는 하나의 수단이 되며, 이러한 점에서 국제레짐은 제도화된 갈등관리의 한 형태를 나타낸다. 또한 국가이익은 현실주의의 주장처럼 반드시 힘(power)에 의해서만 얻어지는 것이 아니라 협력(cooperation)을 통해 공동이익이 창출될 수도 있다. 이러한 논리에 근거해 국제레짐 이론은 행위자간 상호논의를 통해 다자간 이해득실을 계산하고 합리적으로 공동이익을 생각하면서 자기의 이익을 얻어내는 국가간 협력적 행위를 함의하고 있다.

이와 같은 국제레짐 이론에 근거해 연구되고 있는 분야는 국제정치·경제 및 국제안보 등 다양하게 존재한다. 이 중 국제안보 레짐에 대한 연구는 국제 정치·경제레짐에 비해 아직 초보적 수준이라 할 수 있다. 국제 안보레짐이 국제 정치·경제레짐보다 형성·유지되기 힘든 이유는 국가이익에서 안보가 경제보다 훨씬 민감하고 치명적인 분야이기 때문이다. 즉 국가안보는 생존의 문제이며 국제정치·경제는 삶의 질의 문제라고 할 수 있다. 따라서 국가안보는 국가간 국력의 차이를 극대화시키려는 제로섬 게임적인 성격을 지니고 있다.[13]

국제레짐 이론을 안보분야에 적용하기 힘든 이유를 정리하면, 그 하나는 국가안보를 둘러싼 이해관계가 경제분야보다 더욱더

---

13) Krasner, *ibid.*, pp.359-367.

첨예하게 대립될 가능성이 크다는 것이며, 다른 하나는 국가안보 관련행위는 국가생존에 직접적이고 치명적인 영향을 미치기 때문에 안보를 둘러싼 위험성의 증대는 국제 안보레짐의 형성을 더욱 어렵게 한다는 것이다. 그러나 경쟁에 드는 비용이 협력에서 얻을 수 있는 이득에 비해 훨씬 크다는 사실을 깨닫게 된다면 안보레짐의 형성은 용이해질 수 있으며, 실제로 국가가 안보레짐에 참여함으로써 부담해야 되는 손실이 이에서 얻는 이득보다 작다면 안보레짐의 효과성이 증가할 것으로 생각된다. 예컨대 1975년 헬싱키협약에 의한 유럽안보협력회의(CSCE)는 1995년 유럽안보협력체(OSCE)로 제도화됐고, 1874년 브뤼셀협약과 1899년 헤이그협약, 그리고 1925년 제네바의정서는 1997년 화학무기금지협약의 발효와 화학무기금지기구의 설립으로 제도화됐다. 이러한 안보레짐의 형성과 발전은 국제 안보레짐의 가능성에 대한 전형적인 사례라고 할 수 있다.

동북아에서 국제레짐 논의는 다음과 같다.

국제경제적 측면에서 동북아는 경제블록화의 시대에서 낙오지대라고 할 수 있다. 유럽, 북미, 중남미, 동남아 등에서의 경제협력·통합의 움직임과 달리 아직 동북아는 경제블록의 분위기와는 거리가 멀다. 최근 동북아지역 국가간 자유무역지대 설정논의가 진행되고 있으나 일부 국가간 쌍무적 차원에서 논의되고 있을 뿐, 지역적 차원의 논의는 아직 활성화되지 못하고 있다.

한편 국제안보적 측면에서도 동북아는 탈냉전시대 냉전의 섬인 한반도를 둘러싼 냉전적 요소의 잔재로 안보협력의 틀이 형성되지 못하고 있다. 한국·미국·일본을 잇는 남방 삼각동맹과 북한·러시아·중국을 잇는 북방 삼각동맹의 대결구도가 잔존하고 있다고 할 수 있다. 즉 미국·러시아, 중국·일본, 그리고 남한·북한의 쌍무적 대결구도와 함께 다자적 대결구도가 공존하고 있는 것이다. 최근 북한 핵무기개발 관련위기와 중국과 일본의 대결구조는 이 지역에서 안보레짐의 구축을 어렵게 하는 요인이며, 바로 이 때문에 오히려 안보레짐의 구축이 보다 시급히 요구되는 것이 현실이다.

동북아에서의 이러한 국제레짐 형성의 지연은 경제적 상호의존의 심화를 가속화시키지 못하고 있으며, 아울러 안보 불확실성의 증대를 야기하고 있다. 보다 안정적인 동북아질서의 구축을 위해서 경제적 및 안보적 차원의 지역적 레짐형성이 요구되는 현실에서 이를 분석·평가하는 것은 의미 있는 작업이며, 이 연구에서는 동북아의 안보 및 경제레짐 형성을 그 가능성과 한계를 중심으로 논의해 보고자 한다.

동북아에서 국제안보 관련 레짐논의를 살펴보면, 안보영역에서 국제레짐의 유형은 규모에 따라 크게 국제적 수준, 지역적 수준, 국가간 수준으로 분류할 수 있고, 국제안보 레짐이 수행하는 기능에 따라 군비통제 레짐, 검증레짐, 비확산레짐, 위기관리 레짐, 분쟁관리 레짐으로도 분류할 수 있다. 그러나 국제안보 레짐은 보통 안보정책의 수단에 따라 크게 집단무력 레짐 및 협력안보 레짐으로 구분한다.[14]

집단무력 레짐은 집단적 무력을 사용하거나 사용의사를 밝힘으로써 전쟁을 억지 또는 종식시키는 것을 목적으로 한다. 이 집단무력 레짐은 집단방위 레짐과 집단안보 레짐으로 구분할 수 있다. 집단방위 레짐은 외부로부터의 위협에 대비하는 '외향성'

---

14) 홍기준, "OSCE와 ARF 사례연구를 통해서 본 동북아 지역안보협력의 방향," 『국방논집』, 제40호(한국국방연구원, 1997), 177-178쪽.

을 띠고, 레짐이 형성되기 이전에 '명백한 가상적을 설정'하며, 회원국을 제한하는 '폐쇄성'이 있다. 반면 집단안보 레짐은 외부뿐 아니라 내부로부터의 위협에도 대처하기 때문에 '외향성'과 '내향성'을 동시에 갖는다. 또한 어느 누구도 가상적이 될 수 있기 때문에 미리 가상적을 설정하지 않으며, 가능한 한 많은 회원국의 참여를 바라는 '개방성'을 띠고 있다.15)

협력안보 레짐은 다양한 안보영역에서 평화적 혹은 협력적 수단을 통해 공동으로 평화를 증진시키는 것을 목적으로 한다. 그 하위레짐으로는 군비통제 레짐, 비확산레짐, 검증레짐, 위기관리 레짐 등이 있다. 군비통제 레짐은 기습공격을 감행할 수 있는 군사력을 통제하는 구조적 군비통제 레짐과 기습공격의 의도를 통제하는 운용적 군비통제 레짐으로 세분할 수 있다. 구조적 군비통제 레짐은 군사력을 감축함으로써 기습공격력을 구조적으로 감소시키는 것으로, 전략무기감축협정(SALT)과 유럽재래식무기감축협정(CFE)이 여기에 해당된다. 운용적 군비통제 레짐은 신뢰구축 조치(CBMs)를 통해 기습공격의 의도 및 가능성을 사전에 예방하는 것이다. 비확산레짐은 무기와 군사기술의 개발 및 무역통제를 통해 수평적·수직적 확산을 방지하고자 한다. 수평적 확산이란 무기 또는 군사기술을 보유하지 않은 국가로의 확산을 말하며, 수직적 확산은 이미 무기 또는 군사기술을 보유한 국가의 무기 보유량이 증가하거나 군사기술이 발전하는 것과 영토 외부에 무기를 추가적으로 배치하는 것을 말한다. 이러한 비확산레짐은 핵무기, 생화학무기, 미사일 또는 이와 관련한 군사기술의 확산

---

15) 오기평, 『현대 국제기구정치론: 국제정치의 과업체계』(법문사, 1992), 202쪽.

을 방지하기 위해 형성됐다. 한편 검증문제는 군비통제나 비확산 레짐에서 가장 중요한 이슈가 되고 있다. 1988년 5월 UN 군축위원회가 채택한 검증원칙 16개항 중 첫 항에는 "적절하고 유효한 검증은 군비제한과 군비통제 합의를 위한 필수요건이다"고 돼 있다. 검증레짐의 목적은 참여자간에 신뢰를 구축하고 안보관계를 안정화시키며 합의사항을 위반할 경우 정치적 제재를 가하기 위한 것이다. 또한 군사적으로 병력 및 장비(무기 포함)의 이동, 기습공격 조짐, 군사력의 증가 등을 지속적으로 감시하고, 합의사항을 위반할 경우 응분의 대처를 하기 위해 형성됐다. 검증문제를 구체적으로 타결한 조약은 미·소간의 INF조약으로, 이러한 INF의 검증체제는 상주감시, 단기통고 사찰, 세부 정보교환, 기타 여러 형태의 현장사찰 등으로 구성돼 있다. 위기관리 레짐은 평화 혹은 전시에 적대국간에 군사적 위기상황이 발생했을 경우 신속하게 대처하기 위해 형성된다. 미국과 러시아, 미국과 중국 간의 핫라인 협정이 대표적인 사례다.

동북아 안보레짐의 가능한 유형은 위에서 언급한 집단무력 레짐과 협력안보 레짐 중 평화적·협력적 조처에 기초한 협력안보 레짐이라고 할 수 있다. 이는 군비통제 레짐, 비확산레짐, 검증레짐 및 위기관리 레짐을 그 내용으로 하고 있다. 냉전적 요소가 잔존하고 있는 동북아에서 집단방위 레짐 및 집단안보 레짐 등을 포함하는 집단무력 레짐의 형성은 불가능하며 바람직하지도 않다. 결국 군비통제 레짐과 비확산레짐(CWC, BWC, NPT, CTBT 등 관련)을 주축으로 한 포괄적인 지역적 협력안보 레짐의 구축이 그 목표가 돼야 하는 것이다. 비확산레짐을 통한 대량살상무기의 통제, 그리고 군비통제 레짐을 통한 군비경쟁의 완화가 이 지역의 안보 불확실성을 해결할 수 있는 근간이 되는 것이다.

동북아국가들의 안보 관심사를 국가별로 언급하면, 우선 중국은 지속적인 경제발전을 위한 안정된 지역적 안보환경을 추구하고 있다. 현재 중국의 지역안보 관심사는 미국의 군사적 지역패권 음모를 견제하고 일본의 군비증강을 감시하며 아울러 북한의 핵무기개발을 포기하게 하는 것이다. 안정된 지역정세를 위해 중국은 북한의 갑작스런 붕괴와 북미·남북한간의 전쟁 혹은 갑작스런 주한미군의 철수 등을 경계하고 있다. 무엇보다 중국이 관심을 두고 있는 안보사항은 일본의 '정상국가화'다. 즉 21세기 군사강국으로 부상하려는 일본을 적절히 견제하는 데 심혈을 기울이고 있다. 따라서 지역적 안보레짐의 구축을 이러한 문제를 해결하기 위한 가능한 대안으로 상정하고 있다.

일본은 20세기 잔재의 청산을 통해 21세기 진정한 강국으로 부상하는 데 전력을 다하고 있다. 그 선결과제로 주변국과의 영토분쟁을 평화적으로 해결하고자 하며, 중국 및 러시아의 군사적 능력을 견제하고 북한의 핵무기개발을 저지하고자 한다. 일본이 지역안보 협력체 구상을 긍정적으로 바라보는 이유는 북한의 핵무기개발 저지와 주변국과의 영토분쟁 해결에 도움이 될 것이라는 판단 때문이다.

러시아 역시 경제발전을 위해 안정된 동북아 안보환경을 유지하고자 한다. 동북아에서 미국의 군사적 패권을 견제하면서 지역안보 불확실성을 제거하는 데 관심을 두고 있다. 동북아지역의 위기관리 체제를 위한 지역안보 협력에 긍정적인 자세를 취하고 있는 것이다.

미국의 최근 주요 지역적 안보 관심사는 두말할 나위 없이 북한의 핵무기개발 저지다. 평화적인 방법으로 이를 해결하기 위해 미국은 중국과 러시아의 북한에 대한 외교적 압박을 요구하며,

이를 원활히 수행하기 위해 동북아 안보레짐의 필요성을 인식하고 있다.

한국의 주요 안보 관심사는 북한의 핵무기개발을 저지함과 중·일간의 군사적 대결구도 속에서 그 활로를 모색하는 것이다. 북핵개발 저지를 위해 지역안보 레짐의 형성을 모색하고 있으며, 미래의 가상적이 될 수도 있는 중국과 일본의 틈바구니 속에서 현실감 없는 군비경쟁을 하기보다는 한미동맹의 틀을 기초로 동북아 안보레짐하에서 안보딜레마를 해결하고자 한다.

동북아에서 현재 유일하게 다자주의적인 틀에 대해 거부감을 갖고 있는 국가는 북한뿐이다. 북한은 지역안보 레짐의 구축이 북한의 정권안보를 손상시키는 구속으로 작동할까 봐 이에 부정적인 자세를 취하고 있다. 북·미간의 양자적 틀 속에서 안보문제를 협상해 가며 전통적인 동반자관계인 중국, 러시아와 공조를 취하는 것이다.

한반도 주변 6개 국가의 입장을 간략히 정리하면, 북한을 제외하고는 모두 다자주의적·규범주의적 틀 속에서 안보문제를 해결하고자 한다. 그러기 위해 동북아 안보레짐의 형성이 요구되는 것이다. 그러나 이러한 국제레짐의 형성 및 유지의 요인이 그 하위레짐인 국제안보 레짐에도 적용될 수 있는지 살펴보아야 한다. 저비스(Robert Jervis)는 다음의 네 가지 조건이 충족돼야 안보레짐이 형성되고 유지될 수 있다고 주장한다. 첫째, 강대국이 안보레짐의 창출을 선호해야 한다. 둘째, 행위자는 다른 행위자도 상호 안보 및 협력에 대해 가치를 부여하고 있다는 확신을 가져야 한다. 셋째, 모든 중요한 행위자가 현상유지를 선호하지만 소수의 행위자가 안보는 팽창에 의해 가장 잘 달성된다고 믿는 한 안보레짐은 형성될 수 없다. 넷째, 전쟁과 개별적 안보추구가 고비용

이 소요될 것이라는 믿음을 가질 때 안보레짐은 형성된다.16)

동북아 안보레짐 형성의 가능성은 저비스의 기준에 따라 다음과 같이 평가할 수 있다. 첫째, 강대국들이 안보레짐의 창출을 선호하는가? 한반도 주변 4강은 이에 대해 긍정적이다. 특히 북한 핵개발위기에 직면해서 더욱 그러하다. 둘째, 각 행위자가 다른 행위자도 상호 안보 및 협력에 대해 가치를 부여하고 있다고 확신하는가? 이에 대한 답도 긍정적이다. 중국과 러시아의 경우 당면과제인 경제발전을 위해 안정적인 지역질서를 원하고 있으며, 이를 미국과 일본이 인지하고 있다. 아울러 안정적인 지역질서 유지를 위한 미국과 일본의 노력 또한 중국과 러시아가 인정하고 있다. 문제는 불안요인으로 작용하는 북한의 태도다. 셋째, 안보는 팽창에 의해 가장 잘 달성된다고 믿는 행위자가 존재하는가? 정권안보를 위해 핵무기개발을 추구하는 북한이 가장 커다란 장애요인이며, 아울러 중국과 일본간의 대결·경쟁구도가 군비경쟁으로 이어지면 부정적 결과를 낳을 것이다. 넷째, 행위자들이 개별적 안보추구가 고비용이 소요될 것이라는 믿음을 가지고 있는가? 이에 대한 답은 대체로 긍정적이다. 종합해 보면 동북아 안보레짐에 장애가 되는 요인은 북한의 핵무기 개발노력과 향후 부정적으로 발전할지 모르는 중국과 일본의 대결구도라고 할 수 있다. 따라서 북핵개발이 강대국의 외교적 노력에 의해 종식된다면 이는 동북아 안보레짐 형성을 앞당기는 계기가 될 것이며, 중국과 일본의 대결·경쟁구도가 경제적 상호의존의 심화에 의해 완화된다면 그 레짐의 형성에 긍정적으로 작동할 것

---

16) Robert Jervis, "Security Regimes," *International Organization*, Vol.36, No.2 (1982), p.357.

이다.

 현재 지적될 수 있는 동북아 안보레짐 형성에 장애가 되는 요인을 나열하면 다음과 같다. 첫째, 위에 언급했듯이 중국과 일본 간의 대립·경쟁구도다. 신현실주의적 시각에 기초한 상대적 이익(relative interest)의 논리 속에서 각국이 지역 국제관계를 운용한다면 협력의 가능성은 낮아지고 안보레짐의 형성 가능성은 희박해진다. 둘째, 북한의 핵무기개발이 어떤 식으로 해결되느냐가 중요하다. 일단 북한의 핵무기개발 위협이 주변 강대국의 안보협력을 야기하는 긍정적 측면도 없지 않다. 다만 이러한 안보협력이 긍정적인 결실을 거두지 못하는 경우 상황은 걷잡을 수 없이 악화될 수 있다. 예컨대 북한의 핵무기개발이 기정사실화 된다면 일본의 핵무기개발도 막을 수 없게 되며, 이는 핵무기개발 도미노현상을 동북아에서 초래하게 되고, 궁극적으로 한국과 대만의 핵무기개발이 정당화되는 상황을 야기할 것이다. 이럴 경우 동북아 안보레짐은 그 필요성과 실효성이 유명무실해진다. 셋째, 일본에 대한 주변국의 역사적인 반감이 동북아 안보레짐 형성에 부정적인 영향을 미치고 있다. 일본에 대한 불신은 아직 잔존하며 동북아 안보협력을 어렵게 할 수 있다. 마지막으로 주한 및 주일미군의 존재가 동북아 안보레짐 형성에 부정적 요인이 될 수도 있다. 지금의 미군배치는 전후 냉전적 구도하에서 이루어진 것이며, 탈냉전적 구도하에서 이러한 미군의 존재가 레짐형성에 부담으로 작용할 수 있다. 중국과 러시아, 북한의 입장에서 보면 향후 레짐형성의 선결조건으로 이에 대한 변화를 요구할 수도 있다.

 동북아 경제레짐과 관련해서 국제레짐의 유형은 규모에 따라 크게 국제적 및 지역적 수준으로 분류할 수 있고, 국제경제 레짐이 수행하는 기능에 따라 자유무역지대, 관세동맹, 공동시장, 경제통합 등 국제경제 통합단계별로 분류할 수 있다. 세계화와 더불어 전세계에 걸쳐 확산되고 있는 지역블록화 움직임 속에서 최근 역내정세의 흐름은 동북아지역의 경제통합 가능성을 확인시켜 주고 있고, 그 가능한 대안으로 자유무역지대 설정이 논의되고 있다. 향후 동북아지역에서 한·중·일 3국이 자유무역지대 결성에 성공할 경우 이는 동아시아 전체의 경제통합에 강한 동기를 제공하게 될 것이다. 현재 지역경제 협력강화 필요성에 대한 공동인식 제고 등에 힘입어 3국간 자유무역협정(FTA) 논의가 모색되고 있으나, 이에 대한 이해득실과 관련해서 각국별 평가는 엇갈리고 있다. 그러나 앞으로 논의가 본격화될 경우 한국은 이를 현 정부가 국정목표로 채택하고 있는 '동북아 경제중심' 구상과의 연계 속에서 그 기반을 조성·강화하는 방향으로 추진해야 할 것이다.

동북아 각 국가의 경제 관심사를 살펴보면,[17] 중국은 종전에는 지역경제 통합에 대해 패권주의를 반대한다는 대외정책의 기본원칙에 입각해 미온적이었으나, 고도성장에 따른 국력신장 및 2001년 12월 WTO 가입과 함께 세계화 흐름 속에서 나타나고 있는 지역경제 협력 내지 통합의 움직임에 관심을 보이고 있다. 2002년 11월 중국·ASEAN간 자유무역협정(FTA) 체결을 위한 기본협정에 서명했으며, 2002년 ASEAN+3 정상회의에서 한·중·일 FTA 체결 타당성검토를 제의하고 우선 3국 연구기관이 FTA의 경제적 효과에 대해 공동 연구할 것을 제안해 합의한 바 있다. 중국은 국가규모, 고도성장 추세에 비추어 볼 때 3국간 협력

---

17) 안효승, 앞의 책.

체가 구성되면 장기적으로 동 협력체에서 주도적 위치를 확보하고, 주요 경쟁자인 일본을 3국 협력체에 끌어들여 경쟁보다는 협력관계를 이룩함으로써 자국에 유리한 환경조성이 가능하다고 판단하고 있다.

일본은 부상하는 중국을 더 이상 외면할 수 없으며 미·일동맹, 한·일 우호관계와 중·일관계의 병행발전이 요구되는 시점에 도달한 것으로 인식하고, 중국의 주도권을 경계하면서도 중국과 안보 및 경제분야의 협력관계 설정을 희망하는 것으로 판단된다.

한·중·일 3국간 협력에 적극 참여하는 것이 경제·안보 양면에서 국익에 부합한다고 인식하는 한국은 경제발전 단계상으로도 일본과 중국의 중간에 위치하고, 경제규모 측면이나 안보 측면에서 중·일 모두에 위협이 되지 않으므로 3국 협력체 내에서 중개자역할이 가능한 입장이다. 중국은 한국경제의 대외적 활로개척을 위한 무역·투자의 대상지역이며, 일본은 미국과 함께 중요한 우방국으로서 경제 측면에서도 지속적이고 긴밀한 관계유지가 필수적이다. 한국은 우선 한·일 FTA를 선행시키고, 이를 토대로 3국간 FTA를 중장기적으로 실현하는 것이 바람직하다는 입장이다.

동북아 경제레짐의 형성 가능성과 한계를 현재 논의되고 있는 한·중·일 FTA 추진 가능성을 중심으로 살펴보면[18] 그 긍정적 요인으로 다음을 들 수 있다.

한·중·일 3국은 경제규모로 볼 때 총 15억의 소비자, 7조 달러의 GDP, 2조 달러의 무역규모 등 유럽(EU) 및 북미(NAFTA)지역

---

18) 안효승, 앞의 책; 배긍찬, 앞의 책, 2000.

과 함께 세계 3대 경제권으로서 역동적일 뿐 아니라 경제구조 측면에서도 상호 보완적이다. 일본은 10년 연속 중국의 최대 교역상대국이고, 중국은 지난 8년간 일본의 제2의 교역상대국이며, 한·중 양국은 상호 제3의 교역상대국이다. 2002년도 중·일간 교역총액은 1,019억 달러에 달한다. 한·중 양국은 일본 대외무역의 20%, 해외 직접투자의 10%를 차지한다. 향후 2005년까지 교역액은 한·중간 555억 달러, 중·일간 1,300억 달러, 한·일간 1,000억 달러로 총 2,855억 달러 규모로 증가할 것으로 예상된다. 그러므로 한·중·일 FTA가 출범할 경우 각국의 경제구조조정 촉진 및 역내 무역·투자 원활화가 이루어짐으로써 동 지역이 세계에서 가장 경쟁력이 있는 지역의 하나로 발전해 나갈 것으로 전망된다. 어려움 속에서도 최근의 역내정세 흐름은 동북아지역 경제통합을 가능케 하는 요인을 확인해 주고 있다. 중국의 괄목할 만한 경제력 증대로 동북아지역은 도전과 기회를 맞이하고 있으며, 역내의 무역, 투자 등 경제교류가 지속적으로 확대되고 있고, 일본의 기술과 자본, 한국의 생산기술과 경제개발 경험, 중국이 지닌 양질의 노동력과 광대한 시장은 3국간 경제구조가 상호 보완적으로 협력할 수 있는 이점이 있다.

한편 다음의 요인이 그 부정적 장애요인으로 거론되고 있다.

첫째, 한(선발개도국)·중(후발개도국)·일(선진국) 3국간의 경제발전 단계의 격차다. 둘째, 체제의 상이성이다. 일본과 한국이 자본주의적 자유시장경제 체제인 데 반해 중국은 아직 기본적으로 사회주의적 시장경제체제라고 할 수 있다. 셋째, 한·중·일 3국간의 역사적 갈등이다. 동북아지역에는 중국과 한반도에 대한 일본의 침략행위라는 역사적 상처가 잔존한다. 이러한 이유로 한·중·일 3국은 지리적 인접성, 거대한 경제규모, 상호 보완적 경제구조, 3국간 교역 및 투자의 지속적인 확대추세에도 불구하고 지역차원의 경제통합 수준이 미미해 3국간 경제분야 협력 잠재력이 충분히 발휘되고 있지 못한 실정이다.

4. 결론: 향후 동북아레짐 형성을 위하여

향후 진정한 동북아공동체 형성을 위해, 그 전단계로 동북아 안보 및 경제레짐 구축을 위한 방안을 제시해 보고자 한다. 앞에서 언급한 장애요인에 대한 해결방안을 제시하는 것으로 그 형성방안을 간략히 제안하고자 한다. 첫째, 중국과 일본간의 대립·경쟁구도가 동북아 안보레짐 구축에 장애요인이라면 지역적 안보레짐 형성에 앞서 사전단계로 중국과 일본 양자간 군비통제협정을 맺을 필요가 있다. 한국이나 미국이 그 중재자역할을 할 수 있으리라 기대된다. 둘째, 북한의 핵무기개발 저지를 위해 현 다자간 틀을 활용하며 외교적 압박을 통해 문제를 해결해야 한다. 최근 6자회담을 통한 해결노력은 향후 동북아 안보레짐의 형성 가능성을 점칠 수 있는 좋은 예가 된다. 셋째, 일본에 대한 주변국의 역사적 반감은 단기적으로 해결되기 어려운 문제이며 지역국가들의 경제적 상호의존의 심화와 정부 및 민간차원의 사회·문화적인 교류 활성화를 통해 이 문제를 점진적으로 해결해야 한다. 마지막으로 주한 및 주일미군의 존재가 향후 안정된 동북아질서에 긍정적으로 작동할 것이라 생각되나, 중국과 러시아가 거부감을 표명한다면 갑작스런 철수는 바람직하지 못하나 주둔군 재배치 등을 통해 새로운 무기체계와 전략에 걸맞는 성격

변화를 보여주어야 할 것이다. 즉 냉전적인 반공산주의·반소주의적 주한미군의 성격을 평화유지 주한미군의 성격으로 이미지를 전환해야 할 것이다.

오늘날은 그 어느 때보다 동북아에서 레짐형성이 요구되고 있다. 세계 4대강국이 대결·경쟁하고 있고 남북한이 대치하고 있는 상황에서 동북아지역 안보레짐의 구축은 우리의 안보를 보증받는 가장 값싼 안보전략임을 인식하고 그 중재자로서 외교적 노력을 경주해야 할 것이다. 균형자(balancer)로서 미국의 역할을 요구하면서 한·미동맹이라는 쌍무적 안보협력의 틀 안에서 동북아 안보레짐이라는 다자적 안보협력의 틀을 모색해야 할 것이다. 우리가 이러한 제도적 장치를 마련하지 못한다면 그로 인한 가장 커다란 피해자는 우리가 될 것이다.

동북아 경제레짐 형성을 위한 방안은 한마디로 말해 단계적 공동체 형성방안이다. 궁극적으로는 동북아 경제공동체 달성을 상정하되 초기단계로는 FTA보다는 느슨한 형태의 한·중·일 3국간 경제협력체를 구성하고, 다음 단계로 FTA를 달성하는 방안을 추진해야 할 것이다. 장기적으로는 3국 외에 북한, 몽골, 러시아 등 주변국을 동북아 경제협력체에 포함시킬 수 있으나 우선 3국간 협력체 구성을 추진하는 것이 보다 간편하고 현실성이 있을 것으로 예상된다. 동북아지역은 과거 역사상 공동번영을 위한 상호협력 경험이 부족하므로 쉬운 분야부터 시작하는 단계적 접근이 필요하다. 한국은 동북아 지역협력과 관련해서 핵심적 사안으로 떠오르고 있는 역내 자유무역지대 설치문제와 관련해서 주도적인 역할을 할 필요가 있다.[19]

---

19) 안효승, 앞의 책; 배긍찬, 앞의 책, 2000.

한국은 동북아지역에서 양대 강국인 중국과 일본 사이에 위치해 이들을 연결함으로써 동북아 지역협력——동북아 협력안보 레짐구축 및 동북아 자유무역지대 설정——에 중재자적 역할을 수행할 수 있다. 한국이 안보 및 경제적으로 중국·일본과 비견할 만한 능력을 갖추고 있지는 못하지만, 상호 경쟁적인 대결을 벌이고 있는 중국·일본이 독자적으로 동아시아 지역협력에 주도적 역할을 담당하기 어렵기 때문에, 한국의 역할이 중요하다고 할 수 있다. 나아가 진정한 동북아공동체 형성을 위해 동북아 사람들이 공유하는 지역적 정체성을 확립하는 것이 요구된다. 따라서 향후 이러한 진정한 동북아공동체 형성을 위해 새로운 지역적 정체성을 창출해 나가야 할 것이다.

제 2 부

동북아의 경제협력

제4장 동북아 경제통합의 가능성과 추진방향

김 박 수

1. 머 리 말

1990년대 이후 세계경제의 가장 중요한 특징의 하나는 지역경제 통합을 의미하는 지역주의가 확산되고 있다는 점이다. 1950년대 EEC에서 비롯된 지역주의는 유럽과 중남미 및 아프리카로 확산됐으나, 유럽을 제외하고는 사실상 유명무실한 형편이었다. 1980년대 후반에 들어서는 EC가 단일시장 도입을 추진함으로써 유럽통합이 심화되는 한편 이에 대응하기 위해 미국이 지역주의를 추구한 것이 세계적인 지역주의 확산의 계기를 제공했다. 그 결과 WTO체제 출범에 따라 완화될 것이라던 당초의 예상과 달리 지역주의는 전세계적으로 확산되고 있다. 그 동안 지역주의에서 비교적 소외됐던 동아시아에서도 1997년 외환위기 이후 지역주의 움직임이 활성화되고 있으며, ASEAN+3체제의 탄생도 동아시아의 경제협력 강화에 대한 공감대 형성의 결과라고 볼 수 있다.

전통적으로 지역주의를 의미하는 지역경제 통합은 지리적으로 인접하고 정치 또는 경제적으로 비교적 동질성을 가진 국가간에 이루어져 왔다. EU, NAFTA, AFTA 등이 이러한 경우에 해당된다. 그러나 최근 들어서는 EU와 멕시코간의 FTA와 미국과 싱가포르간 FTA와 같이 지리적으로 인접하지 않은 국가간의 FTA 체결도 점차 보편화되고 있다. 이러한 추세는 지역주의가 단순히 무역과 투자의 자유화뿐 아니라 세계경제의 글로벌화 진전에 대응해 자국의 경제개혁을 촉진하고 경제의 안전성을 제고하는 데도 활용되고 있기 때문이다.

동북아의 한·중·일 3국은 지리적으로 인접하고 있을 뿐 아니라 1990년대 들어 상호간에 교역 및 투자가 급증하고 있다. 전 세계적인 지역주의 확산과 한국과 일본의 역외국과의 FTA 추진에도 불구하고 왜 동북아에서는 지역주의의 가장 낮은 단계인 FTA조차 체결되지 않고 있는가? 그 가능성과 추진방향은 어떠한가? 이러한 물음에 답하기 위해 여기에서는 제2절에서 동북아의 교역 및 투자의 흐름을 살펴본 다음, 제3절에서는 동북아의 경제통합에 대한 긍정적 요인과 제약요인을 분석하고, 제4절에서는 동북아 경제통합의 가능성과 추진방향에 대해 논한 후 제5절에서 결론을 도출하기로 한다.

2. 동북아의 교역 및 투자추이

1) 동북아의 정의와 경제 및 교역의 비중

(1) 동북아의 정의

동북아 경제협력에 대한 논의가 활성화되고 있음에도 불구하고 동북아의 지리적 범위에 대해서는 아직 다양한 견해가 존재한다. 가장 좁은 의미의 동북아는 한·중·일 3국만 포함하는 것으로, 한·중·일간에 논의되는 경제협력 및 FTA와 관련해서 주로 사용되고 있는 개념이다. ASEAN+3 정상회담과 관련해서 ASEAN은 동남아, 한·중·일은 동북아, 그리고 ASEAN+3은 동아시아로 통칭하고 있다.

다음으로 광의의 동북아에는 남·북한, 일본, 중국 및 홍콩, 러시아의 극동지역 및 시베리아, 몽골 등이 포함된다. 대부분의 일본 및 중국의 학자와 국내 일부 학자들이 이러한 광의의 동북아 개념을 사용하고 있다.

동북아의 지리적 정의에 대한 논의는 동북아 경제협력의 범위에 영향을 미치기 때문에 현재에도 여러 가지 정의가 혼용되고 있다. 냉전종식에 따라 동북아 경제협력의 필요성이 처음 논의됐을 때에는 정치체제와 제도적 차이 때문에 지역적 협력을 강조해 주로 광의의 동북아 정의가 많이 사용됐다. 또한 동아시아 외환위기 이후 금융, 환경, 물류 등 협력의 범위가 넓어짐에 따라

광의의 동북아 개념이 유용하게 사용되고 있다.[1]

여기에서는 한·중·일 3국을 동북아로 정의하고자 한다. 이들 3국은 광의의 동북아[2] GDP와 교역의 92.5%와 70.2%를 차지하고 있어 사실상 동북아를 대표하고 있고, 동북아의 경제통합이란 관점에서는 통합의 주체이기 때문이다. 또한 분석기간에서는 냉전체제의 해소와 중국경제의 본격적인 대외개방으로 동북아의 경제협력에 관한 논의가 본격화된 1990년 이후를 대상으로 한다.

(2) 동북아의 경제 및 교역비중

한·중·일로 구성된 동북아경제는 대외지향적 성장전략에 의한 고도성장으로 세계경제에서 차지하는 비중이 지속적으로 증대해 왔다. 그러나 1990년대 들어 일본의 장기적인 경제침체, 한국의 외환위기, 중국의 고도성장 지속으로 명암이 엇갈리고 있다. 일본이 세계경제에서 차지하는 비중은 1990년의 12.9%에서 95년에는 17.7%로 증가했으나 2002년에는 12.4%로 축소됐다. 한국은 그 비중이 1990년에 1.1%에서 95년에는 1.7%로 증가했으나, 외환위기에 따른 경제침체로 2000년부터 1.5% 수준을 유지하고 있다. 이에 비해 중국은 연평균 8%의 고도성장을 지속해 그 비중이 1990년의 1.7%에서 2002년에는 3.8%로 비약적으로 상승했다.

명목GDP로 볼 때 일본은 미국 다음으로 부동의 세계 제2위를 유지하고 있으며, 한국은 1990년 세계 16위에서 2002년에는 12위

---

1) 이창재 외,『동북아 경제협력 전략연구: 총괄편』(대외경제정책연구원, 1999), 20쪽 참조.
2) 광의의 동북아는 2001년의 경우 세계 GDP의 20.1%, 세계교역의 17.1%를 차지했으며, 역내교역의 비중은 37.6%를 기록했다.

〈표 4-1〉 한·중·일의 세계경제 비중 (단위: 백만달러, %)

	1990		1995		2000		2002		2008	
	명목 GDP	비중	명목 GDP	비중	명목 GDP	비중	명목 GDP	비중	명목 GDP	비중
한 국	252.6	1.1	489.3	1.7	461.5	1.5	476.7	1.5	841.0	1.7
일 본	2,965.7	12.9	5,116.9	17.7	4,762.7	15.1	3,996.3	12.4	5,164.8	10.6
중 국	389.5	1.7	700.2	2.4	1,080.0	3.4	1,237.3	3.8	2,519.8	5.2
한·중·일 합 계	3,607.8	15.7	6,306.4	21.8	6,304.2	20.0	5,710.3	17.7	8,498.6	17.4
세 계	22,962.9	100	28,931.6	100	31,442.0	100	32,247.3	100	48,853.3	100

자료: Standard & Poor's DRI, *World Outlook 2001/I* 및 Global Insight, *World Overview*, June 2003.

〈표 4-2〉 세계교역 중 한·중·일 비중추이 (단위: %)

		1990	1995	2000	2002
한 국	수출	1.9	2.6	2.7	2.5
	수입	2.0	2.6	2.4	2.3
	교역	2.0	2.6	2.6	2.4
중 국	수출	1.9	2.9	3.9	5.1
	수입	1.5	2.6	3.4	4.4
	교역	1.7	2.8	3.7	4.8
일 본	수출	8.5	8.7	7.5	6.6
	수입	7.2	6.5	5.7	5.0
	교역	7.8	7.6	6.6	5.8
한·중·일 계	수출	12.3	14.2	14.1	14.2
	수입	10.7	11.7	11.6	11.8
	교역	11.5	13.0	12.8	13.0

자료: IMF, *Direstion of Trade Statistics Yearbook 1997, 2002* 및 CD, September 2003에서 작성.

로 상승한 데 비해 중국은 같은 기간에 세계 11위에서 미국, 일본, 독일, 영국, 프랑스 다음의 세계 6위로 부상했다. 경제 예측기관인 Global Insight는 2008년에 한·중·일의 세계경제에 대한 비중을 각각 1.7%, 5.2% 및 10.6%로 전망하고 있다. 한국의 비중은 다소 상승하고, 중국의 비중은 비약적으로 증가하는 데 비해 일본의 비중은 축소될 것으로 보인다. 따라서 동북아의 세계경제에서의 비중은 18% 전후에서 변동할 것으로 예상된다.3)

동북아가 세계교역에서 차지하는 비중은 동북아가 세계GDP에서 차지하는 비중보다 다소 낮다. 이는 한국과 중국의 대외개방도4)는 세계평균을 상회하는 데 비해 일본의 대외개방도는 세계평균을 하회하기 때문이다. 동북아의 세계교역에 대한 비중은 1990년의 12.5%에서 2002년에는 13%로 증가했다. 동북아의 교역비중이 다소 증가한 데 그친 것은 이 기간에 중국과 한국의 교역은 각각 연평균 15% 및 7.3%의 증가율을 보였으나, 일본의 교역이 2.8%의 증가에 그쳐, 동북아 전체로는 세계교역의 증가율 5.4%보다 다소 높은 6.5% 증가에 머물렀기 때문이다.

세계교역에서 차지하는 동북아의 국별 비중의 추이를 보면 한국은 1990년의 2.0%에서 1995년과 2000년에는 2.6%까지 증가했으나 2002년에는 다소 떨어져 2.4%를 기록했으며, 중국은 1990년의 1.7%에서 괄목할 만한 증가세를 보여 2002년에는 4.8%에 달했다.

---

3) 2001년 현재 NAFTA와 EU가 세계 GDP에서 차지하는 비중은 각각 36.8%와 25.5%로 동북아의 비중을 능가하고 있다. 이는 주로 미국의 비중이 큰 것과 EU가 15개국으로 구성된 데 기인하고 있다.

4) 대외개방도는 수출액+수입액/GDP로 정의된다. 2002년의 경우 세계평균 대외개방도는 40.6%였으나, 한·중·일의 대외개방도는 각각 65.8%, 50.2% 및 18.9%였으며, 동북아의 대외개방도는 29.6%였다.

그러나 일본은 경제침체로 교역도 부진해 세계교역에서 차지하는 비중이 같은 기간에 7.8%에서 5.8%로 감소했다. 중국과 한국의 수출입은 빠른 속도로 증가하고 있으나, 일본 수출입의 증가 속도 둔화로 동북아 전체로는 세계교역에서 차지하는 비중이 완만하게 증가하고 있는 것이다.

2) 동북아의 역내교역 추이

한·중·일 상호간의 교역을 의미하는 동북아의 역내교역은 이들 3국간의 경제관계를 상징적으로 보여주고 있다. 역내교역이 동북아 총교역에서 차지하는 비중은 1990년의 12.5%에서 2002년에는 22.4%로 거의 2배 가까이 증가했다. 역내수출 비중은 동기간에 11.2%에서 19%로 증가한 반면 역내수입은 14%에서 26.3%로 급증했다. 이는 이들 3국이 세계시장을 대상으로 수출하는 반면 원·부자재의 수입은 역내에 크게 의존하고 있기 때문에 나타난 현상으로 풀이된다. 이러한 역내교역의 급증이 동북아 경제통합의 필요성을 제기하는 논의의 핵심을 이루고 있다.

〈표 4-3〉 동북아(한·중·일) 역내교역 비중추이 (단위: %)

	수 출	수 입	교역
1990	11.2	14.0	12.5
1995	15.8	22.0	18.6
2000	17.0	24.0	20.3
2002	19.0	26.3	22.4

자료: <표 4-2>와 동일.

〈표 4-4〉 한·중·일 국별 역내교역 비중추이 (단위: %)

	한 국			중 국			일 본		
	중국	일본	합계	한국	일본	합계	한국	중국	합계
<수 출>									
1990	0.9	19.4	20.3	0.7	14.6	15.3	6.1	2.1	8.2
1995	7.0	13.0	19.9	4.5	19.1	23.6	7.1	5.0	12.0
2000	10.7	11.9	22.6	4.5	16.7	21.2	6.4	6.3	12.8
2002	14.7	9.4	24.1	4.8	14.9	19.6	6.9	9.6	16.5
<수 입>									
1990	3.2	26.7	29.8	0.4	14.4	14.8	4.6	4.8	9.4
1995	5.5	24.1	29.6	7.8	21.9	29.7	5.2	10.7	15.8
2000	8.0	19.8	27.8	10.3	18.4	28.8	5.4	14.5	19.9
2002	11.4	19.6	31.1	9.7	18.1	27.8	4.6	18.3	22.9
<교 역>									
1990	2.1	23.1	25.2	0.6	14.5	15.1	5.4	3.4	8.8
1995	6.2	18.6	24.8	6.0	20.4	26.5	6.2	7.4	13.7
2000	9.4	15.7	25.1	7.3	17.5	24.8	6.0	10.0	15.2
2002	13.1	14.3	27.5	7.1	16.4	23.5	5.9	13.5	19.4

자료: <표 4-2>와 동일.

1990년부터 2002년까지 동북아 역내교역을 국가별로 보면 그 비중변화의 성격이 뚜렷이 나타나고 있다. 한국은 동기간에 역내교역의 비중이 25.2%에서 27.5%로 다소 증가했으나, 한·중 교역의 비중이 2.1%에서 13.1%로 9% 급속히 증가한 데 비해 한·일 교역의 비중은 23.1%에서 14.3%로 8.8%로 줄어들었다. 이는 한국의 대중교역이 연평균 24.9% 증가한 반면, 한국의 대일교역은 연평균 3.1% 증가에 그친 결과다. 한편 일본은 동기간에 동북아 역내교역의 비중이 8.8%에서 19.4%로 급증했으나, 한국의 경우와 마찬가지로 일·중 교역의 비중은 급속히 증가한 반면 일·한 교역의 비중은 다소 증가하는 데 그치고 있다. 이와 같이 동북아 역내교역의 증가는 주로 한국과 일본의 중국에 대한 교역에서 발생하고 있다.

이에 따라 2002년의 경우 중국은 한국 2위의 수출대상국이자 3위의 수입대상국이 됐으며, 일본에게 중국은 1위의 수입대상국이자 2위의 수출대상국이 됐다. 중국에게도 한국과 일본은 각각 3위 및 1위의 수입대상국이자 4위 및 3위의 수출대상국이 됐다.

이준엽[5]에 따르면 동북아 역내무역은 중국의 경제성장과 산업의 고도화로 인해 공산품을 중심으로 그 비중이 지속적으로 증가하고 있으며, 이러한 공산품교역의 증가는 과거에 주로 수직적 산업내무역의 형태를 띠었으나, 1990년대 후반 이후 수평적 산업내무역의 비중이 증대하는 추세를 보이고 있는 것으로 평가되고 있다. 이는 동북아 교역이 상호 보완적 관계에서 점차 경쟁적 관계로 변하고 있다는 것을 의미한다.

3) 동북아의 역내투자 추이

세계 직접투자[6]는 1980년대 후반 이후 급속한 증가세를 보여 세계경제 글로벌화의 가장 중요한 동력으로 작용하고 있으며, 1990~2000년간 세계교역이 약 90% 증가한 반면 세계 직접투자는 6배 증가했다. 그러나 세계 직접투자는 2000년의 2조 4천억 달러를 고비로 절대투자액이 감소해 2001년에는 1조 4천억 달러에 그치고 있다. 최근 세계 직접투자는 선진국이 해외직접투자의 90%

---

5) 이준엽, "한·중·일 산업내 무역구조분석을 통한 동북아 국제분업체계연구," 『한국경제연구』, 제10권(한국경제연구학회, 2003).

6) 여기서 직접투자라 함은 외국에서 유입되는 외국인 직접투자와 외국으로 유출되는 해외 직접투자를 총칭하는 개념이다.

이상을 제공하고, 외국인 직접투자(FDI)의 2/3를 차지하는 등 선진국간의 자본이동이 주류를 형성하고 있다.

동북아는 세계 2위의 경제대국인 일본을 포함하고 있지만, 세계 직접투자에서 차지하는 비중은 세계 GDP에서 차지하는 비중이나 세계교역에서 차지하는 비중을 밑돌고 있다. 동북아국가 중에서는 중국이 FDI의 가장 큰 수혜국으로 1995년의 경우 358억 달러를 유치해 세계 총 FDI의 11%를 차지했으며, 그 이후에도 세계투자에서 차지하는 비중은 줄어들고 있으나 연 400억 달러가 넘는 FDI를 유치하고 있다. 특히 2001년에 중국은 세계 총 FDI가 51%나 감소했음에도 불구하고 2000년보다 14.9%나 증가한 468억 달러의 FDI를 유치했고, 2002년에는 527억 달러의 FDI를 유치해 미국을 제치고 세계 1위의 FDI 유치국으로 올라섰다. 일본과 한국은 2001년의 경우 각각 세계 총 FDI의 0.8%와 0.4%에 불과한 62억 달러와 32억 달러의 FDI를 유치하는 데 그쳤다. 동북아가 세계 총 외국인 직접투자에서 차지하는 비중은 1990~95년 기간에 연평균 9.5%였으며, 1996년에는 11% 수준으로 올라갔으나, 2001년에는 다소 줄어든 7.6%를 기록했다.

한편 해외투자에 있어서는 2001년의 경우 일본이 세계 총 해외 직접투자의 6.1%인 381억 달러를 투자한 데 비해 한국과 중국은 각각 0.4%와 0.3%에 불과한 26억 달러와 18억 달러의 해외투자 실적을 기록하고 있다. 동북아가 세계 총 해외 직접투자에서 차지하는 비중은 1990~95년에는 연평균 11.5%를 차지했으나, 2002년에는 6.8%로 감소했다.

동북아 역내 직접투자는 한·중·일이 발표하는 직접투자 통계의 기준과 실적에 차이가 있어 정확한 실상을 파악하는 데는 한계가 있다. 중국의 일본 및 한국에 대한 투자와 한국의 일본에

〈표 4-5〉 일본의 중국에 대한 직접투자 (백만달러, %)

	일본측 통계		중국측 통계	
	신고액	일본 총 해외직접 투자 내 비율	투자액	중국 총 외국인 직접투자 내 비율
1990	349	0.6	5.0	14.4
1993	1691	4.7	1324	4.8
1995	4473	8.8	3108	8.3
1997	1987	3.7	4326	9.6
1999	751	1.1	2973	7.4
2001	1440	4.6	4348	9.3

자료: China Statistics Press, *China Statistical Yearbook*, various years; 對外貿易 經濟會作部, 『中國對外經濟貿易年鑒』, 2002; www.jetro.go.jp/ec/j/trade/.

대한 투자는 미미한 수준에 그치고 있는 반면, 일본과 한국의 중국에 대한 투자는 괄목할 만한 실적을 보이고 있다.

동북아에서 가중 중요한 투자국인 일본의 대중투자(이하 신고액 기준)는 1990년 3.5억 딜러로 일본 총 해외투자의 0.6%를 자지하는 데 불과했으나, 1995년에는 44.7억 달러로 일본 총 해외투자의 8.8%를 점한 바 있다. 그러나 그후 일본의 중국에 대한 투자는 금액과 비중 모두 감소추이를 보여 1999년에는 7.5억 달러로 1.1%에 그쳤으나 점차 회복해 2001년에는 14.4억 달러로 일본 총 해외투자의 4.6%를 차지했다. 일본의 한국에 대한 투자는 1990년 2.8억 달러로 일본 총 해외투자의 0.5%를 점하는 데 그쳤으나, 그후 점차 증가해 1999년과 2001년에는 각각 9.8억 달러와 5.4억 달러를 투자했고 비중은 1.5%와 1.7%를 기록한 바 있다.

한국의 대중 직접투자(집행기준)는 1990년 2천만 달러에서 꾸준히 증가해 1995년에는 8.9억 달러로 한국 총 해외투자의 27%를 차지했으나, 외환위기로 해외투자가 위축돼 2001년에는 5.5억 달러로 11.1%에 그치고 있다. 2002년의 경우 한국은 중국에 8억 달

〈표 4-6〉 한국의 중국에 대한 직접투자(집행기준) (백만달러, %)

발표국가	한국측 통계		중 국	
	금액	한국 총해외직접투자 내 비율	금액	중국 총외국인직접투자 내 비율
1990	16	1.7	-	-
1993	264	20.9	374	1.4
1995	838	27.0	104	0.3
1997	716	20.3	2142	4.7
1999	348	10.8	1275	3.2
2001	545	11.1	2152	4.4

자료: 한국수출입은행, 『해외직접투자 통계연보』, 각호; China Statistics Press, *China Statistical Yearbook*, various years; 對外貿易經濟會作部, 『中國對外經濟貿易年鑒』, 2002.

러를 투자해 중국은 미국(4.9억 달러)을 제치고 처음으로 한국의 제1위의 투자대상국으로 부상했다.

동북아 3국의 역내투자 비중은 1990년 2.4%에서 90년대 전반에는 빠르게 증가해 95년에 9.8%로 최고치를 기록한 후 감소해 99년에는 5.1%였으나, 그후 다소 증가해 2001년에는 8.9%를 기록했다. 동북아에서는 해외직접투자 공급원으로서 가장 높은 잠재력을 가지고 있는 일본의 한국 및 중국에 대한 투자의 저조가 역내 직접투자 부진의 원인이었으나, 최근에는 일본과 한국의 대중국투자를 중심으로 증가추이를 보이고 있다.

3. 동북아 경제통합의 긍정적 요인과 제약요인

동북아에는 한·중·일의 지리적 인접성에도 불구하고 냉전이 해소되기 전에는 정치체제의 차이로 말미암아 경제관계 발전이 미흡했다. 동북아의 경제관계는 1970년대 말 중국의 개혁개방 추진에 따라 발전하기 시작했으나, 80년대 말 냉전체제 해소와 중국의 정경분리 정책추진에 따라 90년대부터 새로운 전기를 맞이했다. 이미 살펴본 바와 같이 1990년대 동북아의 경제관계는 주로 교역 및 투자를 통해 비약적으로 발전했다. 그러나 전세계적인 지역주의의 확산과 동북아 경제통합의 당위성에도 불구하고 한·중·일간에는 FTA조차 체결되지 않고 있다. 이러한 동북아 경제통합의 부진은 역내여건뿐 아니라 한·중·일의 세계경제적 비중이 크기 때문에 대외적 여건으로부터도 영향을 받고 있는 것으로 보인다. 따라서 여기서는 동북아 경제통합에 영향을 미치는 역내·외의 긍정적 요인과 제약요인을 살펴보기로 한다.

1) 동북아 경제통합의 긍정적 요인

(1) 전세계적인 지역주의의 확산

GATT가 출범한 1948년부터 94년까지 47년간 GATT에 통보된 FTA 등 지역무역협정(RTA)은 124개였으나, 95년 WTO체제 출범

후 8년간 WTO에 통보된 RTA는 130개를 넘어서고[7] 있으며, 현재 전세계적으로 계획되고 있거나 협상중인 RTA가 체결된다면 2005년 말까지 효력을 발휘할 RTA는 300개에 이를 것으로 예상되고 있다.

지역주의 확산에도 불구하고 ASEAN의 자유무역협정인 AFTA를 제외하고는 지역주의에서 소외됐던 동아시아에서도 1997년 외환위기 이후 경제통합 부진에 의한 지역경제의 취약성이 노출됨에 따라 지역경제 통합의 필요성이 강하게 제기됐다. 1997년 12월 말레이시아의 콸라룸푸르에서 개최된 제1차 ASEAN+3 정상회의는 1999년 이후 정례화됐으며, 2003년 인도네시아 발리의 제7차 정상회의에 이르기까지 동아시아비전그룹의 설치 등을 통해 동아시아협력에 관한 공동성명[8]의 채택, 동아시아 FTA를 장기적 비전으로 설정하는 등 동아시아 협력강화를 위한 분위기 조성에 기여해 왔다.

이에 따라 최근까지 지역주의에 참여하지 않고 있던 한국 및 일본은 각각 칠레 및 싱가포르와 FTA를 체결했고, 중국도 2002년 11월 ASEAN과 10년 내에 FTA를 체결하기로 합의했으며, 일본도 중국의 부상과 중·ASEAN 관계강화에 위협을 느끼고 ASEAN과의 포괄적 연계협정을 통한 관계강화를 추진중이다.

특히 2003년 10월 발리에서 개최된 ASEAN+3 정상회의 때 ASEAN 10개국의 정상은 발리협약II(Bali Concord II)[9]을 체결하고

---

7) http://www.wto.org/english/tratop_e/region_e/regfac_e.htm 참조.

8) 1999년 11월 마닐라에서 개최된 제3차 ASEAN+3 정상회의는 경제협력, 통화 및 금융협력, 사회 및 인적자원 개발, 사회 및 기술개발, 문화 및 정보교환, 정치적 안전 및 초국가적 문제에 대한 협력을 포함하는 공동성명서를 채택했다.

2020년까지 역내의 관세 및 비관세장벽을 완전히 철폐하는 동시에 자본과 인력의 자유이동을 보장하는 아세안경제공동체(ASEAN Economic Community)를 구축하기로 합의했다. 또한 ASEAN은 중국(2010), 인도(2011) 및 일본(2012) 등과 FTA를 추진함으로써 ASEAN이 아시아 경제통합에서 주도적 역할을 추구하고 있는 것으로 보인다.

이와 같은 전세계적인 지역주의 경쟁은 지역주의에 참여하지 않은 국가에게 기존 시장의 상실이라는 기회비용을 요구하고 있다. 따라서 지역주의에 참여하지 않은 국가는 기존의 경제통합에 참여하거나 새로운 지역경제 통합을 모색할 수밖에 없을 것이다. 동북아의 경우에는 한·중·일 FTA의 효과[10])가 크기 때문에 지역주의의 확산은 한·중·일로 하여금 FTA 체결을 촉진하는 동력으로 작용할 것으로 보인다.

(2) 교역 및 투자의 활성화

한·중·일간 역내교역 및 투자의 활성화는 동북아 경제통합 논의의 핵심을 이루고 있다. 동북아의 역내교역 비중은 1990년의

---

9) 발리협약 I(Bali Concord I)은 1976년 인도네시아의 발리에서 개최된 제1차 ASEAN 정상회담에서 발표된 공동선언문인데, 처음으로 역내 경제협력의 강화를 위한 조항이 포함됐다. 이는 ASEAN이 정치 및 안보 중심의 기구에서 경제협력을 포함하는 지역기구로 변한 것을 뜻하며, 이에 따라 ASEAN 회원국은 1977년에 ASEAN특혜무역협정(Agreement on ASEAN Preferential Trading Arrangements)을 체결했다.

10) 2003년 10월에 개최된 한·중·일 정상회의에 보고된 3국의 공동연구에 따르면 FTA 체결이 GDP 성장에 미치는 효과는 한국 2.5~3.1%, 중국 1.1~2.9%, 일본 0.1~0.5%다.

12.5%에서 2002년에는 22.4%까지 증가했으며, 중국 내 외국인투자에서 한국과 일본이 차지하는 비중은 1997년의 14.3%보다는 다소 줄어들었으나, 2001년에도 여전히 13.7%를 차지하고 있으며 최근 들어 상승추이를 보이고 있다. 동북아의 역내교역과 투자의 급증은 주로 중국경제의 고도성장과 역내국간 부존요소의 보완성이 큰 데 기인하고 있다.

동북아 역내교역과 투자의 증가는 일본의 첨단기술과 자본, 한국의 생산기술과 개발경험, 중국의 노동력과 거대한 잠재시장 등 3국의 경제적 보완관계에 기인하고 있다. 중국은 일본에서 전자·전기기계, 정밀기계, 수송기계 등 기계류와 핵심부품을 주로 수입하고 있으며, 한국에서는 전자·전기기계, 섬유제품, 수송기계, 화학제품 등 기계류와 중간재의 수입을 확대하고 있다. 즉 중국의 경제발전과 산업구조 고도화는 한국과 일본에 대한 기계류 및 중간재의 수입의존도를 확대하는 요인으로 작용하고 있다.[11]

동북아의 역내교역이 수직적 산업내교역에서 수평적 산업내교역으로 전환돼도, 현재 세계적인 무역과 투자의 흐름이 주로 선진국간에 이루어지는 것과 같이 동북아 역내의 교역 및 투자의 증가에 장애요인이 될 것으로 보이지는 않는다. 이와 같은 동북아의 경제관계 심화는 제도적 통합을 촉진하는 요인으로 작용할 것으로 예상된다.

---

11) 이홍배, 『한·중·일 3국의 산업간 상호의존관계 분석』, 정책연구 02-05(대외경제정책연구원, 2002), 114쪽 참조

(3) 중국의 고도성장과 WTO 가입

중국은 1970년대 말 개혁개방 이래 연평균 9%가 넘는 고도성장을 지속해 왔으며, 세계경제가 침체에 시달리고 있는 최근 3년 간에도 7~8%의 높은 성장률을 보여주고 있다. 중국경제의 고도성장에는 앞에서 살펴본 바와 같이 동북아 역내의 교역과 투자가 비약적으로 증가하는 견인차 역할을 담당해 왔다.

중국경제의 고도성장은 앞으로도 상당기간 계속될 것으로 보인다. 세계은행(1997)은 2020년까지 중국경제가 6.6%의 경제성장률을 보일 것으로 예상하고 있으며, 중국정부도 2020년까지 7% 수준의 고도성장을 예상하고 있다. 이와 같은 중국의 고도성장 전망은 1990년대와 같이 앞으로도 상당기간 동북아 역내교역과 역내투자가 활성화될 것임을 예고하고 있다.

2001년 11월 중국이 WTO에 가입한 것도 동북아의 역내교역 활성화에 중요한 요인으로 작용하고 있다. 중국은 WTO에 가입함으로써 가중평균관세율을 1997년의 18.7%에서 2005년까지 7.8%로 인하하고, 비관세장벽도 점진적으로 철폐할 예정이다.[12] 중국의 WTO 가입에 따른 관세인하의 무역에 대한 영향도 동북아 역내국에서 가장 크게 나타날 것으로 예상된다. 중국의 WTO 가입으로 유발되는 수입증가액 중 37.6%와 수출증가액 중 22.8%가 중국의 한국 및 일본과의 교역에서 발생할 것으로 추정된다.[13] 따라서 중국경제의 지속적인 고도성장과 중국의 WTO 가입으로 인

---

12) 양평섭, 『중국의 WTO 가입 이후 산업별 개방계획과 그 영향』, 지역연구회시리즈 00-11(대외경제정책연구원, 2000) 46-47쪽 참조.

13) 정인교, 『중국 WTO 가입의 경제적 효과와 시사점』, 정책연구 01-02 (대외경제정책연구원, 2001), 99-100쪽 참조.

한 대외개방 확대에 의한 동북아 역내교역과 투자의 꾸준한 증가는 동북아 경제통합을 촉진하는 가장 중요한 요인의 하나로 작용할 것이다.

2) 동북아 경제통합의 제약요인

(1) 국제정치적 제약

동북아는 세계 4대 강대국인 미국, 일본, 중국 및 러시아의 이해관계가 맞부딪치고 있는 국제정치적으로 대단히 복잡한 지역이다. 냉전체제 붕괴 이후에도 최근의 북핵문제를 둘러싼 갈등에서 보는 바와 같이 동북아에는 여전히 냉전체제의 잔재가 남아있다.

우선 대내적으로는 일본 제국주의에 의해 형성된 과거사문제가 아직 해소되지 않고 있다. 이는 일본이 과거사 청산에 대해 미온적 태도를 보일 뿐 아니라 되풀이되는 망언은 한국과 중국의 일본에 대한 신뢰형성에 부정적 요인으로 작용하고 있다. 더욱이 최근 일본의 재무장 움직임 또한 한국과 중국의 경계대상이 되고 있다. 과거에 유사한 경험을 한 바 있는 독일과 프랑스는 독일의 철저한 사과와 협력을 통해 이런 문제가 해소됐는바, 일본의 적극적인 대응과 자세가 요구되는 문제다.

대외적으로는 안보관계와 경제관계의 불일치가 제도적인 경제통합을 제약하는 요인으로 작용하고 있다. 유럽의 경우는 NATO라는 다자주의적 안보협력 틀에 미국과 함께 참여함으로써 안보관계와 경제관계의 불일치가 해소됐고, 유럽은 순조로운 경제통합의 확대와 심화를 지속해 왔다. 그러나 동북아에는 전후 초강대국 미국이 동아시아 안보전략의 일환으로 한국 및 일본과 쌍무적인 안보·동맹관계를 형성하고 있었기 때문에 미국의 영향력이 여전히 크다고 할 수 있다.14) 따라서 동북아의 경제통합도 미국의 이익에 부정적인 사항이 있을 경우에는 미국의 반대에 직면할 가능성이 있을 것으로 보인다. 동아시아의 경우 마하티르 말레이시아 수상의 동아시아 경제협력 강화를 위한 EAEG 구상과 외환위기 후 일본의 AMF 구상이 무산된 것은 미국이 반대했기 때문인 것으로 알려져 있다. 특히 동북아의 한·중·일은 미국의 주요 교역 및 투자상대국이란 점에서 동북아 경제통합에서 미국의 입장은 중요한 고려사항이 될 수밖에 없을 것이다.

(2) 경제발전 수준의 차이

경제발전 수준의 차이도 경제통합을 제약하고 있다. 일본은 가장 발전한 선진국으로서 고도의 공업화수준을 유지하고 있고, 한국은 과거 40년간 공업화를 추진한 결과 선진국 진입을 눈앞에 두고 있는 데 비해, 중국은 1970년대 말 개혁·개방정책 추진 이후 고도성장에도 불구하고 한국이나 일본에 비해 발전수준에서 차이를 보이고 있다. 발전수준에 차이가 나는 국가간에 경제통합이 이루어지는 경우 후발국은 산업구조와 수직적인 교역구조의 고착화를 우려하게 된다. 이러한 문제는 중·일간에는 말할 것도 없고 한·일간뿐 아니라 한·중간에도 발생할 가능성이 있다. 이

---

14) 배긍찬, "안보의 시각에서 본 동북아 경제통합의 가능성," 안충영·이창재 외, 『동북아 경제협력: 통합의 첫걸음』(박영사, 2003).

와 관련해서 중국의 영향력 있는 경제학자인 국민경제연구소의 판강 소장은 제4회 세계지식포럼에서 "아시아는 EU를 구성한 유럽과 달리 국가간 경제력의 격차가 커서 쉽게 무역자유화를 이루기 힘들다"고 밝힌 바 있다.15)

이런 발전수준의 차이는 단지 물질적 발전수준의 차이에 그치지 않고 제도적 측면에서도 나타나고 있다. 한국과 일본은 OECD에 가입할 정도로 시장개방이 이루어져 있으나, 중국은 2001년에야 WTO에 가입할 정도로 아직 시장개방 수준이 미흡한 형편이다. 특히 일본은 중국의 제도적 후진성을 동북아 경제통합의 중요한 장애요인의 하나로 간주하고 있는 것으로 알려지고 있다.

(3) 일본과 중국의 주도권 경쟁

일반적으로 지역적인 경제통합에는 주도국의 존재와 역할이 중요한 것으로 평가된다. 경제통합에는 경제논리뿐 아니라 정치적 논리도 강한 영향력을 미치기 때문이다. EU 통합에서는 독일이 주도국의 역할을 수행했고, NAFTA 통합에서는 미국이 주도국의 역할을 수행했다. 그러나 동북아 경제통합에는 일본과 중국이라는 2개의 잠재적인 주도국이 존재하고 있다. 2002년 11월 ASEAN+3 정상회담의 일환으로 개최된 바 있는 한·중·일 정상회담에서 주룽지 중국 총리가 한·중·일 FTA를 제안한 바 있으나, 일본과 중국이 동북아 FTA에 관해 강한 의지를 가지고 있다고 평가하기는 어렵다. 일본은 중국기업의 경쟁력강화에 따른 일본 제조업의 공동화 가능성을 우려하고 있으며, 중국을 하나의

---

15) <매일경제>, 2003년 10월 17일, 5면 참조.

경쟁과 협력의 파트너로 인식하기에는 시기상조이고 중국의 거대한 잠재력만큼 불확실성도 크다는 입장을 보이고 있다.16) 또한 일본은 중국이 2001년에야 WTO에 가입할 정도로 제도적으로도 취약하며, WTO 회원국에 부합하는 국내제도 확충이 시급한 과제라는 시각도 가지고 있다.17) 일본은 일·싱가포르간 FTA에 이어 멕시코, 한국, ASEAN 등과의 FTA를 염두에 두고 있는 것으로 보이며, 동북아 FTA는 일본의 장기적 과제인 것으로 판단된다.

중국의 입장에서도 일본이 중국의 최대 교역국이고 한국도 홍콩을 제외하면 미국 다음으로 제3의 교역국일 뿐 아니라 양국 모두 중국에 대한 주요 투자국이므로 동북아의 중요성은 대단히 크다고 할 수 있다. 그러나 중국에게 FTA를 비롯한 동북아 경제통합은 정책적 우선순위가 높지는 않은 것으로 보인다. 이는 중국이 홍콩과 마카오뿐 아니라 ASEAN 및 중앙아시아 주변국과 FTA를 추진하는 데서도 나타나고 있다. 중국은 WTO 가입에도 불구하고 산업보호 수준이 한국이나 일본에 비해 상대적으로 높기 때문에 한·중·일 FTA를 체결하는 경우 현재의 산업구조가 고착될 가능성도 있고, 또한 심각한 구조조정에 직면할 가능성도 있다.

이러한 중국과 일본간의 주도권 경쟁은 ASEAN과의 FTA 추진에서 이미 나타나고 있다. 일본이 한국과의 FTA에 강한 의욕을 보이고 있는 것도 일본경제의 침체를 타개하기 위한 돌파구라는

---

16) 김도형, "일본의 지역정책," 안충영·이창재 외, 『동북아 경제협력: 통합의 첫걸음』(박영사, 2003) 참조.

17) Shujiro Urata, "Japan's FTA Policy," *Northeast Asian Economic Integration: Prospects for a Northeast Asian FTA* (KIEP/NEAEF Conference Proceedings, 2003) p.7 참조.

측면도 있지만, 무섭게 부상하고 있는 중국에 대한 일종의 견제 방안이라는 지적도 있다.

4. 동북아 경제통합의 가능성과 추진방향

동북아 경제통합에 대한 논의는 여러 가지 제약조건에도 불구하고 동북아의 경제통합이 대세이고 역내교역 및 투자의 증가를 통해 한·중·일의 경제성장과 후생의 증가에 기여할 것이라는 예상을 전제로 하고 있다. 동북아 경제통합의 추진방향은 동북아 경제통합에 대한 현재의 흐름을 기반으로 긍정적 요인과 제약요인을 감안해 경제통합에 이르는 장·단기적이고 직·간접적인 경로에 의해 결정될 것이다. 따라서 동북아 경제통합은 현재 이루어지고 있는 기능적 경제통합과 제도적 경제통합이 어떻게 이루어지느냐에 따라 그 방향이 결정될 것이다.

1) 기능적 경제통합의 방향

기능적 경제통합은 주체, 내용, 대상지역 및 소요기간 등에서 제도적 경제통합과 차이를 보이고 있다. 제도적 경제통합이 국가 간 협정 또는 협약에 의해 관세 및 비관세장벽을 제거함으로써 상품 및 투자의 자유이동을 촉진하는 데 비해, 기능적 경제통합은 민간, 기업, 지방정부, 중앙정부 등 다양한 경제주체가 시장메커니즘에 따라 경제활동과 구체적인 사업을 전개함으로써 이루어지는 경제통합이다. 동북아의 기능적 경제통합은 교역 및 투자 외에도 에너지 공동개발, 환경협력, 수송 및 물류관련 사업, 금융협력, 도시 및 지방간 협력사업, 두만강지역 개발사업 등 각 분야에 걸쳐 진행되고 있다. 동북아의 제도적 경제통합이 한·중·일이라는 국경의 제약을 받는 데 비해 동북아의 기능적 경제통합은 러시아 극동지역이나 몽골을 포함하는 경우도 있어 대상지역도 제한되지 않고 있다. 소요기간도 제도적 경제통합은 협상에 관한 논의, 협상, 국내대책 마련 등에 수년이 필요하나, 기능적 통합은 시간에 관계없이 지속적으로 추진되는 것이다.

동북아의 기능적 경제통합을 촉진하기 위해서도 조직적인 노력이 다각적으로 추진돼야 할 것이다. 역내무역의 원활화와 투자증진을 비롯해 각 부문의 협력을 강화하기 위해서는 협의채널의 구축, 제도개선 등 다양한 형태의 노력이 민간 및 기업, 지방정부, 중앙정부에 의해 추진돼야 할 것이다. 이창재[18]는 이와 관련해 '동북아경제협의체'와 '동북아경제협력재단'의 설립을 제안하고 있다.

'동북아경제협의체'는 한·중·일간에 당장 FTA의 체결이 어려운 상황에서 동북아의 경제협력과 주요현안에 대해 논의하는 기구로서 통관절차의 간소화, 표준화 및 상호 인증제도 같은 교역 원활화방안을 비롯해 직접투자, 금융, 에너지, 환경, 수송·물류 등 부문별 협력의 심화와 확대방안이 논의의 대상이 될 수 있을 것이다. 동 협의체는 한·중·일 3국의 정상회의, 경제관련 각료회의, 고위당국자 회의 등으로 구성될 수 있을 것이며, 동북아의 특성을 고려해 관련 역외국도 참여할 수 있도록 신축적으

---

18) 이창재, 앞의 책, 1999, 2003.

로 운영될 필요가 있을 것이다. 1999년부터 ASEAN+3 정상회의에서 한·중·일 정상회담이 개최되고 있고, 2002년부터는 외무장관회의, 경제·통상장관회의 및 재무장관회의가 개최되고 있으므로, 이를 확대하고 보다 조직화하면 바로 동북아경제협의체의 기능을 수행할 수 있게 될 것이다.

'동북아경제협력재단'은 한·중·일 경제통합과 관련된 논의의 구심점 역할을 할 민간차원의 협의기구다. 한·중·일간 경제단체간에도 모임이 개최돼 왔으나 아직까지 방향이 뚜렷하게 정립되지 않은 상태에 있다.[19] 이는 민간부문에서도 동북아 경제협력의 활성화에 대한 인식이 부족하기 때문이다. 따라서 동 협력재단은 연구기능을 갖추고 다양한 형태의 세미나, 워크숍 개최를 통해 동북아 역내의 공동체의식의 함양과 동북아 경제통합에 대한 교육과 홍보사업 등을 지속적으로 추진해야 할 것이다.

2) 제도적 경제통합의 방향

제도적 경제통합은 통합의 정도에 따라 자유무역협정(FTA), 관세동맹, 공동시장, 경제통화동맹 및 완전한 통합의 5단계로 나누어진다. 동북아를 비롯한 동아시아에서 논의되고 있는 경제통합은 FTA를 중심으로 이루어지고 있다. FTA는 참여국간에 관세 및 비관세장벽의 제거를 통해 무역을 촉진시키는 협정이나, NAFTA 이래 투자, 금융, 노동, 환경 등의 분야가 포함된 보다 포괄적인

---

19) 예컨대 한국 전경련, 중국 CCPIT, 일본 경단련에 의한 제2차 한·중·일 비즈니스포럼이 2003년 11월 17~24일 베이징에서 개최됐다.

범위로 확대되고 있다. 동아시아의 제도적 경제통합에 관한 논의는 다양한 형태로 전개되고 있으므로 여기서는 한·중·일간의 FTA와 ASEAN+3 차원에서 논의되고 있는 FTA의 추진방향에 관해 살펴보기로 한다.

(1) 한·중·일 FTA

한·중·일의 동북아 FTA는 공식적으로 1999년 11월 마닐라에서 개최된 3국 정상회담의 합의에 따라 3국 연구진[20]에 의한 공동연구의 일환으로 연구가 추진되고 있고, 2003년 10월 인도네시아 발리에서 개최된 3국 정상회담에서 연구의 진전을 평가한 바 있다. 이미 살펴본 바와 같이 최근의 역내교역 및 투자의 급증 등 긍정적 요인에도 불구하고 경제와 안보체제의 불일치, 정치체제의 차이, 경제발전 수준의 격차, 과거사문제 등 제약요인이 많아 한·중·일 FTA가 단기간에 추진되기는 어려울 전망이지만, 경제적 편익이 크기 때문에 중장기적으로는 결국 실현될 것으로 예상된다.

현재 진행되고 있는 FTA의 흐름으로 보면, 동북아 FTA는 한·중·일 중 2국간 FTA를 통해 달성될 가능성이 높은 것으로 보인다. 시기적으로는 한·일 FTA가 가장 빨리 이루어질 것으로 예상된다. 한국과 일본은 과거사문제가 완전히 해소된 것은 아니지만, 안보상의 문제도 없고 양국 모두 OECD 회원국이라는 점에서

---

20) 2000년 말부터 한국의 대외경제정책연구원(KIEP), 중국의 국무원 산하 발전연구중심(DRC) 및 일본의 총합연구개발기구(NIRA)에 의해 한·중·일 3국간 무역 및 투자의 원활화, FTA 등에 관한 연구를 추진하고 있으며, 그 결과를 정상회의에 보고하고 있다.

제도적으로도 별 차이가 없기 때문이다. 실제로 한·일 FTA는 1998년 10월 김대중 대통령 방일시 공동연구를 제의한 이래 공동연구결과 발표, 한·일 FTA비즈니스포럼의 개최 및 산·관·학 공동연구를 마치고 공식적인 협상개시를 앞두고 있으며, 2005년까지 협상을 완료할 계획인 것으로 알려지고 있다.

동북아 FTA가 양자간 FTA로 추진되는 경우에는 한·일 FTA, 한·중 FTA 및 일·중 FTA로 이루어진다. 협상의 개시를 앞두고 있는 한·일 FTA를 제외하면 한·중 FTA나 일·중 FTA에 관해서는 학계에서 연구가 이루어지고 있으나, 정부간에 공식적인 타당성 연구 등은 이루어지지 않고 있다. 한·중 FTA는 한국의 농산물시장 개방이 가장 큰 걸림돌로 작용하고 있는 것으로 보이며, 일·중 FTA는 정치적 신뢰관계, 미·일 안보관계, 일본의 농업문제, 양국간 경제적 격차 등이 제약요인인 것으로 추정된다. 기술적으로 가장 용이한 방안은 미국과 캐나다의 FTA에 멕시코가 참여해 NAFTA를 형성한 것과 같이 중국이 한·일 FTA에 참여하는 것이겠으나, 중국은 한·일 FTA가 실현되는 경우 이에 참여하는 데 부정적인 것으로 알려지고 있다.

따라서 한국의 입장에서는 동북아 FTA를 장기적인 방향으로 설정하고, 우선 한·일 FTA협상을 진행하면서 다른 한편으로는 중국이 한·일 FTA에서 제외되는 데 따른 불이익[21]과 상대적 고립감을 해소하기 위해 한·중 FTA에 관한 공동연구를 중국측에 제안하는 방안을 생각해 볼 수 있을 것이다. 동북아 FTA 추진은

---

[21] 최낙균 외(2002)에 따르면 한국과 일본이 FTA를 체결하면 관세철폐와 자본축적 및 서비스개방 효과를 감안하는 경우 각각 2.14%와 0.44%의 GDP 증가가 예상되는 반면 중국은 GDP가 0.19% 감소하는 것으로 나타난다.

대외적으로 유럽과 미주의 지역주의에 대응하는 동북아 무역블록 형성으로 비추어질 수도 있으므로, 적극적인 무역자유화 정책의 일환으로 추진되는 것이 바람직하며, 미국, EU 등 역외국과의 FTA와 동시에 추진되는 경우 동북아 FTA 추진에 따른 국제정치적 부담을 최소화할 수 있을 것이다. 또한 동북아 FTA 추진에는 일본과 중국이 경쟁관계에 있고, 한국에 대한 효과가 가장 클 것으로 추정되므로 한국의 적극적인 자세가 요구된다고 하겠다.

(2) 동아시아 FTA

ASEAN+3 차원의 동아시아 FTA가 체결된다면 한·중·일 동북아 3국은 자연스럽게 경제통합 관계를 갖게 된다. 동아시아 FTA는 ASEAN+3 정상회의 결성에 따라 구성됐던 동아시아비전그룹(EAVG)의 권고에 따라 2001년 11월 브루나이 ASEAN+3 정상회의시 김대중 대통령이 동아시아의 장기적 목표로 제시한 바 있다. 그러나 동아시아 FTA도 동아시아 차원보다 주로 동아시아 FTA 허브를 지향하는 ASEAN과 중국, 일본 등 양자간 FTA 형태로 논의되고 있다. 중국과 ASEAN간에는 2010년 FTA 완료를 목표로 2002년에 이미 기본협정이 체결됐으며 농산물 분야에서는 조기자유화(early harvest package)를 추진하고 있다. ASEAN은 2003년 발리에서 개최된 정상회담시 일본과의 FTA를 2013년까지 완료한다는 계획을 발표한 바 있다. 한국 또한 노무현 대통령이 ASEAN과의 FTA에 관해 적극적 입장을 표명한 바 있다. ASEAN 회원국 중에서도 싱가포르는 이미 일본과 FTA를 체결했고, 한국과는 곧 공식협상을 개시할 예정이며, 태국도 FTA에 적극적인 입장을 보이고 있다.

현재로서는 동아시아 FTA가 어떤 형태로 달성될 것인지는 짐작하기 어렵다. 그러나 FTA가 일반적으로 참여국의 경제성장, 무역 및 투자, 국민후생 등에 긍정적 영향을 미친다는 점을 인정한다면 동아시아에서 다양한 쌍무간 FTA는 결국 동아시아 FTA로 발전해 갈 것으로 예상되며, 동아시아 FTA의 틀 안에서 동북아 FTA도 달성될 것으로 보인다.

5. 맺음말

한·중·일의 동북아는 세계 GDP의 18%를 차지하고 있을 뿐 아니라 세계교역의 13%를 차지하고 있는 등 1990년대를 통해 세계경제에서 비중을 증대시켜 왔다. 더욱이 역내교역은 1990년의 12%에서 2002년에는 22.4%로 비약적으로 증대됐으며, 역내투자 또한 같은 기간에 2.4%에서 10% 수준으로 증가하는 등 동북아의 경제관계는 빠르게 강화되고 있다. 이러한 동북아의 경제관계 강화에는 중국경제의 고도성장이 엔진역할을 수행해 왔다. 세계은행의 전망에 따르면 중국경제는 앞으로 20년간 6~7%의 고도성장을 이룰 것으로 예상되고 있으므로 동북아의 경제관계 강화는 앞으로 상당기간 지속될 것으로 보인다.

그러나 이러한 동북아의 경제관계 강화에도 불구하고 경제통합에 관해서는 논의만 있을 뿐 경제통합의 가장 낮은 단계인 FTA조차 체결되지 않고 있다. 전세계적인 지역주의 확산과 동아시아에서 FTA 체결을 향한 경쟁은 역내교역 및 투자증대와 함께 동북아 FTA에 긍정적 영향을 미칠 것으로 예상되는 반면, 동북아의 안보환경, 한·중·일의 경제발전 수준의 격차 및 일본과 중국간의 주도권다툼은 동북아의 경제통합에 제약요인으로 작용할 것으로 예상된다.

1990년대에 이루어진 것처럼 동북아의 경제관계 강화는 한·중·일 모두에게 도움이 되는 윈-윈-윈 게임이다. 따라서 제도적인 경제통합이 이루어지기 이전에라도 기능적 경제통합을 강화하는 방안이 모색돼야 할 것이다. 기능적 경제통합은 시장메커니즘을 활용한 경제관계의 강화이므로, 현재 한·중·일 정상회담의 후속조치로 논의되는 경제협력을 보다 제도화하기 위해 정부차원의 동북아경제협의체와 동북아경제협력재단을 설립할 필요가 있다. 일본이나 중국이 이를 제의하는 경우에는 동북아 경제통합의 주도권을 잡기 위한 시도로 오해를 받을 여지가 있으므로 한국이 이를 제안하는 것이 바람직할 것이다.

동북아의 제도적인 경제통합은 한·중·일이 FTA를 체결하는 것이 가장 바람직하지만, 아직 여건이 성숙되지 않고 있으며 현재는 한·일 FTA협상이 곧 시작될 예정으로 있다. 한·일 FTA에 중국이 참여하는 것이 차선책으로 보이지만, 중국이 이에 부정적인 것으로 알려지고 있다. 따라서 한국은 한·일 FTA협상을 진행하면서 중국에 한·중 FTA에 관한 공동연구를 제안해 중국의 소외감을 완화할 필요가 있을 것이다. 한·일 FTA와 한·중 FTA가 체결된다면, 동북아 FTA는 보다 자연스런 귀결이 될 것이다.

ASEAN을 중심으로 일어나고 있는 중국과 일본간의 FTA 체결을 위한 경쟁도 일단 쌍무적으로 전개되겠지만, 쌍무적인 FTA 체결이 완료되면 결국 동아시아 FTA로 향하게 될 것이다. 일단 FTA 체결이 어느 정도 이루어지면 소외되는 국가는 기회비용이 너무 크기 때문에 FTA에 참여할 수밖에 없게 될 것이다. 이는 동북아 경제통합의 간접적인 경로가 될 것이다.

  FTA를 비롯한 경제통합에는 경제적 이해득실도 중요한 판단의 기준이 되지만 강한 정치적 리더십이 더욱 중요한 것으로 평가된다. 이는 유럽 통합과정에서도 입증되고 있다. 동북아 경제통합시 한국이 가장 큰 이득을 볼 것으로 예상되므로, 한국은 이에 적극적인 입장을 취해야 할 것이다. 그러나 한국이 동북아 경제통합에 적극적인 입장을 취하기 위해서는 참여정부가 제시하고 있는 동북아 경제중심 프로젝트를 앞당겨 완성하는 한편, 한국경제의 완전한 개방에 대한 국민적 공감대 형성과 이를 위한 강한 정치적 리더십이 전제돼야 할 것이다.

제5장 동북아구상과 전략: 세 가지 명제의 분석

유 종 일

1. 동북아구상의 배경

1) 대외환경의 변화

역사적으로 볼 때 동북아는 오랜 세월 정치·군사적 갈등으로 인해 경제적 잠재력을 충분히 발휘하지 못하고 긴장상태를 유지해 왔다. 특히 19세기 이후 청·일전쟁과 러·일전쟁, 중·일전쟁과 2차대전, 그리고 한국전쟁을 겪으면서 동북아의 역사는 대립과 불신으로 점철됐다. 이와 같은 불행한 역사의 한복판에 한반도가 있었다.

그러나 동북아는 이제 대립과 불신의 역사를 극복하고 세계경제의 주역으로서 함께 미래를 선도할 새로운 시대에 진입하고 있다. 미·소 양극체제가 붕괴하고 옛 사회주의권의 체제전환이 진전됨에 따라 동북아는 세계경제의 성장을 견인하는 지역으로 도약할 역사적 기회를 포착하고 있다. 전세계 대비 동북아지역의 총생산비중은 2000년 21%에서 2020년에는 30%로 증가할 전망이고, 동북아지역의 생활수준이 향상됨에 따라 미국과 유럽의 최종시장에 대한 의존도가 감소하고 있다. 초국적기업의 연구·개발·생산 네트워크를 중심으로 한 교류·협력도 확대되고 있다. 또 중국의 내륙지역, 러시아의 극동지역, 몽골, 북한 등 상대적으로 낙후된 지역을 개발해 동북아의 지속적인 발전을 도모하려는 움직임도 가시화되고 있다. 그 결과 동북아국가간의 갈등요인을 해소하고 역동적인 경제성장을 지속하기 위한 협력의 필요성이 제기되고 있다. 한편 중국의 급속한 경제발전으로 인해 국제분업구도에서 전략적 위치를 재설정할 필요성도 제기되고 있다.

아시아의 주요국가들도 미·소 냉전종식 이후 대외협력을 강화하는 한편 중국의 부상에 대응하기 위해 다양한 전략을 모색하고 있다. 일본은 싱가포르와 EPA(Economic Partnership Agreement: 경제연계협정)를 체결하고 한국과 FTA(Free Trade Agreement: 자유무역협정) 체결을 추진하는 등 과거와 달리 지역협력에 적극적인 자세를 보이고 있고, 중국에 대한 직접투자도 확대하고 있다. ASEAN은 2010년을 목표로 중국과 FTA를 체결해 중국의 경제발전에 따른 과실을 조기 수확하려 하고 있다. 중국도 전략적 관점에서 이에 호응해 2004년부터 ASEAN 상품 중 600개 관심품목에 대한 관세를 일방적으로 감면 또는 폐지하기로 발표한 바 있다.

한편 홍콩은 정치적 불확실성과 상하이의 급부상으로 인해 '중국의 관문' 기능이 약화되면서 새로운 활로를 모색하고 있고, 싱가포르도 생명공학 등 첨단분야를 육성함으로써 경쟁력을 제고하려 하고 있다. 우리 입장에서도 중국의 급속한 부상에 따른 기회와 위협을 인식하고 대응전략을 마련하는 한편, 한반도의 통일이 평화적으로 이뤄질 수 있도록 동북아에 호혜적 관계를 구축하는 것이 시급한 과제다.

2) 새로운 경제비전의 필요성

한국경제는 1997년 외환위기 이후 4대부문 개혁을 통해 크게 변했다. 단순한 구조조정을 넘어 과거 개발독재 시대에 형성된 경제시스템에 대한 근본적인 성찰을 바탕으로 경제시스템을 개선하기 위한 노력이 진행됐다. 관치가 아닌 시장규율에 입각해 자원이 배분될 수 있도록 개혁과 개방을 진행했으며, 사회통합을 위해 복지국가의 틀을 형성했다. 이러한 개혁이 아직 미진해 앞으로도 꾸준히 개혁을 추진해 나가야 함은 두말 할 나위도 없다.

그러나 구조조정과 개혁의 와중에서 중요한 문제가 제기됐다. 시장의 실패가 다양하게 나타나는 현실에서 시장메커니즘에 의한 자원분배 질서만 이룩하면 경제발전이 순조롭게 이루어지는 것은 아닐 수도 있기 때문이다. 특히 투자율이 외환위기 이전에 비해 10% 내외의 급격한 위축을 보임에 따라 향후 한국경제의 비전에 관한 우려가 현실화됐다. 그 결과 한국경제의 고용창출 능력이 저하돼 취업률이 떨어지고 실업문제가 만성화돼 가고 있다. 과거 개발독재 시대처럼 정부가 구체적인 경제개발계획을 세우고 자원배분에 직접 간여하는 것은 바람직하지 않지만, 기업이 투자를 계획하는 데 준거틀이 될 만한 미래의 경제비전을 명확하게 제시할 필요성이 절실하게 된 것이다.

참여정부의 동북아구상은 향후 한국경제 성장의 동력을 어디에서 구할 것인가에 대한 답으로, 중국 등 역내경제의 산업화과정과 연계해 자본재 및 중간재산업을 발달시키고, 세계 3대 경제권의 하나로 부상하는 역내수요를 기반으로 첨단 지식기반산업과 고부가가치 서비스산업을 발전시키며, 역내의 사회간접자본과 자원개발 수요에 부응해 새로운 투자처를 확보해 나간다는 것이다.

2. 동북아구상의 비전과 전략

1) 추진목표와 전략

참여정부의 동북아구상은 대륙과 해양을 연결하는 우리의 지정학적 위치와 경제 중심지로서의 잠재력을 극대화해 평화와 번영의 동북아시대를 열어 가는 데 적극 기여하는 것을 목표로 하고 있다.

철학적으로 볼 때 동북아구상은 경제교류를 통해 전쟁의 가능성을 최소화한다는 칸트의 평화사상과 연결돼 있다. 동북아구상의 기저에 깔린 발상은 정치관계 개선과 경제협력 확대의 선순환구조를 확립하는 한편, 개방적이고 역동적인 시장을 구축해 세계 주요기업이 의욕적으로 활동할 수 있도록 함으로써 동북아를 세계 경제성장의 중심축으로 만드는 것이다. 즉 일단 국가간에 정치적 돌파구가 마련되면 경제협력을 확대해 추가적인 관계개선을 도모하고, 동북아국가만을 위한 배타적 공동체 대신 세계 각국의 주요기업이 참여할 수 있는 시장을 동북아에 만든다는 것이다. 동북아국가만을 위한 지역협력보다는 미국, 유럽 등 역외지역에서 동북아에 진출한 기업에게도 혜택이 돌아가도록 하는 것이 역외국가들의 반발을 최소화하고 동북아평화와 번영의 기반을 다지는 데 도움이 될 것이기 때문이다. 테니스대회에 비유하자면 자국 선수끼리만 겨루는 국내대회가 아니라 윔블던이나 US오픈처럼 세계 최고의 기량을 가진 선수들이 참여하는 국제대회를 만들자는 것이다. 축구에서 예를 찾자면 2002한일월드컵이 좋은 예가 될 것이다.

동북아구상을 실현하기 위해서는 우리의 내부역량을 제고해 경제 중심지로서의 잠재력을 극대화하고, 대륙과 해양을 연결하는 우리의 지정학적 위치를 적극 활용해 대외협력을 강화해야 한다. 대내적 기반이 탄탄해야 대외적으로도 적극적인 역할을 수행할 수 있고 대외관계의 개선이 국가위험도를 낮출 것이므로, 이 두 가지 과제는 동시에 추진돼야 한다.

2) 대내적 과제

대내적인 당면과제는 경제시스템을 선진화하고 외국자본을 전략적으로 유치해 성장동력을 확충하는 것이다. 경제위기를 가져온 도덕적 해이와 기업지배 구조의 왜곡을 치유하는 한편, 투명성을 제고하고 시장경쟁을 강화해 경제시스템의 효율성을 제고하기 위해 노력해야 한다. 특히 금융자본과 산업자본의 분리를 전제로 한 은행 민영화와 제2금융권의 구조조정이 조속히 이루어져야 하고, 증권 집단소송제 등 이해당사자가 스스로 권리를 찾을 수 있는 사적 구제제도가 조기에 도입돼야 한다.

규제는 경제주체의 자율성을 보장하되 투명성과 책임성이 확보될 수 있도록 합리화돼야 한다. 또 적대적인 노사관계를 청산하고 사회안전망을 확충해 사회적 불안요인을 최소화해야 한다. 선진국 진입은 이와 같은 정책이 꾸준히 추진될 때 이루어질 수 있을 것이다. 이와 반대로 개혁·개방·사회통합 정책을 유보하고 투자확대에만 집착하는 것은 경제위기로 가는 지름길이다.

경제시스템의 선진화와 함께 중국의 급속한 부상에 대응해 제조업을 첨단화하고 물류·금융 같은 서비스업의 발전을 모색해야 한다. 산업 클러스터를 형성하고 이를 국제분업 네트워크에 연결해 혁신역량을 강화하는 한편, 전략적 외자유치를 통해 우리의 취약부분을 보완할 필요가 있다. 지경학적으로 볼 때 우리나라는 중국시장 진출의 시험장이나 거점기지 역할을 수행할 수 있는 여건을 갖추고 있다. 중국에서 가공될 중간재를 공급하고 중국 소비자의 취향에 맞는 상품을 개발·수출하는 한편, 증가하는 물동량에서 파생되는 부가가치를 극대화해야 한다. 예컨대 휴대전화 등 IT분야에서는 중국 연안지역에 신상품을 출시하기 전에 한국에서 먼저 성공 여부를 가늠해 보는 경우를 상정할 수 있을 것이다. 중국 동북3성의 생활수준이 향상되고 남북한을 가로질러 중국을 연결하는 수송망이 확충될 경우 물류거점의 역할도 수행할 수 있을 것이다. 또 외국자본의 국내유치도 중요하지만, 향후 세계에서 가장 경쟁적인 시장의 하나가 될 것으로 예상되는 중국시장에 적극 진출할 필요가 있다.

3) 대외적 과제

　대외적 과제는 동북아를 가로지르는 에너지·수송 네트워크를 건설하고, 개방적이고 역동적인 시장을 구축하는 데 핵심적인 역할을 수행하는 것이다. 자원부국인 러시아와 에너지 다소비국인 중국, 일본, 한국을 가스·석유 파이프라인으로 연결함으로써 호혜적 관계를 공고히 하고, '철의 실크로드' 등 포괄적인 수송 네트워크를 건설해 물류비용을 절감하는 한편 역내 낙후지역의 개발을 촉진해야 한다.

　또 세계경제의 블록화현상에 대응해 동북아 경제통합을 추진하되, 이와 같은 역내 경제통합이 세계 경제통합의 디딤돌로 활용될 것이라는 점을 분명히 해야 한다. 미국, 유럽 등 역외지역을 포함한 세계 주요기업이 의욕적으로 활동할 수 있는 무대를 동북아에 만든다는 취지에서 역내 시장통합을 추진하는 것이다. 국가간 제도격차 및 농산물시장 개방문제 등을 고려할 때 우선 포괄적인 한·일 FTA를 추진하고, 궁극적으로는 동아시아 FTA를 체결하기 위한 여러 가지 방안을 검토해 볼 필요가 있다.

　북한이 고립된 상태에서는 동북아국가들을 연결하는 에너지·수송 네트워크를 건설하는 데 한계가 있을 뿐 아니라 동북아지역 내에 무시할 수 없는 지정학적 위험요소가 상존하게 되므로, 조속히 북한을 동북아 협력체제 속으로 끌어들여야 한다. 이 문제를 근본적으로 해소하기 위해서는 북한이 핵프로그램을 포기하는 것을 조건으로 미국과 일본이 북한과 관계를 정상화하고, 관련국들을 중심으로 북한의 개혁·개방을 지원하는 방식을 추진할 필요가 있다.

<그림 5-1>은 이상에서 설명한 추진배경, 목표와 전략을 간략히 요약한 것이다.

<그림 5-1> 동북아구상의 배경 및 추진전략

	대외협력 강화	내부역량 제고
추진배경	• 미소 양극체제 붕괴 후 화해협력이 진전되고 있으나 위험요인도 상존→북한문제를 해소하고 동북아에 호혜관계 구축	• 중국이 세계의 공장으로 급속히 부상→제조업의 첨단화와 서비스업 발전을 모색
강점 및 약점	• 지정학적으로 대륙과 해양을 연결하는 가교역할의 위치 • 남북분단과 상대적 국력의 열위로 주도적 역할에는 한계	• 우수한 인적 자원과 IT·제조업 기반을 보유 • 물류·금융 등 핵심 서비스업 취약 • 적대적 노사관계, 불투명한 경영·행정, 국수주의적 태도 등 시정 시급
추진전략	• 북핵포기를 조건으로 안전보장과 경제지원 • 동북아 에너지·수송 네트워크 건설 • 개방적이고 역동적인 동북아 통합시장 구축	• 개혁·개방·사회통합을 통해 경제시스템 선진화 • 클러스터를 형성하고 이를 국제분업 네트워크와 연결해 혁신역량 강화 • 전략적 외자유치를 통해 취약부분 보완

⬇

평화와 번영의 동북아 건설

3. 다양한 동북아구상의 비교

참여정부의 동북아구상에 대한 이해를 명확히 하기 위해서는 한편으로는 미·소 양극체제 종식 이후 논의돼 온 다양한 형태의 동북아공동체 구상과, 다른 한편으로는 2002년에 재경부가 발표한 "동북아비즈니스 중심국가" 계획과의 관계를 분명히 할 필요가 있다.[1] <표 5-1>은 이 세 가지 구상의 핵심적인 내용을 비교한 것이다.

동북아공동체 구상은 미·소 양극체제 와해와 세계화와 함께 지역주의가 대두한 것을 배경으로 동북아지역에서도 역내 공동시장을 구축해야 한다는 주장을 핵심으로 하고 있다. 일본을 선두로 '기러기편대'를 이루며 성장한 동아시아 경제가 정치적 연대를 통해 역내시장을 키워 나가면 한층 상승효과를 기대할 수 있다는 것이다. 그런데 시장통합과 화폐통합을 축으로 전개된 유럽통합의 경우와 달리 동북아공동체 구상은 시장통합과 더불어 개발과 건설을 중시한다. 이 지역의 특성상 역내 낙후지역의 개발이나 에너지·수송망 건설을 중심적인 협력과제로 설정하는 경우가 많다.[2] 로렌스 클라인은 동북아지역의 사회간접자본에

---

[1] 참여정부에 들어서서도 동북아구상→동북아 중심국가→동북아경제 중심국가→동북아 경제중심으로 명칭이 변하며 혼란을 초래하기도 했다. 또한 일부에서는 비즈니스중심, 금융중심, 물류중심 등 '중심'이 들어가는 '동북아 프로젝트'의 실현 가능성에 의문을 제기하며, 그래서 뜻도 불분명한 외래어인 '허브'를 대신 사용하는 경우도 있다.

〈표 5-1〉 동북아구상의 비교검토

	추진 배경	기본 인식	추진 전략
동북아공동체 구상 (배타적 공동체?)	미소 양극체제 와해 지역주의 대두	정치경제 상승론 동북아 연대론 기러기 편대론	역내 공동시장 구축 역내 낙후지역 개발 에너지·수송망 건설
동북아비즈니스 중심국가 계획 (서비스 패러다임)	세계화 중국의 충격: 경제적 위협과 기회	경쟁력 위기론 제조업 회의론 외자유치 중시	물류·금융 육성 외국인 우대형 경제특구 활용
동북아 평화·번영 구상 (내부역량 제고 + 대외협력 강화)	화해협력의 진전 위험요인의 상존 지역주의+세계화 중국의 급부상: 정치경제적 함의	정치경제 상승론 북한·동북아의 연계 개방형 지역주의: 다국적기업 중시	FTA 체결: 역내통합 → 세계시장 통합 에너지·수송망 건설 역내 낙후지역 개발 제도개혁 + 외자유치

대한 대대적인 투자를 아시아 금융위기 탈출의 한 해법으로 제시하기도 했다.

동북아비즈니스 중심국가 구상은 세계화의 도전과 중국의 충격을 배경으로 우리가 처한 경쟁력위기를 극복하기 위해 외자유치에 집중하자는 것이며, 이를 통해 물류나 금융 등 고부가가치 서비스산업의 역내거점을 육성하자는 것이다. 이 구상에서는 비즈니스 거점화를 위해 세제, 규제환경, 외국인 생활여건 등의 면에서 소위 '기업하기 좋은 나라'를 만드는 것을 핵심전략으로 삼고 있다. '경제자유구역'은 이 과정에서 국내 전체에 적용하기에

---

2) 남덕우 전 국무총리가 오랫동안 주창한 동아시아개발플랜, '개발공동체론'을 주장한 모리시마의 아시아연합(AU) 구상, 사이토 요시오의 "동북아시아의 아침이 밝아오고 있다"(『세계경제평론』, 1998년 10월), 2003년 6월에 완성된 도쿄재단의 동북아개발은행(NEADB) 설립에 관한 보고서, 러시아의 뉴오리엔탈 플랜 등이 유사한 시각을 담고 있다.

는 사회적 반발과 무리가 우려되는 조치를 국지적으로 적용하기 위해 설치된 것이다. 이 구상은 제조업부문의 고용창출 전망에 대한 회의를 바탕으로 서비스산업을 상대적으로 중시하고 있으며, 외국자본의 유치를 사활적인 수단으로 간주하고 있다.

이 각각이 국제적 또는 국내적 접근에 편향돼 있는 데 반해 참여정부의 동북아 평화·번영구상은 내부역량 강화와 대외협력 증진을 양 날개로 하는 종합적인 접근임을 알 수 있다. 동북아공동체 구상이 내세우는 지역통합과 협력의 틀을 지향하면서도 개방형 지역주의를 강조해 역내·외 다국적기업의 네트워크 활성화를 통한 역동적인 성장을 추구한다. 대내전략에서도 동북아비즈니스 중심국가 구상이 내포하고 있는 서비스산업 편향을 지양하고 제조업의 고도화도 동일하게 중시하고 있으며, 시장투명성을 비롯한 제도개혁을 외자유치 못지 않게 강조한다.

4. 동북아전략에 관한 세 가지 핵심명제

1) 남북관계의 진전과 동북아구상

동북아구상이 남북관계의 진전 없이 추진될 수 없다는 것은 아무리 강조해도 지나치지 않을 것이다. '경제자유구역'이나 외자유치를 통한 동북아비즈니스 중심국을 추진하는 데는 남북관계의 진전이 필수조건이 아닐 수도 있다. 실제로 최근 북핵문제를 둘러싸고 북미관계가 악화하고, 이에 따라 남북관계도 답보상태에 놓이면서 동북아구상이 비즈니스 중심국 구상으로 축소돼

가는 경향이 나타나고 있다. 그러나 비록 현실적인 벽에 부딪쳐 있더라도, 동북아구상의 참 모습이 무엇이고 무엇을 향해 가야 하는지 명확한 방향을 설정하지 않으면 안 된다.

남북관계의 진전이 필수적인 이유는 첫째, 그것이 동북아지역에 평화와 번영의 질서를 구축하기 위한 출발점이라는 데 있다. 냉전의 잔재를 한반도상에 남겨 놓고는 정상적인 지역협력의 틀을 구축할 수 없으며, 동북아 시장통합과 개발 추진과정에서 나타날 이해관계 충돌을 조정할 수 있는 역내 정치적 지도력이 형성될 수 없다. 대미의존적 경제구조 못지 않게 대미의존적 안보구조도 동북아구상은 극복의 대상으로 삼고 있다.

둘째, 좁게 보더라도 북한이 고립된 상태에서는 동북아국가들을 연결하는 에너지·수송 네트워크를 건설하는 데 한계가 있을 수밖에 없다. 특히 한국이 동북아의 물류중심으로 자리매김하는 데 남북간의 철도연결 등 수송체계 해결은 핵심적인 사항이다. 이것이 되지 않는 가운데 항만과 공항의 경쟁력만으로 물류중심이 되기는 어렵다. 최근 중국이 동북지역 개발에 박차를 가하기 시작하고 있고, 러시아, 몽골 등의 에너지자원 개발수요가 현재화하고 있는 가운데 한국이 적극적인 역할을 하기 위해서도 남북간에 긴밀한 협력이 이루어질 수 있도록 하루빨리 관계개선이 이루어져야 할 것이다.

셋째, 국내경제 자체만을 놓고 보더라도 남북관계가 불안정한 상태에 있으면 소위 Korea Discount의 중요한 요인으로 작용한다. 동북아지역의 역동적 발전이 지속되는 가운데 홀로 고립화되고 경제적 난국을 겪고 있는 북한은 점점 더 위험한 존재가 될 수밖에 없다. 외국인투자를 유치하는 데도 이러한 지정학적 위험요소를 감소시킬 필요성은 절실하다.

남북관계의 진전을 위해서는 핵문제 해결이 시급하다. 북한이 핵프로그램을 포기하는 것을 조건으로 미국과 일본이 북한과 관계를 정상화하고, 관련국들을 중심으로 북한의 개혁·개방을 지원하는 방식을 추진할 필요가 있다. 그러나 남북 경제협력은 핵문제의 해결을 기다리고 있을 문제는 아니다. 적극적인 남북 경제협력은 동북아구상 실현을 위한 중요한 축임과 동시에 남북간의 신뢰기반을 구축하는 한편, 북한에게 개혁·개방의 이점을 각인시킴으로써 핵문제의 해결에도 도움을 줄 것이기 때문이다.
　참여정부의 동북아구상은 6·15남북공동선언이 담고 있는 '민족경제의 균형적 발전'의 추구를 핵심가치로 포함하는 것이다.

2) 경제개혁과 동북아구상

　우리나라가 평화와 번영의 동북아시대를 열어 가는 데 적극적인 역할을 하기 위해서는 우리의 내부역량을 키워야 한다. 1997년 경제위기 이후 본격적으로 추진된 개혁·개방·사회통합 정책 덕분에 우리 경제시스템은 상당히 개선됐으나, 아직 부족한 점이 많다. 자유롭고 공정한 시장질서를 확립하고 사회적 불안요인을 최소화하는 노력이 지속돼야 한다. 시스템개선이 제대로 되지 않으면 경제성장이 사상누각이 될 수 있기 때문이다.
　참여정부 출범 후 두 차례 화물연대 파업이 일어나자 물류분야 노동시스템의 낙후성이 만천하에 드러났고, 이런 가운데 과연 동북아 물류중심이 가능할 것인지 의문이 제기됐다. 이후 노동개혁 논의가 활발하게 이루어지고 있으나 우리 경제시스템의 문제는 여기에 그치지 않는다. 아직도 기업 및 금융기관의 지배구조에 문제가 온존하고 있고, SK 계열사들의 분식회계 사건에서 보 듯이 투명성문제도 심각하다. 소득분배의 양극화와 이에 따른 사회갈등의 심화도 더 이상 방치할 수 없는 문제가 됐다. 이러한 문제를 전반적으로 개선하는 경제개혁이 밑받침되지 않으면 안정적인 성장은 물론 동북아구상 자체가 물거품이 될 것이다.

국가경쟁력 평가기관인 IMD에 따르면 인구 2,000만 이상의 30개 국가·지역 중 우리나라의 경쟁력 순위는 2002년 15위를 기록했다. 우리나라가 취약한 항목을 보면, 통계항목보다는 기업인 설문조사에 의거한 설문항목에 편중되는 경향이 있다. 특히 최하위를 기록한 노사관계(30위), 외국문화에 대한 국내수용(30위), 기업경영진에 대한 이사회의 감시(29위), 대학교육의 경쟁사회 요구 부합도(28위) 등에서 심각한 문제점을 드러내고 있다. 약점항목이 설문항목에 편중돼 있다는 사실은 질적인 제도개혁과 함께 국가 이미지를 제고하기 위한 홍보도 필요하다는 것을 의미한다. 우리나라가 강점을 보인 항목은 재정건전성(2위), 연구개발 인력 대비 특허획득 건수(2위), 인터넷 이용도(2위), 세계화에 대한 긍정적 태도(3위), 대학진학률(5위), 이동통신 이용도(5위) 등이 있다. 종합해 보면 우리나라는 우수한 인적 자원과 IT기반을 보유하고 있으며 표면적으로는 세계화에 긍정적임에도 불구하고, 적대적 노사관계, 부족한 포용력, 불투명한 관행, 부실한 대학교육으로 인해 한계를 드러내고 있는 것으로 판단된다.

IMD의 평가도 이와 유사한 것으로 보인다. 실제로 IMD가 제시한 한국의 국가경쟁력 과제(<표 5-2>)는 현재 정부가 문제점을 인식하고 이를 개선하기 위해 추진하고 있는 정책과 상당부분 일치한다.

〈표 5-2〉 IMD가 제시한 2003년도 한국의 국가경쟁력 과제

> 1. 한반도의 평화정착과 번영의 기틀 마련.
> 2. 부패 없는 사회 확립 및 정부 행정서비스의 혁신.
> 3. 자유롭고 투명한 시장질서를 갖는 기업 친화적 국가건설.
> 4. 동북아 비즈니스센터 및 경제중심의 역할을 하는 국가건설.
> 5. 신산업 육성 및 과학기술을 선도할 고용창출.

경제시스템을 선진화하기 위해서는 경제주체의 권한과 책임을 분명히 하고 시장규율을 강화해야 한다. 즉 경제주체의 자율성은 보장하되 투명성과 책임성이 확보될 수 있도록 규제를 합리화하는 한편, 시장경쟁을 강화하는 동시에 사회통합 정책을 통해 불안요인을 최소화해야 하는 것이다. 정부의 역할에 관해서는 시장에 직접 개입해 자원배분에 간여하거나 감독과 규율의 강화 없이 규제만 일방적으로 철폐하는 양극단을 지양하고, 자유롭고 공정한 시장경제 질서가 제대로 작동하도록 하는 데 노력을 집중할 필요가 있다.

규제와 관련해서는 기업활동 전반에 대한 규제 합리화노력이 계속돼야 한다. 특히 수도권규제 등 진입규제에 대해서는 규제의 목적과 실효성에 대해 철저한 검토가 이뤄져야 한다. 또 규제의 양에만 초점을 맞출 것이 아니라 규제의 투명성과 가측성을 제고하는 등 규제의 질을 개선하려는 노력도 병행돼야 한다. 규제 담당자가 규제의 해석과 관련해서 문서로 기록을 남기고 이를 공개함으로써 규제에 대한 판례를 축적하는 방안 등을 검토할 필요가 있다.

규제개혁과 관련해서 경제자유구역 등 경제특구는 기폭제의 역할을 할 수 있다. 하지만 국가경제에 미치는 효과를 감안하면

경제자유구역 이외의 지역에 이미 진출해 있는 기업의 경영환경 및 생활환경을 개선하는 것이 오히려 더 중요할 것이므로, 시범적인 경제특구와 더불어 전국을 대상으로 한 개혁·개방도 병행 추진해야 할 것이다.

자원이 효율적으로 배분되기 위해서는 무엇보다도 독립성과 전문성을 갖춘 금융기관의 역할이 중요하다. 또 주주 등 이해당사자가 스스로 권리를 찾을 수 있는 사적 구제제도가 확충돼 경영에 대한 규율이 확립돼야 한다. 이런 관점에서 볼 때 금융구조조정과정에서 국유화된 은행의 민영화와 제2금융권의 구조조정, 증권 집단소송제의 도입은 시급한 과제라고 하지 않을 수 없다.

적대적인 노사관계를 청산하고 사회안전망을 확충해 사회적 불안요인을 최소화하는 것도 중요한 과제다. 세계시장 통합에 따른 경쟁의 격화와 중국의 급속한 부상으로 우리의 위치가 위협받고 있음을 인식하고 합리적인 노사관계의 틀을 확립해야 한다. 노동시장의 유연성을 제고하는 것과 함께 경영의 투명성을 제고하고 노사협의를 강화해야 할 것이다.

외환위기 이후 날로 심각해져 가는 빈부격차의 확대는 안정성장의 토대를 해치고 사회적 갈등을 조장함으로써 남미국가들처럼 선진국 진입이 좌절될 위험이 있음을 인식하고, 소득분배를 개선하기 위한 실질적인 정책도 추진돼야 한다.

3) 제조업과 동북아구상

세계의 공장으로 부상하는 중국의 발전에 자극을 받아 일부에서는 우리나라 제조업의 미래에 대해 회의를 표시하고 서비스업을 대안으로 제시하고 있으며, 동북아비즈니스 중심국 구상도 이러한 경향을 보이고 있다. 그러나 한국경제가 현단계에서 제조업을 경시하고 서비스업 위주로 경제발전을 도모한다는 것은 바른 방향이 아니다.

첫째, 남북한 합쳐 인구 7천만 명으로 영국, 프랑스, 이탈리아보다 인구가 많은 우리나라에서 제조업을 포기하고 지속적인 경제성장을 도모하기는 어려울 것으로 보인다. 인구가 1천만 명도 안 되는 홍콩, 싱가포르, 아일랜드 등을 벤치마크로 삼기에는 근본적인 한계가 있다. 오히려 서비스업의 잠재력에 주목하면서도 제조업의 저력을 인정하고, 정부가 특정 산업부문을 겨냥하기보다는 민간기업이 각 산업부문에서 자기책임의 원칙하에 투자할 수 있도록 여건을 조성하는 것이 올바른 접근방법일 것이다. 고부가가치 서비스산업 육성과 관련해 동북아 금융중심 육성이 추진되고 있으나, 이를 통해 대단한 고용과 부가가치 창출을 기대하기는 어렵다는 것을 <그림 5-2>와 <그림 5-3>을 통해 볼 수 있다. OECD국가에서 금융 및 보험산업이 차지하는 고용 및 부가가치의 비중을 비교한 것인데, 인구 40만의 소국 룩셈부르크는 극히 예외적인 경우이고, 한국의 금융산업 비중이 어느 나라 못지않음을 알 수 있다. 고용비중은 미국, 캐나다, 영국 다음으로 크고, 부가가치 비중은 미국 다음으로 크다. 금융중심 추진의 주된 의의는 이 과정에서 우리나라 금융산업이 선진화돼 효율적인 자원배분 기능을 수행하도록 하는 데 있을 것이다.

둘째, 우리나라 제조업의 현 수준은 선진국에 비해 생산성이나 산업구조 면에서 매우 뒤떨어져 있으므로 아직은 제조업발전이 한계에 다다랐다고 할 수 없으며, 오히려 제조업발전이 향후에도 중요한 성장의 견인차역할을 해야 할 위치에 있다.

〈그림 5-2〉 OECD국가들의 금융 및 보험산업의 고용 비중

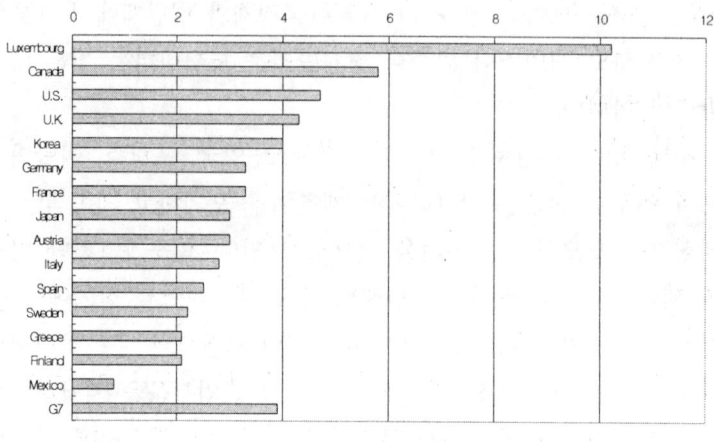

〈그림 5-3〉 OECD국가들의 금융 및 보험산업의 부가가치 비중

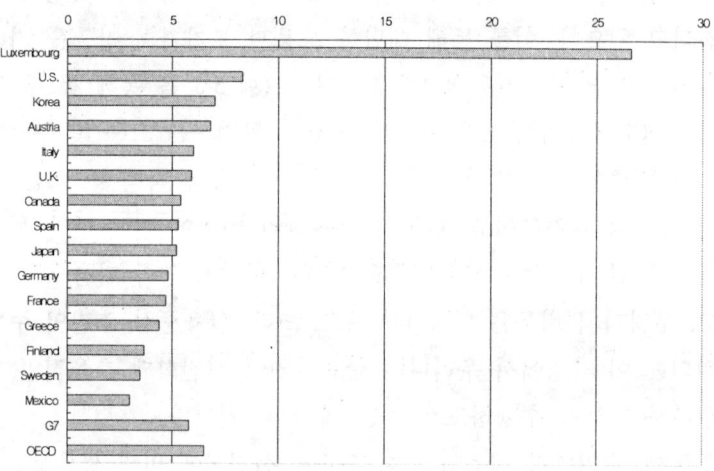

<표 5-3>은 우리나라 제조업의 노동생산성이 미국, 일본, 프랑스 등에 비해 약 절반수준에 그치고 있음을 보여준다. 나아가 무

〈표 5-3〉 산업별 노동생산성의 국제비교

	미 국	일 본	독 일	프랑스	이태리	한 국
제조업	100.0	104.9	91.1	100.6	66.9	49.7
섬유의류	52.5	31.4	56.0	67.2	46.8	19.8
화학	151.6	148.7	134.9	156.5	91.0	60.8
일반기계	106.7	94.2	76.2	94.2	71.2	44.3
전기전자	149.2	133.1	92.0	107.2	77.8	51.2
수송기기	94.3	120.7	94.5	87.2	62.6	57.1
과학기기	86.9	100.7	63.6	102.1	79.8	31.1

자료: OECD, *The OECD STAN Database for Industry Analysis*, 1997.
주: 부가가치/취업자수/환율.

역구조에서도 우리나라의 경우는 최근 전기전자 및 자동차산업 부문의 수출증가에도 불구하고 아직 선진국형과 개도국형이 혼재된 양상을 보이고 있어 선진국형 무역구조로의 전환이 중요한 과제로 대두되고 있다.

<그림 5-4>와 <그림 5-5>는 각각 OECD국가의 대(對)개도국 무역수지와 한국의 무역수지를 산업별로 나누어 본 것이다.[3] 선진국들은 개도국과의 무역에서 기계, 화학, 자동차, 전기전자 등 4개 산업에서 큰 흑자를 보고, 반면 섬유, 의류 및 컴퓨터, 사무기기 등의 산업에서 적자를 보고 있다. 우리나라의 무역구조는 여전히 섬유·의류산업에서 가장 큰 흑자를 보고 있고, 선진국형 산업인 자동차, 전기전자에서도 큰 흑자를 보이고 있다. 반면 기계와 화학에서는 절대적으로 수입에 의존하고 있어 대규모 적자를 기록하고 있다.

---

[3] 우리가 주목해야 할 것은 선진국의 개도국과의 무역이다. 선진국에 가장 큰 이익을 가져다주는 무역은 개도국과의 무역이며, 우리가 경쟁할 대상도 결국 선진국의 고부가가치 산업이기 때문이다.

<그림 5-4> OECD국가의 대 개발도상국 무역수지 (1999)

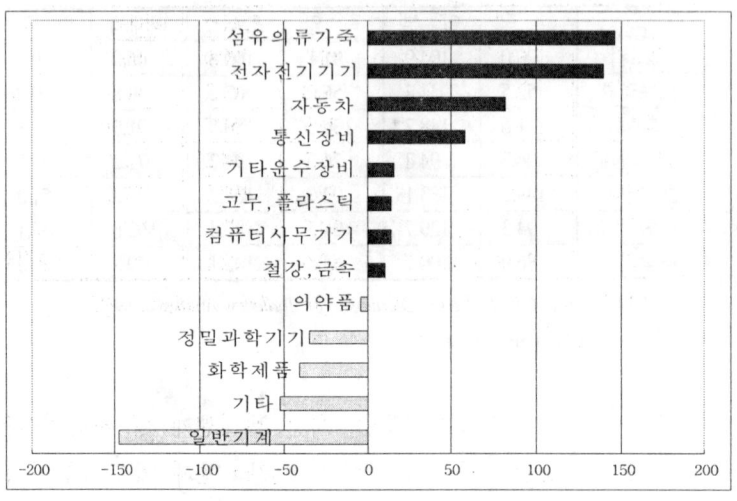

<그림 5-5> 우리나라의 무역수지 (1999)

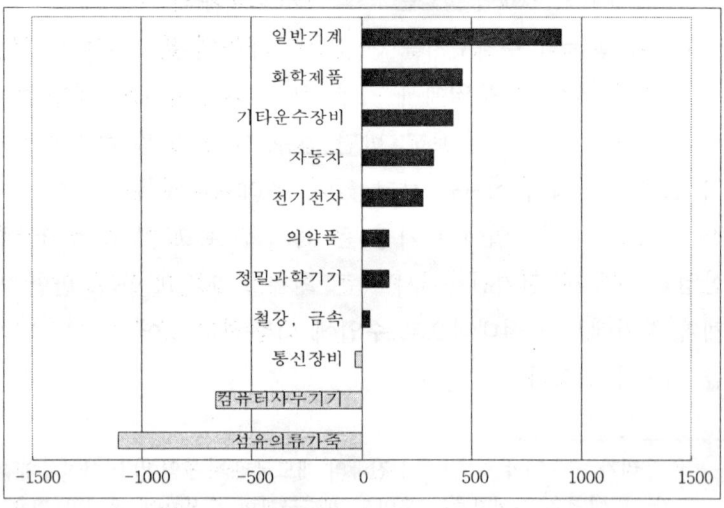

무역구조에서 보이는 선진국 산업의 특징은 노동집약적 완제품 조립공정은 개도국에 이전해 수입하고 R&D가 필요한 고위기술(high-tech) 분야와 자본재, 중간재 및 소재부품산업의 특성이 강한 분야에서 수출을 집중하고 있다는 것이다. 우리나라 산업은 특히 중간재 및 소재부품에서 취약점을 가지고 있기 때문에 장차 이들 분야의 육성이 수출을 통한 성장의 관건이 될 것이다. 우리나라가 전기전자와 자동차산업에서 큰 흑자를 보고 있기는 하지만 이들 산업에 소요되는 중간재와 소재부품의 취약점은 여전히 숙제로 남아 있다. 그리고 산업구조 선진화를 위해서는 기계산업과 화학산업을 발전시켜야 한다. 이들 산업은 전형적인 자본재, 중간재, 소재부품의 성격을 지니고 있어 우리 산업의 취약점을 여실히 나타내는 분야다. 동북아구상의 중요한 부분이 바로 중국 등 역내 산업화과정에서 우리가 자본재, 중간재, 소재부품의 공급기지 역할을 하면서 제조업을 신진화하자는 데 있는 것이다.

마지막으로 제조업 회의론에서 가장 근거로 일컬어지는 고용문제를 보자. <그림 5-6>은 우리나라의 제조업 고용비중이 독일, 일본 등 전통적인 제조업 강국들에 비해 낮을 뿐 아니라, G7국가의 평균과 유사한 수준까지 떨어져 있다는 것을 보여준다. 한편 제조업의 부가가치 비중은 OECD국가 중 가장 높은 수준이다. 따라서 제조업의 고용창출 능력에 회의를 가지고 서비스업으로만 눈을 돌릴 형편이 아니다. 제조업도 고용창출에서 일익을 담당해야 한다. 참고로 <그림 5-7>은 서비스업에서도 장차 고용창출의 가장 큰 부분은 교육과 보건 및 사회복지 분야에서 이루어져야 한다는 것을 보여주고 있다.

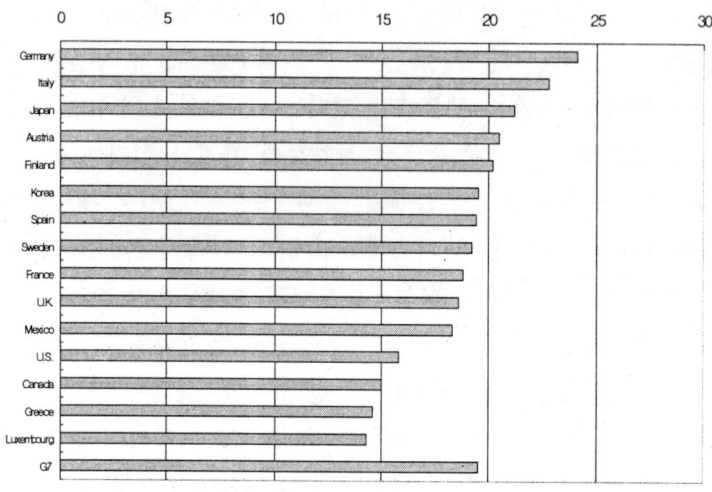

<그림 5-6> OECD국가들의 제조업 고용 비중

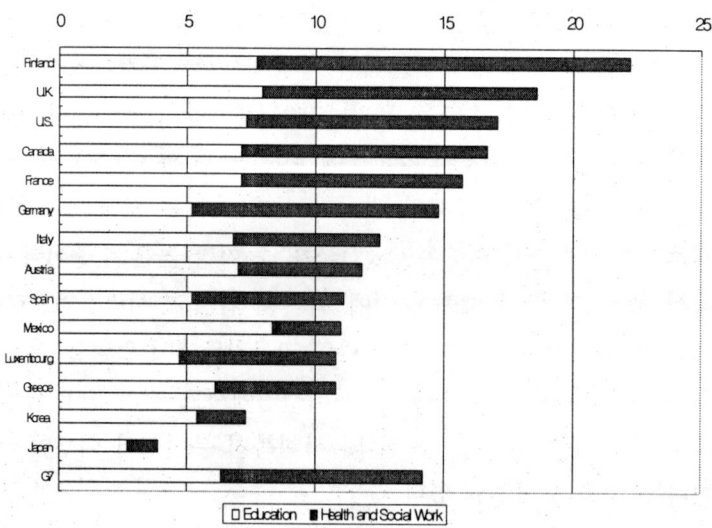

<그림 5-7> OECD국가들의 교육, 보건, 사회복지분야 고용 비중

5. 맺음말

　동북아구상을 실현하기 위해서는 우리의 내부역량을 제고해 경제 중심지로서의 잠재력을 극대화하고, 대륙과 해양을 연결하는 우리의 지정학적 위치를 적극 활용해 대외협력을 강화해야 한다. 대내적인 당면과제는 경제시스템을 선진화하고 외국자본을 전략적으로 유치해 성장동력을 확충하는 것이다. 특히 중국의 급속한 부상에 직면해 제조업의 고부가가치화를 도모하는 한편 물류, 금융 등 서비스업의 발전을 모색해야 한다. 대외적 과제는 동북아를 가로지르는 에너지·수송 네트워크를 건설하고 개방적이고 역동적인 시장을 구축하는 데 핵심적인 역할을 수행하는 것이다.

　이 글은 동북아구상을 추진하는 데 가장 기본적이면서도 언뜻 간과하기 쉬운 몇 가지 명제를 부각시키고자 했다. 첫째는 남북관계의 진전이 필수적이라는 것이다. 둘째는 개혁·개방·사회통합 정책을 추진해 경제시스템을 안정적 성장이 가능하도록 개선해야 적극적으로 동북아구상을 추진할 수 있다는 것이다. 셋째는 물류, 금융 등 고부가가치 서비스업에 주목하면서도 제조업의 첨단화와 구조 선진화를 추진하는 것이 동북아구상의 빼놓을 수 없는 부분이라는 것이다.

　아쉽게도 아직까지 북핵문제를 둘러싼 남북관계의 혼미와 경기침체 국면에서 개혁정책의 후퇴, 그리고 제조업 공동화가 가속화되는 현실에서 동북아구상을 추진하다 보니 이상에서 살펴본 핵심적인 주춧돌들이 빠져나가 버린 듯한 느낌마저 준다. 동북아 구상의 비전과 전략을 재정립하고 국민적 합의를 모아내 힘있게 정책을 추진해 나가야 할 것이다.

제6장 동북아 경제협력과 발전을 위한 한국의 전략

박 성 택

1. 문제의 제기

우리나라는 1960년대 초 1인당GNP 87달러(1961년)의 세계 최빈국 수준에 머물러 있었으며, 한국의 장기적 성장을 기대하던 이도 거의 없었다.[1] 그러나 1962년 이후 연속된 경제개발 5개년계획의 추진과 함께 세계에서 유례를 찾을 수 없는 성장을 지속해 왔으며, 이는 성공적인 공업화에 기인한 것이었다. 실제로 'IMF 위기' 직전인 1996년 우리나라는 경제규모로는 세계 11위, 제조

---

1) D. Morawetz, *Vingt-cinq annees de developpement economique 1950- 1975, Livres de la Banque mondiale*, Les editions Economica, 1977 참조. 중요한 전망작업은 Rosenstein-Rodan과 Chenerey-Strout에 의한 것들이 있는데, 이들은 모두 한국의 빠른 성장을 예견치 않았다.

업 부가가치 생산규모로는 세계 7위의 경쟁력을 보유하게 됐다.

1997년 'IMF위기' 이후에는 과거의 '기적'에 대한 언급은 사라지고 구조적 문제만 부각됐다. 그러나 한국경제는 1998년 5.7%의 마이너스성장을 기록한 이후 1999년부터 또다시 초고속 성장세를 지속해 단기간 내에 성공적으로 'IMF위기'를 벗어난 것으로 평가되고 있다.[2] 한편 2002년부터는 성장이 다시 둔화되고 2003년 들어서는 연평균 기대성장률이 3%대로 하락하면서 불황의 심화가 우려되는 상황을 맞고 있다.

이 과정에서 세계경제는 개방화가 가속화되고 있고, 특히 동북아의 성장이 두드러지면서 이 지역이 세계 경제성장의 견인차 역할을 담당하고 있다. 그 중심에 중국이 있음은 두말할 나위도 없다. 이는 중국의 성장과 10년 이상 지속되고 있는 일본의 불황이 한국경제에 주는 중요성이 더욱 커지고 있음을 의미한다.

지금까지 한국산업의 성장모형에 대한 평가도 매우 정형화되고 있다. 즉 한국의 산업은 전통적으로 생산요소의 투입량 증가에 의해 고속성장을 유지해 왔으며, 이제 경제의 디지털화, 지식기반화, 글로벌화가 진전됨에 따라 이러한 전통적 방법으로는 더 이상 성장을 기대할 수 없게 됐다는 것이다. 이제 기술개발을 중심으로 하는 지식기반 확충이 한국산업의 경쟁력을 강화하고 지속적 성장을 가능케 하는 유일한 전략이 돼야 한다는 주장이다. 그 근거는 선진국이 가는 길이 그렇다는 것이다.

그렇다면 이런 상태에서 어떠한 정책이 필요한 것인가? 이에 대해서는 WTO규범이 해답을 제시하고 있다. 안전하게 사용할

---

2) 2002년 GDP는 세계 12위, 수출은 12위, 수입은 14위, 1인당국민소득은 54위(2001년). 통계청, 『2003 통계로 본 세계 속의 한국』; World Bank, *World Development Indicators 2003* 참조.

수 있는 산업정책은 연구개발에 대한 보조금이다. 그래서 모든 국가가 첨단기술 개발에 초점을 맞추고 첨단기술 연구개발을 지원하고 있다. 그 다음으로 명시적이지는 않으나 암묵적으로 널리 사용하는 수단이 FTA 결성이다. 실제로 국내에서도 새로운 유망산업을 지정하고 이 부문의 연구개발에 초점을 맞추는 산업정책을 추진하고 있다.

그러나 이러한 분석이 한국산업의 현재와 향후 과제를 설명하는 데는 명백한 한계가 있다.

첫째, 한국의 산업은 고속성장을 실현하는 과정에서 생산기반이 선진국과 같은 상태에서 시작한 것이 아니다. 오히려 하드웨어 중심으로 생산기반을 확충해 오는 과정이었다. 이 과정은 아직도 완성된 것이 아니다.

둘째, 산업의 성장과 발전에는 단절이 없다. 연속성이 중요하다. 현재 한국산업이 현단계와 무관하게 선진국의 발전방식을 도입할 수도 없고, 도입한다고 해도 그 효과가 같지 않을 것이다.

셋째, 산업정책도 산업의 변천에 맞추어 진화가 필요하다. 이에는 물론 국제경제 환경과 규범의 변화도 고려돼야 한다.

즉 모든 것은 산업의 현주소를 파악하는 데서부터 시작돼야 한다. 세계화 및 동북아시대라는 대외적 환경변화에서 한국산업의 지속적인 성장·발전을 위해 요구되는 향후 발전방향과 과제를 도출하는 것이 이 글의 목표다. 이를 위해 한국산업의 발전과정을 몇 가지 관점에서 분석코자 한다.

2. 한국산업의 성장요인 분석

1962년 이후 한국경제의 고도성장을 뒷받침한 것은 두말할 필요도 없이 성공적인 공업화였다. 매우 통찰력 있는 강의에서 A. Lewis는 초기 산업혁명에 성공한 이외의 국가에서 공업화의 기회는 곧 선진국의 공업화를 모방하는 것에 있다는 것을 밝혀 준 바 있다.[3] 즉 후발공업화의 이점을 잘 활용하는 것이 중요하다는 것이다. 이는 동태적 비교우위의 중요성과 이의 달성을 위한 산업정책의 중요성을 동시에 드러내 주는 것이다.

한국산업의 성장은 기본적으로 후발공업화의 이점을 활용한 격차해소(catch-up)의 바탕 위에서 그 설명이 가능하다. 이를 바탕으로 발전패턴을 다음과 같이 유형화할 수 있다:

- 산업기반의 연속적 확충.
- 외부 의존형 생산기반 확충.
- 기술도입 및 흡수의 연속성.
- 하류에서 상류부문으로의 상승.

---

3) W. Arthur Lewis, "The Division of the World and the Factorial Terms of Trade," *The Evolution of International Economic Order*, Princeton University Press, 1978.

1) 산업기반의 연속적 확충: 신속한 산업구조조정

후발공업화의 이점을 활용한 catch-up형의 공업화는 기본적으로 신규산업의 연속적 이식형태를 취하게 된다. 제1차 5개년계획을 추진하기 시작한 1962년 우리나라 제조업생산의 71.4%를 음식료 및 섬유·의복산업이 차지하고 있었다. 그후 우리나라의 산업구조는 당시 비교우위 분야인 이들 경공업에 특화한 것이 아니라, 자립적 성장기반 확보를 목표로 유기적 산업구조의 확충을 지속해 왔다. 연속된 5개년계획에서 산업구조 목표를 좀더 구체적으로 규정하지는 않았지만, 국내 산업연관관계의 중시와 세계수요형 산업구조를 암묵적으로 지향하고 있었다. 좀더 명시적으로는 1970년대 중화학공업화와 80년대 중반 이후의 기술집약화 및 고부가가치화로 표방됐다. 이러한 산업구조 목표의 추구는 현대적 생산능력을 갖춘 신규산업의 단계적 확충으로 이루어져 왔다. 실제로 1962년 이후 한국의 공업화는 섬유·의복산업에서 출발해 석유화학, 철강, 조선, 자동차, 기계, 전자산업 등으로 산업기반이 확충돼 오는 과정이었다.

이 과정은 산업구조 고도화와 산업구조조정의 두 가지 측면으로 설명된다. 산업구조의 고도화는 1970년대 들어 의욕적으로 추진한 중화학공업화에 힘입은 것으로, 제조업생산 중 경공업 대 중공업의 비중이 부가가치 기준으로 1962년 71.4% 대 28.6%에서 97년에는 24.8% 대 75.2%로 변화된 것으로 설명된다. 이러한 의미의 산업구조 고도화는 Hoffman의 개념에 의거한 것으로 현재의 중공업화율은 이미 선진국의 수준에 도달한 것이다.

이 과정은 다시 산업구조조정 속도[4]에서도 확인된다. UNIDO 데이터베이스를 이용해 1967~94년 한국, 일본, 미국의 제조업 구성비 변화로 측정한 산업구조조정지수를 구해 나타낸 것이 <그림 6-1>이다. 여기서 한국에서는 연도별 구조조정지수가 매년 0.2~0.7%로 가장 강했고, 그 다음이 0.1~0.4%를 보인 일본, 그리고 미국이 0.1~0.3%로 가장 낮은 수준임을 확인할 수 있다. 이 기간에 구조조정지수는 미국이 0.59%, 일본이 1.20%인 반면 우리나라는 2.66%로 가장 높았고 연도별 변동폭도 매우 컸음을 알 수 있다(<그림 6-1>, <표 6-1> 참조). 이미 산업기반이 전 산업에 걸쳐 균형적으로 구축돼 있던 미국과 일본에 비해 한국의 구조조정 속도가 빠른 것은 당연했던 것이다. 우리나라에서도 산업기반이 확립됨에 따라 구조조정 속도가 점차 둔화될 것임을 짐작케 해 주는 것이며, 실제로 그 속도는 둔화되고 있다(<그림 6-1> 참조).

이것이 의미하는 바는 새로운 산업의 이식이라는 방식의 산업기반 확충과 성장을 기대하는 것은 과거에 비해 어려울 것이라는 것이다. 당연히 정책도 특정부문에 대한 자원의 집중배분이나 지원이 아닌 각 산업의 연속적 발전의 지원에 좀더 주력하는 방향으로 전환돼야 한다는 것을 시사하는 것이기도 하다.

<표 6-1> 1968-94년 주요국의 구조조정 지수

한 국	일 본	미 국
0.02662	0.01199	0.00587

자료: UNIDO Database에서 계산.

---

[4] 제조업 내 구조조정 지수는 ($\sum | VAi(t) - VAi(0) | /$산업분류 수)로 계산.

〈그림 6-1〉 구조조정지수 비교

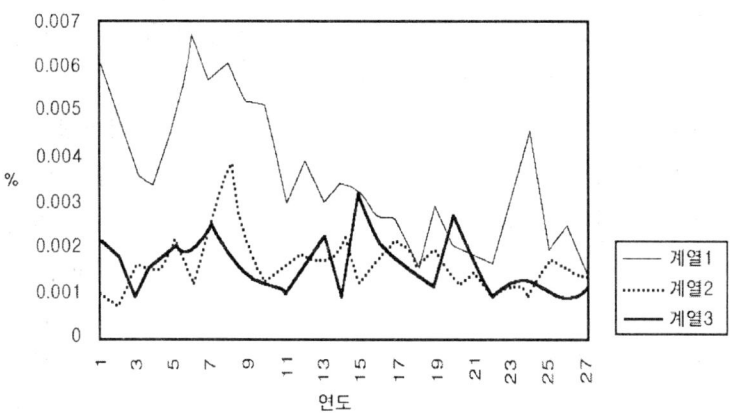

2) 외부의존형 생산기반 확충

한국의 경제성장은 그 출발부터 해외의존적 구조에서 진행됐다. 이는 높은 무역의존도로 나타난다.5) 빈약한 자원부존과 후발 공업화라는 출발점의 경제적 조건에서 높은 대외의존은 필연적인 것이었다. 즉 국내 생산활동을 위해서는 막대한 수입이 필요하고 이를 통해 생산된 제품은 수출되지 않으면 안 됐다. 무역의

---

5) 주요국의 무역의존도(%)

	1972	1981	1991	2001
일본	18.9	28.3	18.3	20.3
미국	11.3	19.8	20.4	24.0
독일	51.1	59.0	52.8	68.0
프랑스	32.4	45.1	43.4	54.6
한국	43.8	75.5	57.5	83.5

존도가 낮아지지 않는다는 사실은 이 구조가 아직도 유효하다는 것을 의미한다. 국내 생산활동을 가능케 하는 안정적 성장을 지속하기 위해서는 국제 교역시장에서 우리의 경쟁력(생산기반) 수준에 맞는 교역상대를 갖고 있어야 한다.

1960년대 이후 우리나라의 국제무역은 '성장의 트라이앵글구조'[6]라고도 불리는 한·미·일 삼각 무역구조에 기초하고 있었다. 1964년 원화의 대폭적인 평가절하와 함께 수출지향 공업화의 추진과정에서 생산설비와 중간재·부품을 일본에서 수입하고 이를 가공·조립해 완제품을 미국에 수출하는 패턴이 작동하기 시작했다. 이 구조가 한국의 장기 고속성장의 기본적 구도를 형성했다. 이 구도는 적어도 1980년대 말까지는 유지됐으며, 이는 이들 국가와의 무역수지 구조에서 설명되고 있다(<표 6-2> 참조).

이러한 구도는 1980년대 말 이후 그 유효성이 감소된다. 한국산업의 돌파구로서 미국의 시장역할이 약화되기 시작한 것이다. 미국의 보호주의 강화, 동남아시아 국가와 중국 등 후발 수출주도 국가들의 추격에 따른 대미수출 증가세의 둔화, 그리고 수출선의 개도국으로의 전환이 첫 번째 원인이다. 또한 대일 수입선 다변화정책 추진과 함께 미국으로부터의 자본재, 중간재 수입이 증가해 대미 무역수지가 적자로 전환해 버린 것이 두 번째 원인이다. 이처럼 미국의 역할이 변하는 데 반해 일본으로부터의 자본재·중간재 수입의존과 대폭의 무역수지 적자구조는 변치 않고 있다.

---

6) 이대근, "세계경제의 신조류와 한국의 진로," 안병직 편, 『한국경제: 쟁점과 전망』(1995); 강철규, 『가공무역과 산업조직』(산업연구원, 1987).

〈표 6-2〉 한국의 무역수지 (단위: 10억 달러)

연 도	전 체			대 미 국			대 일 본		
	수출	수입	수지	수출	수입	수지	수출	수입	수지
1981	21.3	26.1	-4.9	5.7	6.0	-0.4	3.5	6.4	-2.9
1982	21.9	24.3	-2.4	6.2	6.0	0.3	3.4	5.3	-1.9
1983	24.5	26.2	-1.7	8.3	6.3	2.0	3.4	6.2	-2.8
1984	29.2	30.6	-1.4	10.5	6.9	3.6	4.6	7.6	-3.0
1985	30.3	31.1	-0.9	10.8	6.5	4.3	4.5	7.6	-3.0
1986	34.7	31.6	3.1	13.9	6.5	7.3	5.4	10.9	-5.4
1987	47.3	41.0	6.3	18.3	8.8	9.6	8.4	13.7	-5.2
1988	60.7	51.8	8.9	21.4	12.8	8.7	12.0	15.9	-3.9
1989	62.4	61.5	0.9	20.6	15.9	4.7	13.5	17.4	-4.0
1990	65.0	69.8	-4.4	19.4	16.9	2.4	12.6	18.6	-5.9
1991	71.9	81.5	-9.7	18.6	18.9	-0.3	12.4	21.1	-8.8
1992	76.6	81.8	-5.2	18.1	18.3	-0.2	11.6	19.5	-7.9
1993	82.2	83.8	-1.6	18.1	17.9	0.2	11.6	20.0	-8.5
1994	96.0	102.3	-6.3	20.6	21.6	-1.0	13.5	25.4	-9.9
1995	125.1	135.1	-10.1	24.1	30.4	-6.3	17.1	32.6	-15.6
1996	129.7	150.3	-20.6	21.7	33.3	-11.6	15.8	31.4	-15.7
1997	136.1	144.6	-8.5	21.6	30.1	-8.5	14.8	27.9	-13.1
1998	132.3	93.3	39.0	22.8	20.4	2.4	12.2	16.8	-4.6
1999	143.7	119.8	23.9	29.5	24.9	4.6	15.9	24.1	-8.2
2000	172.3	160.5	11.8	37.6	29.2	8.4	20.5	31.8	-11.3
2001	150.4	141.1	9.3	31.2	22.4	8.8	16.5	26.6	-10.1
2002	162.5	152.1	10.4	32.8	23.0	9.8	15.1	29.9	-14.8

자료: 한국무역협회.

미·일 의존형 삼각 무역구조의 성격이 변하면서 새로운 구조가 생겨나기 시작했다. 한·중·일의 교역구조가 그것이다. 1992년 한·중수교 이후 수출입 모두에서 중국은 2002년 현재 한국에 제2위의 교역대상국이 됐으며, 시장 및 원료공급 양면에서 우리 나라의 성장을 지지하는 중요한 역할을 하게 된 것이다. 중국과 일본은 세계시장에서 한국의 주요 경쟁국임과 동시에 한국산업의 돌파구로서 중요한 의미를 갖는다. 한국산업의 경쟁력과 발전방향은 이제 이들 양국과의 관계 속에서 파악돼야 하게 됐다.

한·중·일 3국의 수출기준 교역규모는 1991년 4,586억 달러에서 2001년 8,205억 달러(홍콩 포함시 1조 4,000억 달러)로 연평균 6.0%의 증가율을 보였다. 이에 따라 이들 3국이 세계 총수출에서 차지하는 비중도 같은 기간에 13.1%에서 13.4%로 미미하나마 증가세를 보였다. 이들 3국의 교역량 증가는 일본의 비중감소와 한국의 완만한 증가 및 중국의 급속한 비중확대를 통해 이루어진 것이다.[7]

동시에 한·중·일간 상호의존도도 심화됐다. 한국의 대일·대중 양국간 수출비중은 1994년 20.3%에서 2000년 22.6%로 상승했고, 일본의 대한·대중 수출비중은 같은 기간에 8.2%에서 12.7 %로 상승했다. 또한 중국의 대한·대일 수출비중도 15.4%에서 21.2%로 높아졌다. 이는 각국에서 이들 지역이 수출시장 측면에서 미국 다음으로 중요한 지역으로 등장했음을 의미한다.

〈표 6-3〉 한·중·일 3국의 지역별 수출비중 추이 (단위: %)

	한 국			중 국			일 본		
	1990	1995	2000	1990	1995	2000	1990	1995	2000
한 국	-	-	-	0.7	4.5	4.5	6.1	7.0	6.4
중 국	0.9	7.3	10.7	-	-	-	2.1	7.0	6.3
일 본	19.4	13.6	11.9	14.7	19.1	16.7	-	-	-
양국 합계	20.3	20.9	22.6	15.4	23.6	21.3	8.2	11.8	12.7
미 국	29.8	19.3	21.8	8.5	16.6	20.9	31.7	27.2	29.7
E U	15.7	13.0	13.6	10.0	12.8	15.3	18.6	15.9	16.3
기 타	34.2	46.8	42.0	66.1	47.0	42.6	41.5	45.0	41.3

자료: 신현수·이원복, 『한·중·일 제조업 경쟁력의 비교분석과 정책적 시사점』(산업연구원, 2003).

---

7) 각국의 세계수출 중 비중의 변화(1991→2001): 한국 2.0%→2.5%, 일본 9.0%→6.6%, 중국 2.1%→4.4%, 홍콩 2.8%→3.1%.

한·중·일 3국의 상호간 교역에서 한국은 일본에 대해 만성적 무역적자에서 벗어나지 못하고 있는 반면, 중국에 대해서는 무역흑자를 나타내고 있다. 중국은 한국에 대해 적자를 보인 반면 일본에 대해서는 무역흑자를 기록하고 있어 3국간 균형관계가 성립돼 있다고 볼 수도 있다.

그러나 제조업 내 교역구조에서는 이와 다른 양상이 나타난다. 무역수지에서 대일흑자를 기록했던 중국이 제조업 교역에서는 적자국으로 돌아서고 있다. 한국은 규모에서 차이는 있으나 제조업 교역에서도 대일적자, 대중흑자의 관계를 여전히 유지하고 있다(<표 6-4> 참조).

〈표 6-4〉 한·중·일 3국간 제조업 교역수지 (단위: 백만 달러)

	1994	1995	1996	1997	1998	1999	2000
한국→일본	-13,320	-17,085	-16,931	-13,983	-6,093	-9,870	-11,745
한국→중국	1,958	2,424	3,827	5,025	6,142	5,969	7,464
중국→일본	-8,945	-5,008	-2,862	-1,497	-2,400	-5,250	-4,407

주: 한국→일본은 한국의 대일본 무역수지를 가리킴.
자료: 신현수 외, 앞의 책..

주요 교역 파트너로서 과거 한·미·일 관계에서 시장으로서 미국의 역할을 중국이 대신하는 것으로 해석할 수 있다. 이 관계의 안정성 평가와 향후 발전방향을 파악하기 위해서는 3국간 교역제품의 종류와 성격을 분석할 필요가 있다. 2000년을 기준으로 볼 때 한국이 일본과의 교역에서 흑자를 내고 있는 산업은 석유제품과 섬유, 컴퓨터[8]이며, 기타 전 산업에서는(특히 기계류, 반도

---
[8] 이 중 주종 제품은 모니터가 차지한다.

체 등 전자부품, 화학제품, 정밀기기, 가전에서는 큰 폭의 적자 시현)
적자를 기록하고 있다. 한편 중국에 대해서는 석유화학제품, 석
유제품, 전자부품 중 전자관 등에서 흑자를 기록하고 있는 반면,
섬유제품, 일반 전자부품, 기타 제조업에서 적자를 기록하고 있
다. 일본은 중국에 대해 섬유 및 기타 제조업을 순수입하고, 기
계류, 화학·전자산업의 중간재를 순수출하고 있다. 이들 관계를
그림으로 나타낸 것이 <그림 6-2>이다.

요약하면 일본에 대해서는 한국과 중국이 동일한 분업관계를
보이고 있다. 즉 일본에서 기계류와 중간재·부품을 수입하고,
노동집약적 섬유제품 등에서 대일 순수출을 시현하고 있다. 한국
과 중국의 관계는 어떠한가? 먼저 중국과의 교역에서 한국은 형

<그림 6-2> 한·중·일간 주요 교역상품

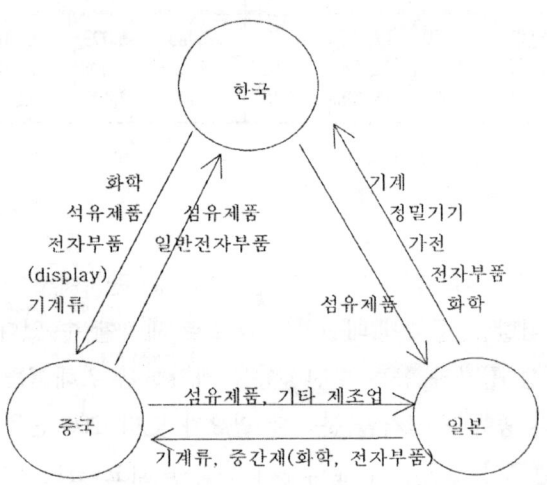

자료: 신현수·이원복, 『한·중·일 제조업경쟁력의 비교분석과 정책적
시사점』(산업연구원, 2003)의 부표에서 작성.

태 면에서는 중·일교역에서 일본의 역할을 수행하는 것으로 나타난다. 즉 한국은 정도의 차이는 있으나 중국에 대해 일본처럼 중간재 및 자본재를 수출하고, 섬유제품 등 저가의 소비재를 수입하고 있다. 주요 수출품은 중국의 생산에 필요한 중간재와 현지진출 한국기업에 대한 중간재와 자본재가 주종을 차지하고 있다. 둘째, 한국의 대중 수입품으로서 특히 전기·전자산업 부품의 비중이 늘어나는 경향을 보이고 있다. 자본집약적 성격의 전자관이 대중흑자를 지속하는 반면, 중소기업들이 주로 담당하는 일반 전자부품에서는 적자를 기록하고 있는 것이다.

이상의 분석에서 내릴 수 있는 결론은 다음과 같다. 첫째 한·미·일에서 한·중·일로 변화되는 3각구조에서 일본의 역할은 변함이 없다. 이는 한국의 자본재·부품산업이 선진국 수준으로 발달하지 못했음을 의미한다. 둘째 새 3각구조에서 중국은 미국의 역할을 대신하지 않는다. 중국에 대해 무역수지 면에서는 흑자를 내고 있으나, 중국은 국내에서 가공·조립된 상품의 시장이 아닌 중국산업의 성장에 필요한 중간재·부품의 시장으로 기능한다. 셋째, 중간재·부품 중에서 기술과 자본이 비교적 적게 소요되는 노동집약적 부품은 이미 중국이 대한 순수출국으로 기능하고 있다.

이를 종합하면 한국은 중국에 대해 자본재·중간재를 제공하는 데서 기회를 찾을 수 있을 것임을 보여주는 것이다. 경쟁력을 지속적으로 유지할 수 있는 분야는 이미 세계시장을 주도하고 있는 부문이다. 이에 더해 현재 일본이 공급하고 있는 중간제·부품에서 기회를 찾아야 할 것이다.[9] 완제품에서도 마찬가지 논

---

9) 이들 부문의 대중 시장개척은 일본과 비슷한 품질을 더 싸게 공급하

리로 세계시장에서 경쟁력을 입증할 수 있는 제품만이 중국에서 시장을 찾을 수 있을 것이다.

3) 기술도입 및 흡수의 연속성

1960년대 이후의 공업화와 고도성장 과정은 기술혁신에 대한 설명을 필요로 한다. 초기 산업혁명 과정에서는 산업발전과 기술발전을 분리해서 생각할 수 있는 것이 아니었다.[10] 그러나 후발 공업화과정에서는 기술을 선진국에서 도입하는 것이 당연한 현상이다. 기술을 도입하고 전파받는 입장에서는 종전의 기술체계와 기술수준과는 다른 개념을 채용하고 있기 때문에 전체적인 기술수준에서는 기술혁신이 일어났다고 할 수 있다.[11] 즉 기술도입은 기술개발과 마찬가지로 기술혁신의 한 원천이며, 한국에서는 기술도입이 기술력 향상의 주경로로 활용됐다. 그러나 기술의 도입이 바로 그 기술의 습득과 산업의 경쟁력향상으로 연결되는 것은 아니다.[12] 기술이전과 혁신은 실제로는 급진적·획기적 기

는 것이다.

[10] 그래서 W. W. Rostow는 경제발전 단계 중 성숙단계를 적어도 전문화된 분야에서 원하는 것 모두를 생산할 수 있는 능력과 최신기술을 확보하는 시기로 규정했다.

[11] 정일용, 『한국에서의 자본축적과 기술도입』(서울사회경제학회, working paper, 1994. 2).

[12] 신고전파에서는 기술이 외생적으로 주어지며 또한 선진국에서 후진국으로 이전시 아무런 비용 없이 이전될 수 있는 것으로 설명하고 있으며, 이에 대해서는 기술전파 이론도 비슷한 입장이다. Jacque Perrin, *Les transferts de technologie*, Edition La Decouverte, 1983 참조.

술변화 과정이 아니라 점진적·누적적인 과정이며, 그것은 도입기술의 소화, 적용, 개량 등 기술적 학습과정을 통해 이루어지는 것이다.13) 이것이 의미하는 바는 다음과 같이 정리될 수 있다.

첫째, 도입된 기술을 학습과정을 거쳐 자기화해 정착시키는 데는 기술도입 측의 기술흡수 능력과 노력이 필요하다. 이 활동은 선진국에서 진정한 기술개발을 수행하는 과정과 매우 유사한 활동, 즉 R&D에 해당하는 활동으로 설명된다.14) 즉 기술도입 시점에서 시작해 소화·적용·개량단계를 거쳐 개발단계에 이르기까지 해당분야의 경쟁력 유지와 업그레이드를 위해서는 지속적인 R&D활동이 필요한 것이다.

둘째는 기술도입에서 기술의 개발단계에 이르기까지는 많은 시간이 소요된다는 것이다. 그러나 기술의 산업에의 효율적 적용은 비교적 초기단계부터 산업경쟁력 강화와 성장에 기여하기 시작한다. 일반적으로 기술흡수 단계에서는 설치된 설비의 운영·보수·유지능력을 습득하며 효율적 생산활동을 가능케 하고, 개량단계에서는 투자관련 기술을 습득할 수 있는 인력훈련과 설비설치 및 확장을 가능케 하며, 개발단계에서는 새로운 공정·제품 및 서비스를 개발할 수 있게 한다.15)

---

13) 이것이 Neo-Schumpeterian들의 주된 논의다.
14) UNIDO, *Industrial Development Report 2002/2003* 참조. 이 보고서에서는 개도국의 경쟁력강화 원천을 선진기술의 수입과 저임노동력에서 찾고, 도입기술의 흡수·자기화의 과정은 진정한 혁신과 여러 모로 비슷한 학습과정임을 밝히고 있다. 이를 근거로 개도국 도입기술의 학습을 위해서도 보조금을 주어야 한다고 주장하고 있다.
15) 김인수, 『모방에서 혁신으로』(Sigmainsight, 2000); 박우희, 『한국의 기술발전』(경문사, 1996) 등 참조.

〈표 6-5〉 후발국의 기술전략 패턴

추종기	추격기		추월기
	전기	후기	
기공업화 기술의 도입 및 소화	- 기공업화 기술의 개선, 개량 - 미공업화 기술의 도입, 소화	- 미공업화 기술의 개선, 개량 - 현상 타파형 독자 기술 개발의 시작	현상 타파형 독자기술의 개발

자료: 박우희, 『한국의 기술발전』(경문사, 1996).

세 번째로 산업화 진전과정에서 기술도입 내용과 관련해서도 연속성이 요구된다. 미국과 일본의 경험에서 후발국의 기술전략 패턴을 <표 6-5>와 같이 정리할 수 있다.[16]

기술혁신의 이러한 연속성은 한국의 급속한 공업화과정에서도 확인되며, 이것이 향후 산업의 발전과정에서 기술확보 방법을 제시하기도 한다.

첫째, 기술을 해외에서 도입하는 과정에서도 산업경쟁력은 강화될 수 있다. 따라서 실제 생산된 제품시장에서 세계적 경쟁력을 갖춘 경우에도 기술은 여전히 해외에 의존할 수 있다. 이런 예는 일본의 기술무역에서 확인할 수 있다. 국내에서는 산업구조 조정이 산업성장에 기여한 바 컸음은 이미 본 바와 같다. 즉 새로운 산업의 연속적인 확충은 기술수입의 필요성을 더욱 심화시키는 것이다.

둘째, 산업의 발달에 따라 기술도입 내용이 달라지면서 기술수입 수요는 지속적으로 증가한다. 기공업화 기술의 도입·흡수·개량이 일어나면서 기술시장의 제약이 나타날 수 있으나, 이 단

---

16) 박우희, 위의 책 참조.

계는 이미 국내 기술능력이 상당수준에 도달했음에도 불구하고 아직 독자기술의 개발단계에까지 이르기를 기대할 수는 없다. 이 단계에서 유효한 것은 미공업화 기술의 도입과 이 기술의 국내 산업화다. 즉 도입기술의 내용이 점차 원천기술 쪽으로 가까워지나 기술도입의 필요성은 여전히 지속된다.

이상의 분석은 <표 6-6> 주요국의 기술무역 추이에서 잘 드러난다. 2000년 현재 한국의 기술수입은 31억 달러에 달한 반면 기술수출은 2억 달러로 수출/수입의 비율은 0.07에 불과하다. 이는 산업경쟁력에 대한 기술경쟁력의 후속성을 반영하는 것이다. 이를 두고 기술력 취약이 산업의 성장을 저해한다고 해석해서는 안 되며, 오히려 기술도입을 더 효율적으로 해야 한다는 것으로 해석해야 할 것이다.

〈표 6-6〉 주요국의 기술무역 추이 (단위: 억 달러)

	한국		일본		미국		독일		프랑스	
	수입액	수지비	수입액	수지비	수입액	수지비	수입액	수지비	수입액	수지비
1978	0.85	0.00	12.41	0.22	6.70	8.78	9.64	0.45	6.78	0.51
1980	1.07	0.06	14.39	0.26	7.25	9.77	11.44	0.49	10.27	0.48
1985	2.95	0.04	25.22	0.30	11.70	5.71	12.10	0.51	9.79	0.52
1990	10.87	0.02	60.44	0.43	31.35	5.31	37.85	0.52	20.69	0.67
1995	19.47	0.06	100.37	0.65	69.19	4.38	59.37	0.53	23.20	0.80
1996	22.97	0.05	100.80	0.69	78.54	4.31	58.77	0.57	26.53	0.71
1997	24.15	0.07	95.51	0.80	94.11	3.58	46.85	0.68	24.75	0.83
1998	23.87	0.06	90.62	0.80	112.92	3.26	48.87	0.67	27.13	0.86
1999	26.86	0.07	96.74	0.88	132.75	2.75	-	-	-	-
2000	30.63	0.07	112.99	0.98	-	-	-	-	-	-

자료: 한국산업기술진흥협회, 『2002년 통계요람』, http://www.koita.or.kr.
주: 수지비=기술수출/기술수입

셋째 기술발전의 점진성, 연속성은 지속적인 연구개발 노력을 요구한다. 지속적인 기술도입의 필요성이 국내기업의 연구개발 노력을 부정하는 것은 아니다. 앞서 본 바와 같이 도입된 기술의 흡수·개량과정은 진정한 기술혁신을 위한 R&D와 비슷한 활동을 요구한다. 기술을 자기화하는 데 있어, 미공업화 기술을 활용한 산업화에 있어, 그리고 더 나아가 진정한 혁신을 가능케 하는 모든 단계에서 R&D는 지속돼야 한다. 일단 세계와 경쟁하는 생산활동에 진입한 이상 생존과 성장을 위해서는 항상적으로 업그레이드가 이루어져야 하며, 이에는 R&D가 뒷받침돼야 한다.

4) 하류부문에서 상류부문으로의 상승

후발 공업화과정을 반영하는 한국의 산업발전 양식의 또 하나의 특징은 "하류부문에서 상류부문으로의 상승현상"이다. 신속한 산업구조조정에서 알 수 있는 바와 같이 새로운 산업의 신속한 성립은 먼저 각 산업별 하류부문, 즉 제품생산의 최종단계인 조립생산 체제의 구축을 의미했다. 우리나라에서는 이렇게 성립된 산업은 곧 수출산업화하면서 생산량이 증가하고, 이에 따라 증가하는 중간재 수요를 충족시키기 위해 중간재·부품, 즉 상류부문의 수입대체가 거의 자동적으로 진행됐다. 이러한 하류부문에서 상류부문으로의 상승현상은 전 산업에서 확인된다.[17]

---

17) 수입대체 공업화의 한계는 내수위주의 수요로 인한 시장규모의 제약으로 인해 하류부문에서 상류부문으로의 상승현상이 존재하지 않는다는 데 있다.

그러나 혁신제품의 생산이 빈번히 이루어지거나 산업구조조정의 신속화에 따라 새로운 산업이 자꾸 생겨나는 상황에서도 산업 전체 차원에서는 이 상승현상이 매우 서서히 나타나거나 주기적으로 역전되기도 하는 것은 당연한 일이다. 이런 현상이 보통 우리 산업 및 경제의 해외의존도가 높다는 비판으로 등장하나, 후발공업화의 당연한 결과로 받아들여야 할 것이다. 즉 빠른 성장의 비용인 것이다. 어쨌든 중요산업에서 이런 상승운동이 나타남으로써 국내산업의 지속적인 성장기반을 형성하는 것이 중요하다.

이러한 현상에서 중시해야 할 것은 부문간 발전의 선후관계다. 대기업이 담당하는 조립산업이 국내에서 성장하지 않았다면 이들에게 공급하는 중간재·부품산업은 생겨나지 않는다. 모든 중간재·부품산업이 중소기업이 담당해야 하는 것은 아니다. 그러나 적어도 국내에서는 범용·표준화부품이 많은 부분을 중소기

〈표 6-7〉 산업별 수입의존도 추이 (단위: %)

	1985	1990	1995	2000	일본(1993)
농림어업	1.8	2.1	2.4	2.4	1.2
광업	0.7	0.6	0.8	0.8	0.8
제조업	21.7	18.0	18.0	21.8	5.1
기초소재업종	30.6	23.3	20.9	26.4	8.1
조립가공업종	21.7	17.0	17.5	23.1	2.3
소비재업종	13.5	13.6	14.7	12.8	5.5
전력가스수도	8.8	14.4	14.2	22.7	8.4
건설	3.2	3.1	3.0	3.1	1.5
서비스업	4.7	3.8	3.8	4.8	1.2
전산업평균	12.9	10.8	10.9		2.8

자료: 한국은행, 투입산출표.
주: 수입의존도=(수입중간투입액/총투입액)×100.

업이 생산해 왔으며, 이들의 성장기반은 국내 조립부문의 존재였다. 이는 향후 조립 대기업이 생산기지를 해외로 옮기면 국내 중소 부품기업도 그 성장기반을 잃을 것임을 시사하는 것이다.

한편 대기업이 생산을 담당하는 대규모 부품은 국내 조립기반 여부와 관계없이 성장할 수도 있을 것이다. 그것은 반도체, 디스플레이 등 세계를 대상으로 경쟁해 경쟁력을 유지하고 있는 대기업 담당 부품에서 그 예를 이미 보고 있다.

3. 세계 경제환경에의 대응

1) 세계주의의 확산

1994년 UR 타결 이후 출범한 WTO체제는 GATT체제에서 지속돼 오던 세계주의가 무차별적으로 확대된다는 것을 의미한다. 우리나라는 과거 수출촉진을 수단으로 한 성장전략에서 개방된 환경을 효율적으로 활용할 수 있었던 것이 사실이다. 그러면서도 국내 산업구조 형성에 관한 한 과거 여느 선진국의 산업발전 시기와 마찬가지로 국내시장 보호와 강력한 산업지원 정책을 사용해 왔다. WTO시대에 세계주의는 이러한 산업발전에 대해 두 가지 큰 제약요인을 던져 주고 있다.

첫째는 세계주의의 중요한 내용 중 하나인 시장개방은 곧 산업구조조정을 의미한다. 전술한 바와 같이 우리나라에서는 이미 신속한 산업구조조정을 성공적으로 수행해 오고 있었다. 그러나 이 과정은 순수 시장기구에 의해 이루어진 것은 아니다. 국가가

시기별로 성장산업을 제시했고, 이들의 성장을 지원하기 위해 강력한 유인을 제공했으며 동시에 규제도 실시했다. 전면적 시장개방은 전면적 산업구조조정을 의미한다. 그리고 그 방향은 국가가 제시하는 형태가 아니라 세계시장이 제시한다. 물론 국가가 아무런 역할도 할 수 없다는 것을 의미하는 것은 아니다.

둘째, WTO는 산업정책 수단에 대한 기준을 명시함으로써 산업에 대한 국가의 개입방법을 제한하고 있다. GATT체제에서 개도국은 비교적 자유롭게 사용할 수 있었던 특정산업 육성 및 국제수지 방어를 위해 행해지는 수입제한, 관세율 조정, 그리고 보조금지급 등이 허용됐으며, 우리는 이를 충분히 활용해 왔다. 그러나 WTO체제에서는 자유무역 질서의 범세계적 정착이라는 목표 아래 관세율 인하, 서비스·농산물 교역의 자유화, 지적 재산권보호, 투자의 자유화, 반덤핑 등 수입규제 조건의 엄격화 등을 규정하고 있다.

이와 함께 산업지원을 위한 보조금지급에도 엄격한 제한을 두어 산업정책의 수렴화가 진전되고 있다. 특별히 중요한 의미를 갖는 것은 수출 및 수입대체 보조금이 금지보조금으로 분류되고, 연구개발 보조금은 허용보조금으로 분류한 것이다. 특정성을 지니는 보조금은 상계가능 보조금으로 분류됐다. 대체로 연구개발을 활발하게 행하고 이를 통해 산업경쟁력을 강화하는 것은 다국적화된 선진국 기업이다. 반면 개도국 기업은 생산기반이 취약한 상태에서 선진국으로부터 생산설비와 기술을 도입하는 방법으로 경쟁력을 갖추며, 이는 투자의 촉진으로 이루어진다. 투자의 촉진을 위해 주로 쓰이는 보조금은 WTO체제에서는 금지 또는 상계가능 보조금이다. 결국 산업정책에 관한 한 정책수단이 수렴화됐으며 이는 선진국·개도국간에 상당한 비대칭성을 내포하고 있는 셈이다.

　어쨌든 전통적으로 우리나라가 많이 사용해 온 특정산업의 투자촉진을 위한 수단은 이제 그 사용이 어렵게 됐고, 특정성이 없거나 연구개발에 대한 지원수단을 사용할 수 있게 된 것이 WTO가 가져온 큰 변화다.

2) 세계 산업구조의 변화

　ICT 기술발전에 따른 거래비용 감소와 세계화규범의 강화는 세계 산업구조에 큰 변화를 초래하고 있다. 세계적 차원의 M&A와 국제 생산시스템의 심화가 그것이다.

　첫 번째 변화는 세계적 M&A를 통한 글로벌 과정의 심화다. 시장차원에서 세계화는 시장의 확대와 동시에 경쟁의 심화를 의미한다. 모든 국가의 내수시장에서 경쟁이 심화됨과 동시에 시장을 전세계로 넓혀야 하게 됐다. 세계의 주요기업들은 이에 따른 수익성악화에 대응하면서, 동시에 통합된 세계시장을 장악하기 위해 인수·합병과 전략적 제휴를 통해 범세계적 네트워크를 형성해 나가고 있다. 이 네트워크의 특징은 기술력, 생산기반 및 마케팅능력을 고루 갖춘 거대기업간의 대륙간 통합이라는 데 있다. 즉 주로 기술력에 바탕을 둔 독점적 경쟁우위 요소와, 시장과의 인접성 및 마케팅능력에 의해 결정되는 지역적 경쟁우위 요소를 두루 갖춘 기업들끼리의 결합이 진행되고 있으며, 이것이 세계화에 대한 기업의 첫 번째 대응이다.

　두 번째의 변화는 국제 생산시스템의 심화다. 기업은 규범 및 기술발전이 제공하는 세계화의 기회를 활용해 경영의 효율성을 극대화하기 위한 방법을 강구한다. 생산공정의 세분화와 전문화, 그리고 공급자에 대한 의존을 방편으로 생산공정을 전세계로 배치하는 국제 생산시스템이 심화되는 것이다. 이 시스템은 선진인프라, 새로운 계약메커니즘, 더 큰 신용과 개방, 새로운 숙련도와 경영기법을 필요로 한다. 여기에는 정보흐름, 물류시스템, 네트워킹이 새로운 무기가 된다. 결국 이 새로운 생산조직은 선진국의 다국적기업이 지배하게 된다.

실제로 국제 생산시스템을 구축한 글로벌 과점기업이 세계 전체 생산활동에서 차지하는 비중이 점점 커져 가고 있다. UNIDO의 *World Development Report 2002/2003*에 따르면 최근 다국적기업은 세계 교역의 2/3를 담당하고 있으며, 이 중 1/3은 기업 내 국제 생산시스템에서 이루어진다. 즉 다국적기업이 해외 직접투자 및 기타 간접적 형태의 지배를 통해 각국의 생산에 강력한 영향을 미치고 있는 것이다. 선·후진국을 망리힌 외국인투자 유치노력이 이러한 사정을 반증하는 것이다.

이 과정에서 다국적기업은 자본, 기술, 숙련도, 시장접근 등의 면에서 개도국에게 많은 기회를 제공한다. 이런 의미에서 외국 파트너와의 연계가 세계화시대 국가 경제발전의 중요한 한 조건을 형성하게 된다.

그러나 해외 직접투자와 기타 방법에 의한 국제 생산시스템에의 참여를 통한 성장기회가 모든 국가에 균등하게 주어지는 것은 아니다. 외국인투자의 유치는 지역 특유의 기반을 요구한다. 전문화된 숙련도, 현대적 인프라시설, 안정적 제도, 낮은 기래비용, 효율적 공급자, 기업의 집적, 기업지원 서비스 제공자 등.[18]

---

18) UNIDO, *op. cit.*

즉 클러스터(cluster)가 외국인투자의 유치에도 중요한 요소로 등장한 것이다. 특히 지식 및 숙련도 집약적 분야에서 클러스터는 결정적 중요성을 갖는다. 이러한 사실은 외국인 파트너와의 연계를 통해 개발을 위한 추가재원의 확보를 위해서도 먼저 국내적인 투자, 학습, 적응, 향상노력이 전제돼야 함을 보여주는 것이다. 또한 이러한 국제 생산시스템에 편입됐다 하더라도 그 위치의 유지 및 성장을 지속하기 위해서는 항상적인 업그레이드 활동이 필요하다. 전체로서 시스템의 효율성을 중시하는 다국적기업의 빈번한 이동성과 계약변경은 한 지역의 탈락을 쉽게 실현하기 때문이다.

이러한 국제 생산시스템 구축이 우리나라 산업에 주는 시사점은 명백하다. 지금까지 이룩한 산업기반과 경영능력을 바탕으로 글로벌 네트워크에 적극적으로 참여해야 한다. 이는 지금까지 성장의 방향에서 볼 때 단절이 아니라 연속성에서 추진될 수 있는 것이다.

3) 지역주의의 심화

1994년 WTO의 출범은 세계주의의 심화를 의미하는 것이었다. 그러나 역설적으로 그 시기부터 FTA로 대표되는 지역주의가 또한 심화되고 있다. 이는 어떤 시사점을 주는가?

최근 진행되는 FTA는 WTO 플러스적 성격을 갖는다. 과거의 지역 무역협정은 주로 무역자유화에 머물렀으나 현재의 FTA는 상품과 서비스교역의 자유화 외에도 외국인투자 자유화, 상호 표준제도의 인정, 반덤핑제도의 적용 자제, 정부조달 시장의 개방,

지적 재산권보호, 경쟁정책 개선 등의 내용을 포함해 FTA 당사국 경제의 통합을 한층 심화시키는 효과를 갖게 된다.

이로 인해 FTA는 두 가지 성격을 갖게 된다. 하나는 FTA의 확대가 세계 전체 차원에서 무차별 원칙하의 자유화를 촉진하는 성격이며, 다른 하나는 범세계적 자유화의 약점을 보충하는 수단으로서의 성격이다. 후자의 측면에서 보면 FTA 체결국들은 미체결국에 대해 장벽을 쌓는 것이다. 즉 FTA 미체결국은 체결국에 대해 관세·비관세장벽 및 기타 정부규제 등의 불이익을 받게 돼 경쟁력을 상실하게 하는 결과가 초래될 수 있다. 이것이 FTA 체결을 무조건적으로 늘려 가야 한다고 주장할 수 있게 하는 근거다. 그러나 FTA의 산업정책 수단으로서의 측면도 간과해서는 안 될 것이다.

15세기 이후 산업정책은 시기별·국가별로 그 형태가 달라져 왔지만, 국가는 지속적으로 국내산업의 경쟁력강화와 구조조정에 영향을 미쳐 왔으며, 구체적으로는 다음과 같은 역할을 수행해 왔다:

- 국내시장 보호: 독일, 미국.
- 공업화의 기획: 일본.
- 보조금 지급: 투자 및 R&D 강화.
- 시장의 확보.

FTA는 체결국가간 자유교역을 통한 시장의 확보와, 역외국에 대해 시장보호 기능을 통해 동태적 경쟁력확보를 위한 규모의 경제 및 학습효과 등 두 가지 기능을 수행하는 중요한 산업정책적 의미를 갖는다. 그 전형적인 예는 EU에서 찾을 수 있다. 이러한 차원에서 FTA 체결은 국내산업 발전방향과 관련해서 다음 두 가지 시사점을 제공한다.

첫째, FTA 미체결에 따른 역차별을 해소하기 위한 필요성으로서 광범하게 추진돼야 할 것이다. 그 궁극적 귀결점은 결국 모든 국가와의 FTA 체결이 될 것이며, 이는 WTO 추진의 목표이기도 하다. 현실적으로 WTO에 의한 다자간 무차별적 자유화에 도달하기 전에 모든 국가와 FTA를 체결하는 것은 불가능할 것이다.

둘째, FTA를 국내 산업구조조정의 수단으로 활용할 수 있어야 할 것이다. 궁극적으로 세계 단위의 자유화가 성립될 경우 국내산업은 세계 전체를 대상으로 전면적인 산업구조조정이 불가피하다. FTA는 이 시기까지 국내산업의 경쟁력강화와 구조조정 기간을 벌 수 있는 기회를 제공한다. 세계 전체를 대상으로 한 구조조정의 방향을 먼저 예측하는 것이 필요하다. 이를 바탕으로 세계 차원에서 경쟁우위를 강화해야 할 산업이 FTA에서 경쟁력을 강화할 수 있는 상대를 선택해야 할 것이다. 다음으로 사양산업의 경우에도 경쟁력을 강화하든 아니면 산업기반을 축소시키든 그에 따른 충격을 완화할 수 있게 하는 상대를 먼저 골라야 할 것이다.

4. 한국산업의 발전방향과 과제

지금까지 한국산업의 성장패턴에 따른 성장단계와 외부 경제환경의 분석에서 향후 지속적 성장을 위한 국내산업의 발전방향과 과제를 다음과 같이 요약할 수 있다.

1) 산업구조 혁신의 지속

신기술산업의 확충을 의미하는 산업구조 혁신은 언제나 중요한 과제다. 특히 ICT기술을 중심으로 근본적 기술혁신이 진행되는 현상황에서 신기술산업의 확충은 미래 성장기반을 형성하는 데 가장 중요한 요소가 되므로 세계 모든 국가가 첨단기술 개발에 주력하고 있는 것이다. 그러나 이는 과거 신산업 확충 때와 달리 선진국에서 설비를 도입하는 형태가 아니며, 따라서 설비투자 자금의 지원 등은 지원수단이 되지 않을 것이다. 기업환경의 적극적 개선과 대규모 산업의 애로 기초기술에 대한 임무 지향적 프로젝트가 유효한 수단을 형성할 것이다.

2) 기존 산업 내 경쟁기반의 강화

1960년대 초 이후 고속성장과 산업구조 혁신은 신규투자(greenfield investment)에 의존한 바 컸기 때문이다. 이렇게 해서 구축된 생산기반은 지속적인 성장의 중요한 조건을 형성한다. 이들 산업에서도 새로운 경쟁력을 지속적으로 창출하는 것만이 지속적인 성장을 보장한다. 이 과정은 기존 제품과 서비스의 개량 또는 이를 바탕으로 한 신제품 및 서비스 개발형태를 띨 것이다. 이 과정이 혁신적 기술개발이 아니더라도 이와 유사한 연구·개발노력이 필요함은 앞서 본 바와 같다.

기존 산업 내 경쟁력향상을 위해서는 이러한 형태의 R&D활동이 촉진돼야 한다. 따라서 국가 산업정책에서 전 기업을 대상으로 R&D를 촉진하는 유인을 더욱 강화해야 할 것이다. 이는 R&D 지출에 대한 세액공제의 대폭확대와 최저한세의 인하 등에서 그 방향을 찾을 수 있을 것이다.

3) 중국의 수요에 대응한 중간재산업의 육성

위의 두 가지 노력에도 불구하고 중국경제의 성장은 국내 산업구조조정을 피할 수 없게 할 것이다. 이러한 환경에서 중국의 증가하는 수요에 대응하기 위한 조정이 이루어져야 할 것이다.

과거 개도국의 성장경험에서와 마찬가지로 중국은 중간재·부품과 기계·설비를 지속적으로 수입하고 완제품 수출을 확대해 나갈 것이다. 동시에 하류부문에서 상류부문으로의 상승운동도 급속하게 진행되고 있는 상황이다. 아직 우리나라는 중간재·부품, 기계류 모두에서 중국에 대해 흑자를 기록하고 있지만, 더 자세히 보면 이 추세가 지속될 수 없음을 알 수 있다. 기계류의 수출은 대체로 국내설비의 중국 이전형태를 띠고 있고, 중간재·부품에서도 노동집약적 일반부품은 이미 대중(對中)적자를 기록하고 있다.

한편 현재 대폭의 대중 무역흑자를 기록하는 품목의 성격에서 향후 대중 수출품목의 조건을 확인할 수 있다. 이는 자본·기술 집약적 대형 부품들이다. 이들 산업의 특징은 대기업이 담당하고 있으며, 세계적인 경쟁력을 유지하고 있다는 것이다. 결국 중국시장을 충족시킬 수 있는 중간재·부품산업은 세계시장에서 경쟁력을 목표로 성장하는 산업이 될 것이다.

또 하나의 단서는 한·중·일간의 상호 교역구조에서 중국의 대한·대일 수입품목이 적어도 성격 면에서 유사하다는 사실에서 찾을 수 있다. 즉 현재 우리가 일본에 의존하고 있는 중간재·부품이 향후 우리가 중국에 공급할 수 있는 품목이 될 것이라는 사실이다. 조건은 비슷한 품질을 더 싸게 공급해야 하는 것이다.

이들 산업의 성장과 관련해서는 중간재·부품산업도 중소기업형 산업이라는 고정관념을 버려야 하며, 오히려 대규모 부품산업의 육성이 중요한 과제가 된다는 것을 인식해야 할 것이다. 정책과제로는 이들 산업을 담당할 수 있는 대기업의 기업환경 개선과 기업규모의 대형화, 중소기업의 M&A 활성화 지원 등의 정책이 필요할 것이다.

4) 최종 생산기반의 유지

후발공업화를 통한 선진국으로의 도약은 최종재 생산→중간재·부품산업 발달→기술혁신 과정을 거친다. 국내에서 중간재·부품산업이 잘 발달한 것은 최종재산업의 국내생산 확대에 따른 것임은 이미 살펴 본바와 같다. 중간재·부품산업의 기반을 더욱 확충하기 위해서는 최종재의 생산기반이 국내에 위치해야 한다는 조건은 여전히 유효하다. 이 조건 역시 기업환경의 획기적 개선을 요구한다.

5) 기술력의 향상

국내에서 기술력의 향상이 외국으로부터 선진기술의 도입을 바탕으로 이루어졌음은 앞에서 살펴본 바와 같다. 또한 기술력향상의 점진성과 연속성도 확인했다. 또한 국내산업의 기술수준이 전 분야에서 아직 혁신기술의 개발을 기대할 수 있는 단계에 도달하지 않았음도 분명한 사실이다.

그러므로 향후 산업의 경쟁력향상을 위해서, 그리고 신제품을 개발하는 과정에서도 기술은 더 적극적으로 도입돼야 할 것이다. 다만 국내 기술력의 향상과 함께 도입기술의 내용이 기공업화 기술에서 미공업화 기술 쪽으로 변화돼야 할 것이다. 이와 함께 이들 기술을 흡수·개량하고 신제품을 개발하며, 더 나아가 혁신적인 기술을 개발하는 단계에 이르기까지 기업단위에서의 기술개발 능력을 확충하기 위한 R&D투자 촉진책이 강구돼야 할 것이다. 여기서는 특정 기술을 목표로 하는 임무 지향적 R&D 지원과는 구별되는 개념으로, 산업 전체에서의 기술수준 및 R&D 능력을 강화하는 데 주안점이 주어져야 할 것이다.

6) FTA의 전략적 활용

전세계적 단위에서 자유주의가 실현될 때까지 지역주의(FTA)는 역내기업들의 돌파구로서 시장확대와 그 경제단위에서 구조조정(경쟁력강화 또는 기반축소)의 수단으로 작용함은 이미 본 바와 같다. 그러므로 FTA를 국내경제의 시장확보와 구조조정 기회로 활용해야 할 것이다.

이를 위해서는 먼저 어떤 국가와 어느 정도의 속도로 추진할 것인가에 대한 전략적 우선순위를 설정하는 것이 중요하다. <표 6-8>은 경제적 기준 외에도 기타 관련변수들을 포함한 판단기준을 제시하고 있다.19)

〈표 6-8〉 FTA의 전략적 우선순위에 관한 판단기준

경제적 기준	정치·외교적 기준	현실적 가능성 기준	시간적 기준
- 국내업계 요망에 대응 - 여타국(특히 경쟁국)의 FTA 체결로 인한 국내기업의 불이익 해소 - 쌍방의 경제활성화 - 국내 구조개혁, 경쟁력강화에 대한 영향 - 자유화가 부진한 국가에 대응	- 경제관계 강화에 의한 우호관계 강화 - 경제관계의 외교·전략적 활용 - 정치적 안정성, 통치능력, 민주화 정도	- 무역에서 점하는 민간품목의 비율 - 상대국의 열의 - 국내 요청	- 한국의 교섭처리 능력 - WTO 교섭과의 관계 - 정치·외교·경제적 관계, 실현 가능성의 변화 - 타국과의 FTA 진전상황

자료: 유관영, 앞의 글.

다음으로 FTA가 초래하는 구조조정에 따른 사회적 비용을 최소화하기 위한 산업조정 지원도 동시에 진행돼야 할 것이다. 이것은 경쟁력강화를 위한 조정의 촉진과 기반약화 분야의 비용을 완화하는 데 중간목표가 주어져야 할 것이다.

---

19) 유관영, "국내 산업구조 전환과 FTA정책," 『FTA정책 종합토론회』(대외경제정책연구원, 산업연구원, 농촌경제연구원 공동주최, 2003. 8. 1) 참조.

5. 맺음말

이상에서 우리는 과거와는 달라진 세계경제 환경과, 특히 중국의 성장이라는 큰 변화를 맞이해 향후 한국산업의 발전방향과 산업정책의 기본방향을 검토해 보고자 시도했다.

여기서 우리가 전제로 한 것은 산업발전의 연속성이었고, 이는 산업발전 단계에 따라 산업정책의 진화도 필요하다는 것을 내포하고 있는 것이다. 이를 전제로 한국산업의 발전과정을 몇 가지 형태로 유형화할 수 있었으며, 각 유형별 현 위치에서 향후 발전방향과 대응 정책방향을 찾아보았다.

먼저 산업기반의 연속적 확충은 과거 한국산업의 중요한 비결의 하나였으며, 기반이 매우 취약한 상황에서 효율적인 방법이었다. 이때의 산업정책은 투자확대에 초점이 맞추어져 있었다. 이제 우리 산업은 이러한 green investment가 주효한 투자전략이 아니라 산업 내 혁신이 중요한 과제인 상황이 돼 있다. 필요한 정책도 현재의 기반을 내실화하기 위한 일상적인 R&D역량 강화와 기업환경의 획기적 개선에서 찾아야 할 것이다.

둘째, 물론 새로 생겨나는 첨단산업에서 신규산업 확충노력은 지속돼야 할 것이다. 현상태에서 이는 실물투자의 확대가 관건이 아니라 대기업의 전략적 발전노력에 의해 이루어지고 있다. 정부의 지원은 사회의 간접적 기반확충과 기업환경 개선에서 찾아야 할 것이다.

셋째, 중국의 성장이 국내산업에 주는 의미가 커져 가고 있다.

산업의 발전방향 면에서 중국이 한국과 동일한 후발공업화를 추진하고 있고, 중국에 대해 한국이 일본과 같은 분업구조를 유지하고 있다는 사실은 향후 한국이 현재 일본의 역할을 수행할 수 있어야 함을 보여주는 것이다. 이는 중간재·부품의 대기업화를 요구한다.

넷째, 아직도 기술력 향상이 지속돼야 하는 국내 상류부문, 즉 중간재·부품산업의 조기 공동화를 방지하기 위해서는 최종재 생산의 국내입지가 매우 중요함도 보았다.

다섯째, 기술발전의 연속성에서 볼 때에는 아직도 많은 기술의 도입이 필요함도 보았다. 이는 국내산업의 기술력향상과 생산부문에서 외국기업과의 경쟁양상을 볼 때 도입기술의 내용이 달라져야 함과, 현 기술능력을 더욱 향상시키기 위한 전 기업단위에서의 R&D능력 향상이 필요함을 보여주는 것이다. 목표 지향적 R&D 외에 기업단위의 일상적 R&D를 활성화하기 위한 유인이 획기적으로 강화돼야 하는 소이다. 세계화가 초래하는 국제 생산시스템의 확대 및 글로벌 과점 네트워크에서 생존을 위해 필요한 항상적 업그레이드도 이러한 노력을 바탕으로 하는 것이다.

마지막으로 FTA의 전략적 활용이 필요하다. FTA는 단순히 개방의 폭을 넓히는 것이 아니다. 궁극적 목표는 바람직한 방향으로의 산업구조조정임을 잊지 말아야 할 것이다.

세계화와 동북아시대의 개막 이 모두는 개방을 의미하고, 개방은 산업구조조정을 의미하며, 우리 산업은 지속적으로 구조조정을 해 왔다. 향후의 산업발전 방향도 이러한 구조조정이 연장선상에서 찾을 수 있었다.

정책 면에서도 과거에는 당시 취약한 산업기반이 필요로 하는 실물투자의 집중에 주력했으나, 이제는 기업단위의 기술력향상과 산업경쟁력 강화를 위한 시장의 활용(FTA 파트너의 선정), 그리고 기업환경의 적극적 개선 등을 요구한다. 이것은 국제규범과도 일치하는 것이다. 세계화가 국가의 역할을 완전 포기하는 것을 의미하는 것은 아니다. 그렇다고 과거형의 실물 집중투자 지원책이 재현돼서는 안 되며, 임무 지향적 대형 R&D 지원에만 치중해서도 안 될 것이다. 산업의 현상황에 맞게 산업정책도 진화해야 한다.

제 3 부
●
동북아의 평화와 안보

제7장 동북아 패권경쟁과 지역안보

연 현 식

1. 머 리 말

　냉전의 종료에도 불구하고 동북아시아 지역의 안보구조는 기본적으로 여전히 냉전적 성격을 유지하고 있다. 그 중심에 한반도 분단을 기초로 한 남북간의 대립적인 안보대치가 자리잡고 있으며 정도의 차이는 있지만 중국과 대만간의 안보대립도 지속되고 있다. 이러한 동족간의 갈등이 아직도 해결되지 않고 있으며 그 위에 미·중 또는 일·중간의 지역질서 주도를 위한 경쟁이 지속적으로 가속화되고 있는 것이 동북아지역의 현실이다. 즉 동북아지역의 불안정한 안보구도의 핵심은 ① 탈냉전의 도래에도 불구하고 분단의 정치체제가 유지되고 있고, ② 지역질서 형성에 막강한 영향력을 행사하고 있는 강대국간의 갈등관계가 지속되고 있다는 것이다. 그리고 분단과 강대국간의 경쟁은 상호

밀접히 관련을 맺고 있기 때문에 지역안보 문제의 해결 가능성을 더욱 어렵게 만들고 있다.

이러한 인식하에 이 글은 동북아지역의 안보문제를 지역 강대국의 역할에 의미를 부여하면서 그들 개별국가와 그들간의 관계에 초점을 맞추어 규명하는 것을 주목표로 한다. 지역 강대국의 범주는 일반적으로 다루는 미·일·중·러 4국을 대상으로 하지만, 특히 미·중·일 3국에 많은 비중을 두어 다루며 그들의 관계에 영향을 미치는 요소로서 개별적 지역국가를 대상으로 분석하기도 한다.

최근 동북아시아 지역의 안보상황은 급변하고 있다. 크게는 2001년의 9·11 미 테러의 영향을 받고 있으며 이후의 아프가니스탄·이라크전쟁, 북핵문제 해결을 위한 6자회담 등도 지역정세에 적지 않은 변화를 미치고 있다. 따라서 본 연구는 9·11사건 이후의 동북아질서 변화에 많은 비중을 두면서 최근의 지각변동에 연구의 초점을 맞추려 한다. 그 이전 시기에 대해서는 기존 연구가 다수 존재하고 있기 때문이기도 하다. 연구의 순서는 우선 동북아질서 변화에 영향을 줄 수 있는 최근의 동북아 안보환경 변화의 내용부터 살펴보려고 한다. 그 다음으로 동북아지역 질서 형성과정에서 주도권경쟁을 하고 있는 미·중관계 또는 일·중관계의 내용을 이들 3국 안보전략의 핵심내용과 그들 양자관계의 현황을 중심으로 살펴본다. 그러한 과정을 통해 동북아 패권경쟁의 실상을 객관적으로 냉철하게 규명토록 한다. 마지막으로 패권경쟁의 실상을 지역안보에 연결시켜 패권국가의 지역질서 인식과 안보현안에 대한 대응을 살펴 현실적인 지역이슈의 상황을 객관적으로 묘사·분석하기로 한다. 그러기 위해 우선 지역안보 현안의 내용을 살피고 현안해결을 위한 관련 지역국가의 의

도 및 대응을 살핀다. 따라서 연구의 진행은 안보환경 변화분석
→패권경쟁 참가국의 전략 및 상호관계 조명→패권양상 규명→
지역안보 안정모색의 순서로 진행한다.

2. 동북아질서의 변화요인

1) 한반도의 변화

한·미 안보관계는 미·일 안보관계와 더불어 미국의 아시아 정책에서 가장 중요한 기둥이자 교두보의 역할을 수행해 왔다. 즉 한·미동맹은 냉전시에는 주로 공산주의세력의 팽창을 저지하는 전략적 의미를 가졌고, 탈냉전시에는 한·미·일 3자 공조체제로 발전해 아·태지역 안보구도의 핵심축으로 기능하면서 3자동맹의 가능성을 모색하기도 했다.

그러나 21세기 들어 한·미동맹은 그대로 유지되고는 있으나 한·미·일 3각동맹의 가능성은 감소하고 있다. 이와 관련해서는 특히 한국의 입장이 이전과는 달리 복잡해지고 있는 것이 특이하다. 즉 한국정부는 남·북한관계의 지속적인 발전을 기대하고 있으며 대중관계를 상당히 의식하기 시작하고 있다.[1]

한국은 지난 '국민의 정부' 시기부터 경제력을 활용해 대북 포

---

[1] 한·미동맹 또는 한·미·일 3각 공조체제의 주요대상은 북한과 경우에 따라서는 중국이었으나, 한국정부의 대북정책 변화와 중국의 경제적 위상변화에 따른 한중관계의 변화에 따라 기존의 한·미 안보관계가 영향을 받게 됐다.

용정책을 추진하면서 남북간의 평화공존을 추진해 오고 있다. 즉 이전에는 주된 안보위협의 대상이었던 북한을 평화공존의 대상으로 보고 있는 것이다. 따라서 북한으로부터의 안보위협에 대한 두려움은 상당히 감소하고 있으며, 북한의 핵과 미사일문제에 대해서도 한·미간에는 다소 시각의 차이가 존재하고 있음을 부정할 수 없다.

한편 한·중관계의 발전은 매우 파격적으로 진행되고 있으며 양국은 이러한 양자관계의 중요성을 상호 인정하고 있다. 양국의 경제관계는 확대 일로에 있으며, 상호 보완적 측면이 강하므로 이러한 추세는 당분간 지속될 것으로 평가되고 있다.[2] 한·중관계는 더 나아가 정치·군사·문화 등의 분야에서도 심화·확대되고 있어 한국의 대외관계에서 중국이 차지하는 비중은 미국에 버금가고 있다. 특히 북핵문제 재대두에 따른 지역정세 경색기에 중국측이 적극 나서 3자회담과 6자회담의 개최를 성사시키는 등 일정수준의 역할을 담당하게 됨에 따라 한·중간의 정치·안보 면에서의 신뢰관계는 이전에 볼 수 없었던 수준으로까지 발전하고 있다.

반면에 전통적인 한·미관계는 긴장되고 있다. 이전에도 한·미관계는 몇 차례에 걸쳐 일시적인 갈등을 겪었지만, 북한의 안보적 위협에 대한 양국의 공동인식으로 인해 잘 처리돼 왔다. 그러나 앞서 언급한 바와 같이 한국의 대북인식이 변하고 있음에 따라 이전 같은 양국간의 안보공감대 형성은 어려워지고 있다. 이러한 변화는 당연히 한·미 안보관계에 대한 인식에까지 영향

---

[2] 한국경제가 어려운 가운데서도 무역수지흑자가 지속되고 있는 가장 큰 이유는 중국시장이 있기 때문이다. 중국시장은 금년 처음으로 한국 수출시장에서 미국을 제치고 가장 큰 시장이 되고 있다.

을 미치고 있다. 이와 같이 한국정부의 대외정책 변화에 따른 한반도의 정세변화는 기존의 동북아시아 질서에 적지 않은 영향을 미치고 있다. 즉 한반도의 변화는 동아시아 변화의 출발점이라고도 볼 수 있다.

2) 일본의 위축

1990년대 이후의 장기적인 경제침체로 인해 일본은 국가 전체적으로 활기를 잃고 있다. 치안과 시민질서의 모범국이라는 평가도 이제는 옛말이 되고 있으며, 경제력 답보상태로 인해 국제사회에서의 영향력도 감소하고 있는 실정이다. 자연히 동북아지역 질서 형성과정에서 일본의 역할에도 일정한 한계가 존재할 수밖에 없다. 즉 최근의 동북아질서 변화과정에서 중국의 역할증대는 두드러지게 나타나고 있는 반면에 일본의 존재는 왜소해 보이고 있다.

이러한 변화는 미·일관계에까지 영향을 미쳐 미국의 전략적 중요도에서 일본이 차지하는 비중이 작아지고 있음에서도 나타나고 있다. 1980년대 언급됐던 미국에게 가장 중요한 양자관계는 미일관계라는 표현은 더 이상 사용되고 있지도 않다.[3]

그럼에도 불구하고 일본은 아직도 막강한 세계 제2위의 경제 대국이며 첨단 과학기술력을 갖고 있는 국가이기 때문에 미국의 믿음직하고 가치 있는 동맹국이다. 특히 안보적인 면에서 미국이

---

3) Morton Abramowitz and Stephen Bosworth, "Adjusting to the New Asia," *Foreign Affairs*, Vol.82, No.4 (July/August 2003), pp.124-125.

일본에 보내고 있는 신뢰는 특별하다. 주일미군은 계속 미국의 아시아전략의 가장 핵심적인 기둥으로 기능하고 있다. 일본정부도 장기적인 경제적 침체상황의 지속에도 불구하고 안보 면에서는 매우 적극적인 자세로 임하고 있어 그 대조적인 상황이 주목을 끌고 있다.

즉 경제적 위축에도 불구하고 일본정부는 오히려 적극적인 안보정책을 추진하고 있다. 미국의 아프가니스탄 공격 이후 계속 이지스함을 인도양에 파견하고 있으고 미국과 공동으로 미사일방어(MD) 연구를 하고 있으며 최근에는 미국의 방어시스템을 구입, 조기 배치하기로 결정한 바 있다. 이에 머무르지 않고 일본은 첩보위성까지 발사해 북한핵 및 미사일문제를 포함한 동북아지역 안보문제에 적극 개입하기 위한 직접적인 노력을 경주하고 있다. 이러한 최근의 일본경제의 위축, 군사의 돌출은 건전하지 않은 현상으로 결코 지역안정에 보탬이 되지는 않을 것으로 보인다. 이러한 현상은 일본정부가 경제부진으로 인한 사회 전반의 활기약세를 외교 및 안보분야에서의 적극적인 정책추진으로 보전해 보려고 한다는 의혹을 사고도 있다.

일본경제의 부진, 중국의 대약진, 미국의 일본 최고 중시정책 재고 등은 결국 일본으로 하여금 일방적으로 미국 쪽으로 기울게 만들고 있다. 일본은 균형적인 외교·안보정책을 모색해 볼 여유가 없으며 미국의 세계전략, 동북아전략에 편승하기에 벅찬 것으로 보인다. 이러한 일본의 미국과의 동조화 강화정책은 전반적인 동북아지역 정세 및 지역안보 질서에 커다란 영향을 미칠 것으로 보인다.

3) 중국의 부상

중국은 지속적인 경제성장을 바탕으로 동북아에서 정치·경제 대국의 위상을 굳히고 있다. 앞서 살펴본 일본과 달리 중국은 국가적 여유를 갖고 지역현안에 대처하고 있다. 그러한 여유는 중국으로 하여금 전방위적 실용주의 외교를 가능하게 하고 있다. 우선 중국은 주변 제국과 경제관계를 기초로 양자관계를 강화하고 있다. 주변 제국은 중국과의 경제관계 확대를 통해 이익을 극대화할 수 있기 때문에 중국에 적극적으로 접근하고 있다.

대만과 중국의 관계도 경제관계가 확대됨에 따라 긴장이 상당히 완화되고 있으며, 한·중관계, 일·중관계의 강화도 경제부문의 수익이라는 요소로 설명할 수 있다. 이와 같이 중국 주변의 국가들은 경제적 이익이라는 현실적이고 가장 실속 있는 외교목표 실현을 위해 중국과의 관계를 소중히 하고 있고, 그 결과 중국의 위상은 점차 증대되고 있다.

최근 중국은 지역협력이라는 좀더 넓은 차원의 과제를 해결하기 위해 노력하고 있다. 이전에는 주로 그러한 과제는 일본이 열심히 했지만, 최근에는 중국에 대한 지역국가들의 경계감 감소와 중국경제 성장에 따른 중국의 자신감 등으로 인해 중국정부가 상당히 주도력을 발휘하는 새로운 현상이 전개되고 있다. 중국은 아세안국가와의 자유무역협정(FTA) 타개를 위해 교섭을 개시했으며, 한·중·일 3국의 FTA 성사를 위해서도 적극적인 자세를 표출한바 있다.[4] 중국은 이렇게 지역협력에 적극 나서면서 지역국가들에게 리더로서 온화하고 인자한 이미지를 주려고 노력하고 있다.

최근의 동북아 및 국제사회에서 중국의 부상은 미국과 무관하지 않다. 부시행정부 초기의 대중정책은 전임 클린턴 시기의 화해적인 중국정책을 힐난하면서 중국을 전략적 경쟁자로 보는 투쟁적인 것이었다. 그러나 2001년 9·11테러를 겪으면서 미국의 대중정책은 급변하게 됐다. 즉 부상하는 중국에 대한 위협보다 현실적으로 테러와의 전쟁이 시급한 과제로 떠오르게 된 것이다. 테러와의 전쟁에서 미·중은 협력관계가 가능했다. 미국은 이라크전에 몰두하면서 아시아지역 안보에서 중국의 역할을 기대하기까지에 이르렀다. 특히 북핵문제의 재부상에 따라 중국의 역할이 기대됐고, 중국은 이러한 미국의 기대를 저버리지 않고 나름대로 임무를 수행했다. 또한 중국은 부시행정부가 최고로 중시하고 있는 대량살상무기(WMD) 확산저지에 대해서도 공감하고 있다.5) 이와 같은 중국의 지역 및 국제사회에의 적극 참여는 질서 안정에 긍정적으로 작용할 것으로 보인다.

---

4) 2003년 10월 인도네시아 발리 아세안+3개국 정상회담에서 한·중·일 3국의 정상은 FTA 및 투자협정 체결을 위한 공동연구에 합의하는 등의 공동선언문을 채택했다.
5) 중국은 미국이 주도하고 있는 '대량살상무기 확산방지구상'(PSI)에는 참여하고 있지 않지만 한·미·일·중 등 아태지역 8개국이 참가하는 북한 WMD 수출 공동 감시·규제체제에는 동참하는 것으로 알려지고 있다(<중앙일보>, 2003년 10월 13일).

3. 패권경쟁 참여국의 안보전략

1) 미 국

 미국은 미·일동맹과 한·미동맹을 근간으로 동아시아 안보를 주도해 왔다. 이러한 기본적인 안보구도는 유지되면서 9·11테러 이후 오스트레일리아의 중요성이 증대되고 있다. 특히 미국의 아프가니스탄과 이라크전을 적극 지원한 일본과 오스트레일리아의 동아시아 안보에 대한 역할과 기여 가능성을 미국은 높이 평가하고 있다. 미·일·오스트레일리아 3국은 전략적 차원의 안보대화를 통해 북핵문제, PSI 추진문제 등 안보현안에서 협력관계를 강화하고 있다.
 미국의 동북아 안보전략의 핵심적 내용은 ① 지역 패권국가 출현방지, ② WMD 확산방지 및 효과적인 대테러전 수행태세 완비, ③ 경제이익 확보 등으로 요약해 볼 수 있다. 즉 미국은 강력한 지역국가가 출현해 동북아지역의 패권을 장악하는 것에 대해서는 적극 개입, 저항할 의사를 분명히 하고 있다. 소연방 붕괴 이후 그러한 국가적 의지와 능력을 갖추고 있는 국가로 미국은 중국을 보고 있다. 물론 앞서 언급한 대로 9·11테러 이후 미·중관계가 질적으로 발전하고는 있지만, 지역 패권국가 중국의 출현 가능성에 대한 미국의 우려는 이와 별개의 문제다. 미국은 일본을 활용해 중국을 견제·관리하려는 정책을 추진하고 있다.
 9·11테러 이후 미국의 안보전략 변화의 핵심내용이 되고 있는

WMD 확산방지는 현재 부시행정부가 가장 심혈을 기울이고 있는 안보정책의 하나다. 특히 동북아지역과 관련해서는 미국의 대북 의심이 강하기 때문에 북한으로부터의 대량살상무기 유출을 차단하는 협력체제를 구축하는 것이 미국의 중요한 안보적 관심사가 되고 있다. 미국은 이미 운용되고 있는 PSI체제에 중국, 러시아, 한국 등이 참여할 것을 기대하고 있다. 지리적으로 북한과 인접한 이들 국가의 적극적인 협력 없이 현재의 체제만으로는 효과적인 차단(interdiction)이 어렵기 때문이다. 또한 9·11 이후 미국이 치르고 있는 대테러전의 원활한 수행을 위해서도 미국은 폭넓은 국제사회의 지지를 필요로 하고 있다. 특히 국제사회에서 발언력을 갖고 있는 중국, 러시아, 일본 등의 지지는 필수적이다.

미국은 또한 동북아지역 국가들과의 경제관계 확대에 큰 국가적 이해관계를 갖고 있다. 더구나 동북아지역의 경제는 유럽, 북미 등과는 달리 계속 성장하는 역동성을 갖고 있기 때문에 거대시장 확보라는 실익을 챙길 수 있다. 실제로 미국의 대외무역에서 한·중·일 등 동북아 3국이 차지하는 비중이 2002년의 경우 약 40%를 넘는 것으로 평가되고 있다.6)

이러한 미국의 경제·안보적 이익을 감안할 때 미국은 계속해서 한국, 일본 등과의 군사동맹을 통해 미군의 전진배치(forward deployment)라는 직접적인 수단을 가지고 동북아지역 기존 질서의 유지를 보장하는 균형자적 역할을 수행할 것으로 보인다. 즉 안보적·경제적 이익이 존재하는 한 미국은 지속적으로 동북아지역에 개입하면서 주도력을 발휘하기 위해 노력할 것으로 보인다.

---

6) 高橋和夫, 『アメリカが描く新·世界地圖』(靑春出版社, 2003), 58-59쪽.

2) 중 국

중국의 동북아 안보전략 기조는 한반도를 포함한 주변지역의 정세안정이다. 중국이 현재 추진하고 있는 사회주의 현대화의 조기달성을 위해서는 주변 안보환경의 안정이 필수적이기 때문이다. 즉 중국이 강력한 파워를 갖게 되기까지는 국제질서의 획기적 변화가 발생하는 것을 바라지 않는 것이다. 그럴 경우 국력이 낭비됨을 물론이고 지금까지의 경제발전 업적이 일순간 수포로 돌아갈 수도 있기 때문이다. 그러한 의미에서 중국 지도부는 현재의 안보환경이 당분간 유지되는 것이 중국의 국익과 합치한다고 판단하고 있으며, 그러한 의미에서 현재의 중국은 현상유지 세력으로 평가할 수 있다.

특히 9·11사건 이후 중국의 미국에 대한 접근, 동조는 특이하다. 사실 중국은 냉전종료 이후 미국이 주도하는 신국제질서 구축에 대해 상당한 반발을 보였다. 중국은 당시 미국 내 일부에서 제기되고 있던 '중국위협론'의 본질에 의문을 나타내면서,[7] 미국 1극의 국제질서 운영을 견제하고 국제사회의 다극화추세를 강화하기 위해 러시아, 프랑스 등과의 협력을 강화했다. 그러면서 동시에 중국은 미국과의 관계개선 노력도 게을리 하지는 않았다. 중국의 이러한 양면적 자세는 현실세계에서 중국의 파워가 미국

---

[7] 중국은 기본적으로 미국의 중국에 대한 개입정책이 중국사회를 약화시키기 위한 전략의 일환으로 평가하고 있다. 즉 미국의 개입정책은 민주주의, 인권 등 미국적 가치를 구현해 중국사회를 근본적으로 변화시키기 위한 '화평연변'(和平演變) 책략으로 판단하고 있다.

에 비해 열세에 있었기 때문이다.8) 즉 당시 중국은 미국의 힘을 인정하면서 이를 견제하기 위한 연대의 전략을 모색하는 전통적인 세력균형론에 입각한 현실주의적 외교정책을 전개했다.9)

그러나 9·11 이후 중국의 외교정책을 보면 미국 견제를 위한 연대노력은 대폭 축소된 대신 미국과의 협조노선 강화가 두드러지게 나타나고 있다. 테러와의 전쟁을 선언하면서 강력하게 징벌에 나선 미국을 지지하는 것이 국익과 합치하며 국내의 소수민족 문제에 대처하는 데도 유리하다는 정책적 판단이 있었기 때문이다.10) 미국의 첨단무기를 사용한 아프가니스탄과 이라크전을 보면서 중국은 군현대화에 더욱 박차를 가하면서 동시에 국제 협조주의적인 안보정책을 전개하고 있다.

군현대화를 위한 중국 지도부의 의지는 확고해, 군통수권자인 장쩌민(江澤民)은 향후 전쟁은 전면전보다 지역분쟁의 가능성이

---

8) Samuel S. Kim은 강대국이 되기 위한 국력의 요소로 경제력, 군사력, 지식·정보력, 국제적 규범이행 등을 거론하면서 각 요소별로 세계 5위 이내에 진입해야 명실상부한 강대국이 될 수 있다고 주장한다. 중국은 지식·기술력과 국제적 규범이행 면에서 수준에 미달하고 있어 불완전한 강대국이라고 규정하고 있는 것이다. Samuel S. Kim, "China as a Great Power," *Current History* (September, 1997), pp.246-251.

9) Thomas F. Christensen, "Chinese Real Politik," *Foreign Affairs* (September/October 1996), pp.37-40.

10) 일본의 중국 군사전문가는 중국이 9·11 이후 미국이 군사력에 기초한 일방주의 또는 단독주의적 행동을 보임에도 불구하고 이전의 안보정책을 고수하고 있는 것은 ① 국제정치의 힘관계에서 미국이 우위에 서 있는 것과, ② 중국 지도자들의 보수주의화와 현실만족에 주된 이유가 있다고 분석하고 있다. 淺野亮, "中國の安全保障政策に內在する論理と變化,"『國際問題』(2003年 1月), 17-35쪽.

크다고 인식하고 개전 초기에 첨단무기로 선제공격을 감행해 주도권을 장악하는 것이 중요하다고 주장하면서, 기계화·정보화를 국방건설의 새로운 목표로 제시한 바 있다. 또 첨단무기의 개발과 도입, 전략핵·해·공군 위주의 첨단전력 육성, 군병력의 정예화 등을 강력히 추진하고 있다. 이러한 중국의 군현대화 노력은 미국의 MD 추진, 일본의 군사력강화 및 안보역할 확대, 미국과 대만간의 군사협력 증대 등 주변 안보환경의 변화에 대처하고 미국의 현대전 수행능력에 근접하기 위한 것으로 보인다.

중국의 국제 협조주의적 안보정책의 전개는 중국경제의 세계화와 무관하지 않다. 중국은 이미 미국이 주도하는 세계경제에 깊이 편입돼 있다. 미국은 중국에게 항구적인 최혜국대우(MFN) 지위를 부여했으며 WTO 가입도 적극 지지했다. 중국은 지속적인 경제성장과 에너지의 안정적 확보를 위해서는 국제사회, 특히 미국과의 신뢰관계 구축이 무엇보다 중요하다. 따라서 중국은 국제안보 분야에서도 미국이 주도하고 있는 레짐에 호의적인 자세를 견지하고 있다. 지역안보 문제와 관련해서도 건설적인 역할을 수행하려는 노력이 최근 여러 곳에서 감지되고 있다. 1990년대 전반까지만 해도 소극적이었던 아세안지역포럼(ARF)에 적극 가담하고 있으며, 상하이협력기구(SCO)를 통해 중앙아시아 CIS국가들과의 협력관계를 제도화하고 있으며,11) 나아가 한반도문제의 해결을 위해서도 적극 나서고 있다. 특히 북핵문제 해결을 위해

---

11) 소연방 붕괴 이후 중국과 새롭게 탄생한 중앙아시아 CIS간의 국경 재확징을 위해 탄생한 '상하이 5그룹'이 우즈베키스탄이 참가하면서 SCO로 확대 발전했다. 지금은 테러문제에 공동 대처하는 등 안보문제를 포함한 광범위한 지역협력 기구로 변모했다. 참가국은 중국, 러시아, 카자흐스탄, 키르키즈스탄, 타지키스탄, 우즈베키스탄 등이다.

적극적인 중재자역할을 수행해 미국과 더불어 북한문제에 대해 영향력을 행사하고 있음은 주지의 사실이다.

중국이 최근 북핵문제 해결과정에 적극 나서고 있는 배경을 살펴보면, 최근 중국이 놓여 있는 외교·안보적 환경을 다각도로 이해하는 것이 가능하다. 첫째, 실용주의자로 알려지고 있는 후진타오(胡錦濤)체제가 출범하면서 국가이익 우선의 한반도정책이 더욱 힘을 얻게 됐다. 북핵개발은 중국안보에 큰 상처를 줄 수 있다는 정책적 판단이 서게 됨에 따라 중국은 공식적으로 북한핵에 반대하며 한반도의 비핵화를 적극 지지하기에 이르렀다. 즉 북한의 핵보유는 일본, 한국, 대만의 핵보유 노력을 가속화시켜 소위 핵 도미노현상이 동북아지역에서 야기될 가능성이 있으며, 이는 결코 중국의 국익에 합치되지 않는다는 중국의 인식이 존재하고 있다. 둘째, 북한의 핵보유는 미국이 강력히 추진하고 있는 PSI와 MD계획에 명분을 주어 동북아지역 안보문제에서 미국의 독주를 가능케 해 줄 우려가 있다는 것이다. 셋째, 북한핵으로 인해 한반도에서 전쟁발발시 인접국인 중국은 어떤 형태로든 상당한 피해를 볼 수 있다는 것이다.12) 특히 북한난민의 대량유입이 예상되고, 이는 중국의 국가안보에 직접적인 악영향을 끼칠 것으로 분석되고 있다. 이러한 우려 때문에 중국은 한반도문제에 이해관계를 갖는 국가들과의 협력을 통해 북한문제 해결을 모색하고 있으며, 동북아 다자안보 체제구축에 대해서도 이전과 달리

---

12) 중국은 한·미·일과 매년 2,500억 달러 상당의 교역을 하고 있으며 이들 3국은 중국에 수백억 달러를 투자하고 있다. 한반도 전쟁은 이런 협력구도를 순식간에 무너뜨릴 것이며, 더 나아가 아세안국가, 대만과의 경제관계도 치명적인 타격을 받게 될 것이다. 이러한 중요한 국가와의 경제관계 단절은 결국 중국경제의 파탄을 초래할 것으로 예상된다.

적극적으로 임하고 있는 것이다.

　북핵문제로 인해 최악의 경우 중국이 당할 국가적 피해가 앞서 살펴보았듯이 치명적인 것이 될 수 있기 때문에, 최근 중국에서는 기존의 대북정책을 현실에 맞게 수정해야 한다는 지적이 다수 나오고 있다. 그 배경으로는 ① 하이테크 군사기술 발전으로 적대세력이 중국을 공격할 경우 한반도만이 아니라 전방위로부터 공격 가능성이 있기 때문에 중국안보에서 한반도의 전략적 중요성이 이전에 비해 낮아지고 있다는 것과, ② 근대화 최우선의 신국가전략에 따라 전통적인 발상에서 벗어나 새롭게 국익 중심으로 한반도를 보려는 움직임의 대두, ③ 고도 경제성장에 따른 대외적 자신감의 발로로 중국이 점차 북한문제와 관련해 외교적 책임감을 의식하게 됐다는 것이다.13) 특히 중국의 대북정책 수정과 관련해서 크게 관심을 끌고 있는 것은 1961년 체결된 '중·조 우호협력 및 상호원조 조약'의 군사동맹 관련조항을 삭제할 필요가 있다는 논의의 제기다.14) 조약 개정문제를 공개적으로 북한측에 제기할 필요가 있다고 주장하는 것이다. 그로 인해 중국의 입장과 합리적 선택을 세계에 알리고, 한반도 전쟁시 피동적 입장에서 벗어날 수 있으며, 구조약 유지의사가 없음을 분명히 함으로써 북한에게 잘못된 신호를 주지 않을 수 있다는 것이다. 즉 시대변화에 따라 중국은 항상 북한을 지지할 수만은 없

---

13) 朱建榮, "中國で變化する朝鮮半島の戰略的位置," 『世界週報』(2003. 7. 22), 10-13쪽.

14) 동 조약 제2조는 "체약 쌍방은 어떤 국가의 일방적 침략을 방지하기 위하여 공동조치를 취할 것을 약속하며, 체약 일방이 어떤 국가 또는 수개 연합국가의 침입을 받아 전쟁상태에 처할 경우 체약 타방은 즉시 전력을 다하여 군사 및 기타 원조를 제공한다"고 규정하고 있다.

다는 것이 최근 중국의 대북인식인 것이다.

3) 일 본

전후 일본은 세계적인 전략을 갖고 있는 미국이 국제정치·안보관계의 고위정치(high politics)를 주도해야 하며 일본은 경제문제 등의 하위정치(low politics)에서 미국을 지원·지지하면 된다는 사고를 가지고 있었다. 따라서 일본정부는 대외관계에서 상황주의적·소극적인 자세를 견지하는 것이 효율적인 국가이익 확보의 방편이라고 믿는 경향이 있었다. 즉 일본은 국가 경제발전 및 정세안정 최우선주의에 의거해 민감한 국제문제에서는 미국의 노선을 추종하면서 가능한 한 위험을 감소시키려고 노력했다.

그러나 걸프전을 경험하면서 일본의 외교·안보정책에는 변화가 일어나기 시작했다. 일본은 무엇보다 걸프전 종식을 위해 130억 달러의 재정적 기여를 했지만, 국제사회의 냉랭한 평가를 접하고 크게 실망하게 되면서 새로운 대외전략을 모색하기 시작했다. 이를 위해 행정개혁심의위 세계부회가 조직됐고, 여기에서는 기존의 '일국 평화주의'를 배척하고 '적극적인 국제협조주의', '인류에의 공헌' 등을 대외정책의 새로운 기본이념으로 제시했다. 구체적인 개혁방안으로는 유엔의 PKO활동 적극참가, 정부개발원조(ODA) 제도의 확충·개선, 대외정책 관련기관 및 체제의 정비·확대 등이 제안됐다. 또한 국제환경 변화에 유효·적절하게 대처하지 못한 일본 국내정치 체제의 비효율성이 비판의 대상이 되기 시작해 국내체제의 변혁이 본격적으로 추진됐다.

특히 1990년대 일본의 외교·안보정책의 적극화에는 미국의 역할이 매우 컸다. 냉전종료에 따라 미·일 동맹론에 대한 회의가 일본 국내에서 제기돼 동맹 재정의를 위한 움직임이 확대되고 있었으나, 미국이 적극적으로 개입해 동맹강화의 방향으로 대선회하게 만든 일련의 과정이 진행됐다. 즉 양국간에는 1992년 글로벌 파트너십이라는 지구차원의 새로운 관계가 정립됐고, 그 연장선상에서 PKO 협력법안이 마련됐다. 1994년 미국의 조셉 나이(J. Nye) 구상에 의해 미일동맹의 성격이 지역안보 담당 쪽으로 확대됐고, 이에 따라 1995년 일본은 '신방위계획 대강'을 책정했으며, 96년에는 미·일 신안보 공동선언 발표, 97년에는 일본 주변 유사를 주요대상으로 하는 '미·일 방위협력지침(가이드라인)'의 개정이 성립됐다. 신가이드라인의 실효성을 위해 1999년에는 '주변사태 안전법'이 제정됐고, 9·11테러 이후 아프가니스탄전 지원을 위해 '테러대책 특별조치법'이 제정됐으며, 이라크전 이후 '이라크 부흥지원 특별조치법'이 성립됐다. 이러한 일련의 안보관련 법안의 정비는 미국과의 동맹을 중시한 일본정부의 노력으로 달성될 수 있었다.[15]

물론 1990년대 이후 일본의 외교·안보정책 변화를 미국의 요소만으로 설명해서는 부족하다. 그 외에도 중국 군사력의 현대화, 예측 불허의 북한에 대한 안보적 대응책 마련의 시급성, 일본 국내정치적 요소 등이 나름대로 중요한 역할을 했다.

특히 역설적이지만 북한의 무모한 일련의 군사적 행동은 일본 국민들로 하여금 군사력의 필요성을 자각하게 만들었다. 북한의

---

[15] 부시행정부 등장 이후 새로 강화된 미·일관계 구축이라는 과제를 달성하기 위해 양국에서 많이 사용된 슬로건으로 일본에서는 "미·영관계에 필적하는 미·일관계 구축," 미국에서는 이전의 'burden sharing'이 발전된 'power sharing'이 있다.

1998년 미사일 발사는 일본국민들에게 엄청난 충격을 주어 이후 일본사회의 군사화를 촉진시키는 역할을 했다. 이후 반복된 괴선박의 출몰은 북한에 대한 경계심을 강화시켰고, 2002년의 북핵문제 재부상은 북한에 대한 안보위협 인식을 재확인시켜 주었다.

이런 연유로 최근 일본은 국가 안보정책의 전환기를 맞고 있다. 특히 젊은 국회의원들이 초당파적으로 회합해 만든 '신세기 안정보장 체제를 확립하는 소장의원 모임'은 집단적 자위권 인정, 전수방위 개념 재구축, 필요한 최소한의 선제공격 능력보유, MD구상 조기실현과 방어미사일 조기배치, 북한핵 개발반대 등을 주장하면서 새로운 안보정책 도입을 주도하고 있다.16) 일본의 안보정책이 이렇게 변하게 된 주된 외부적 환경으로는 핵개발을 진행하고 있는 북한의 위협, 연속되고 있는 자위대의 해외파병, 테러전 같은 비대칭전 다발 가능성 증대, 군사혁명(RMA)의 진전 등이 있다. 그 결과 육·해·공 3자위대의 통합운용이 추진되고 있으며, 방위청의 성(省)으로의 승격이 모색되고 있으며, RMA를 통한 무기체계 첨단화노력이 경주되고 있다.

이상 살펴본 것 같이 일본의 외교·안보정책은 미국과의 관계를 최고로 중시하면서 진행되고 있으며, 많은 부분이 북한 또는 중국을 염두에 두고 있음을 알 수 있다. 즉 미국의 세계운영과 관련된 지구적 차원의 전략을 동맹국으로서 후방 지원하는 세계적 차원의 역할과 동북아지역 국가들과의 관계에서 파생하는 지역적 차원의 대처 및 임무수행을 동시에 병행해서 진행하려는 일본의 새롭고도 적극적인 국방태세를 엿볼 수 있는 것이다. 이러한 것으로 향후 일본의 안보적 대응을 예상해 보면, 미국의 세

---

16) <朝日新聞>, 2003年 6月 24日.

계적인 리더십 또는 패권유지를 적극 지지·지원하면서 동북아 지역 질서안정을 위해서는 중국과 협력과 경쟁의 관계를 유지할 것으로 보인다. 즉 일본은 중국에 대해 일방적인 견제와 대립의 자세를 자제하면서 협력관계를 기초로 부분적으로는 경쟁관계를 마다하지 않는 이중적 접근방법을 취할 가능성이 높은 것으로 평가할 수 있다.[17]

4) 러 시 아

탈냉전기 동북아 안보질서는 계속해서 미국이 지도력을 발휘하는 가운데 중국과 일본이 상대적으로 영향력을 확대해 나가고 있는 반면, 러시아의 역할은 점차 감소해 가는 경향이 두드러지게 나타나고 있다. 이러한 지위변화에 따라 러시아의 동북아정책의 우선순위에도 변화가 일어나고 있다. 즉 이전의 안보위주의 접근에서 벗어나 국익중심의 접근을 시도하고 있는 것으로 볼 수 있다. 특히 푸틴 지배체제가 확고해짐에 따라 실용주의적인 동북아정책이 진행되고 있는 것으로 평가할 수 있다. 그러한 우선순위는 ① 경제이익의 확보, ② 국제정치의 파워 또는 지정학

---

17) 일본 나름대로의 중국중시 외교정책 전개는 눈여겨볼 만하다. 일본은 천안문사건 발생시 미국 및 서방국가들의 대중 제재조치에 가담치 않고, 오히려 중국의 고립회피를 위해 독자적으로 적극 노력한 바 있다. 그 당시 일본 외무성은 외부압력에 덜 민감한 중국을 변혁시키기 위해서는 미국과 같은 제재 만능주의자 외에 대화의 창구를 유지하면서 인권·군축문제 등에서 중국을 설득할 수 있는 존재도 필요하다고 주장했다. 즉 일본은 드물게도 미국의 대중정책에 반기를 들고 자기들의 판단대로 행동했던 것이다.

적 이해관계에서 지역문제에 대한 적극참여, ③ 영토의 안전과 지역정세 안정유지 등으로 분류해 볼 수 있다.

푸틴의 러시아가 가장 중시하는 대외전략의 목표는 국제사회의 지원을 받아 경제개혁을 성공적으로 이끄는 것이다. 이러한 경제중시 정신은 동북아지역에도 적용돼 러시아 무기의 판매, 시베리아 및 극동지역의 에너지개발 등이 중요한 러시아의 경제이익으로 평가받고 있다. 무기판매와 관련해서는 중국, 한국 등이 대상이 되고, 자원개발과 관련해서는 일본, 중국, 한국 등의 협력을 얻고자 한다.

또한 러시아는 세계의 파워 중 하나로서, 그리고 아시아국가임을 자임하면서 동북아문제에 적극 개입하기를 희망하고 있다. 한때 한반도문제 논의과정에서 러시아가 배제됐을 때에는 이를 공개적으로 매우 불평했을 정도였다. 러시아는 자국이 동북아지역의 중요한 국가 중 하나임을 지역국가들로부터 인정받고 싶어하고 있는 것이다. 그러한 목표를 달성하기 위해 러시아는 지역국가들에 대해 전방위적인 외교를 전개하고 있다. 즉 이 지역의 질서변화를 주도하고 있는 미국과는 일정수준의 협력관계를 유지하면서 동시에 독자적인 세력 균형자의 역할 가능성도 모색하고 있다. 또한 중국과는 안보협력 강화를 통해 미국의 독주를 견제하며 일본과는 자원 공동개발, 안보 대화수준의 강화 등을 통해 신뢰관계를 구축하기 위해 노력하고 있다. 나아가 러시아는 이 지역에서 지금 논의되고 있는 경제협력체와 다자안보 체제구상 등에 적극 참가하고 있다. 러시아는 미국, 일본의 적극적인 지지를 받으면서 1998년 APEC에 가입했으며 동북아 다자안보 체제구상의 실현을 위해서도 적극적이다.

러시아는 아직도 이 지역에 군사적으로 상당한 전력을 배치·

유지하고 있기 때문에 동북아지역의 안보 면에서 러시아의 역할은 아직도 중요하다고 평가할 수 있다.[18] 특히 러시아는 아직도 대량의 핵전력을 갖고 있기 때문에[19] 군사력에 관한 한 동북아지역에 큰 영향을 미칠 수 있는 주요한 국가임에 틀림없다.

러시아 국력의 총체적 약화는 러시아로 하여금 지역질서의 안정을 선호하게 만들고 있다. 즉 당분간은 현상유지(status quo)가 지속되기를 희망하고 있으며 미국의 지역질서 주도를 지지하고 있다. 즉 러시아는 중국의 부상, 북한정세의 불안정 등은 지역질서 안정에 바람직하지 못하다고 인식하고 있다. 중국의 대두는 러시아의 국경안전 및 극동지역의 안전에 유익하지 않고 동북아지역에서 러시아의 위상에도 영향을 미칠 수 있기 때문이다. 북핵문제에 대해서도 러시아는 평화적인 해결방법을 선호하고 있다. 푸틴은 한때 북한을 활용해 미국의 MD계획에 수정을 가해보려고 시도했으나 점차 미국의 ABM조약 페기노력에 타협적인 자세를 보였으며 그에 따라 북한의 활용가치는 떨어졌다.[20]

---

18) 소연방 붕괴 이래 극동지역의 군사력은 50% 이상 감축된 것으로 평가되고 있다. 예컨대 1987년 지상군 43개 사단(39만여 명), 작전기 2,390여 기, 함정 840척(185만 톤)이 2002년의 경우 각각 13개 사단(16만 명), 400여 기, 329척(122만 톤)으로 대폭 감축됐다.

19) 재래식전력의 대폭삭감과 러시아경제의 어려움으로 인해 러시아 국가안보에서 핵전력이 차지하는 비중은 더 증대되는 경향이 있다. 최근 발표된 러시아의 신군사독트린은 2000년 발표된 독트린에서 언급된 핵 선제사용 가능성을 재확인하면서 소형 핵무기의 사용 가능성을 높이고 있다. 이는 미국 1극 지배에 강하게 반발하고 있는 러시아 군부를 배려한 것으로 보이며 핵의존을 강화하고 있는 러시아의 형편을 말하고 있는 것이다(<每日新聞>, 2003년 10월 3일).

20) 미 하원 국제관계위원회 청문회에서 CSIS 러시아·유라시아 부장

푸틴 초기에 러·북관계는 상당히 호전되는 양상을 보였다. 그 주된 이유는 ① 북한이 KGB 출신인 푸틴을 어느 정도 신임했고, ② 북한의 군사력 현대화에 러시아의 도움이 필요했으며, ③ 중·북관계가 불편했기 때문이다. 김정일은 러시아를 2번 방문했으며 각지의 군수산업 단지를 시찰하기도 했다. 북한은 이전같이 우호가격으로 일부 무기체계 구입을 모색했으나, 러시아측은 이를 거부하고 시장가격을 주장했다. 이로써 북한은 러시아와의 관계에서도 한계를 절감하게 됐다.

최근 러·북관계의 소원화현상은 북핵문제의 재등장과 함께 곳곳에서 목격되고 있어 향후 양국관계의 발전과 관련해서 관심을 모으고 있다. 러시아는 북핵문제 해결을 촉구하기 위해 여러 형태로 압력을 가하고 있는 것으로 보인다. 2003년 8월 연해주지역에서 실시된 대규모 군사훈련 중 일부는 북한의 WMD 유출을 가상으로 한 대테러훈련과 북한 유사시 난민발생을 가상한 난민수용 훈련으로 치러졌다. 북한은 원래 이 훈련에 옵서버를 파견할 예정이었으나, 북한체제 붕괴를 상정한 것을 알고 직전에 취소한 것으로 알려지고 있다. 더 나아가 러시아 군부가 북한의 핵사용 위험이 고조될 경우 미사일로 북핵기지를 파괴하는 계획을 갖고 있다는 보도가 나오기도 했다.[21] 그럼에도 불구하고 러시아는 대북채권을 보유하고 있고 한반도를 경유하는 가스 파이프라

Wallander 박사의 증언, Northeast Asia After 9/11: Regional Trends and U.S. Interests, Hearing Subcommittee on East Asia and the Pacific of the Committee on Int'l Relations House of Representatives, Nov., 15, 2001, pp. 39-43 (http://www.house.gov/international_relations/107/76190.pdf, 2003. 9. 27 검색).

21) *Izbestia*, 2003. 7. 31.

인 부설과 TKR-TSR 연결철도의 실현 등과 관련한 경제적 이득 문제에서 북한의 협력을 도출해 내야 하는 입장에 있다.

  동북아 안보분야에서 러시아의 역할감소 현상은 러시아의 종합적인 국력축소에 기인하고 있다. 즉 국력구성의 가장 기본이 될 수 있는 경제력 면에서 러시아는 열세를 면치 못하고 있으며,[22] 재원부족 현상은 국방력에 직접 영향을 미쳐 러시아군의 전반적인 전력약화 현상을 초래하고 있다. 현재와 같은 상황이 당분간 지속될 경우 그 동안 고수해 왔던 군사력 세계 2위의 자리 유지도 어려워질 수 있을지 모른다. 경제력과 군사력이 뒷받침되지 못한 상태에서 이전과 같은 정치력을 발휘할 수 없는 것은 자명한 일이다. 푸틴은 군사비의 비중을 높이기 위해 노력하고 있지만, 경제적 여건이 관건이 되고 있다. 최근에는 국제시장에서 석유가격의 상승에 크게 힘입어 전반적인 러시아 경제상황이 호전되고 있으나 낙관할 수만은 없다는 것이 전문가들의 평가다.

4. 동북아 패권에 영향을 미칠 수 있는 주요국 관계

1) 미·중관계

  미·중관계는 냉전시 미·중·소라는 전략적 삼각관계를 긴장완화(데탕트)로 유도하는 데 크게 기여했던 중요한 양자관계로

---

[22] 러시아의 총GNP는 한국보다도 작고 미국, 일본과는 비교가 되지 않을 정도이며 중국과 비교해서도 크게 열세에 머물러 있다.

이후 국제정치에서 중요시되고 있다. 특히 소연방 붕괴 이후 중국의 국제적 지위가 상대적으로 강화되고 있어 미·중관계는 지역적 차원뿐 아니라 지구적 차원에서도 중요시되고 있다. 무엇보다도 냉전종료 이후 미국이 주도하고 있는 새로운 국제질서 형성에 구체적인 파워와 의사를 가지고 대항할 수 있는 능력을 갖고 있는 국가로 중국이 거의 유일하게 손꼽히고 있기 때문이다.

따라서 미국의 입장에서는 중국을 효과적으로 관리해 나가는 것이 주요한 대외정책의 목표가 되고 있다. 미국의 중국에 대한 평가는 크게 두 개의 견해로 대별되고 있다. 첫 번째 견해는 중국의 존재는 미국의 국익에 배치되는 위협이라는 것이다.23) 이에 의하면 중국은 기본적으로 패권 지향적인 국가이며 이를 뒷받침해 주는 파워로서 군사력 증강과 지속적인 높은 경제성장 등이 추진되고 있다는 것이다. 두 번째 견해는 중국의 종합적인 국력 평가에는 과장된 면이 있으며, 따라서 중국을 국제사회의 일원으로 이끌어 내 합리적으로 행동하게 유도하는 것이 미국의 국익이라고 평가한다.24) 이에 의하면 중국의 경제적 잠재력과 특히 군사력은 '중국위협론'에 의해 과장되고 있으며, 양국의 전력을 면밀하게 비교해 볼 때 중국은 미국에게 도전할 수 없으며, 따라서 중장기적으로 중국이 미국의 위협이 될 것이라는 분석은 타당성이 없다는 것이다.25) 오히려 미국은 월등한 파워를 기초로

---

23) 대표적인 논문으로 Robert S. Ross, "Beijing as a Conservative Power," *Foreign Affairs*, Vol.76, No.2 (March/April 1997).

24) 대표적인 논문으로 Richard Bernstein and Ross H. Munro, "The Coming Conflict with America," *Foreign Affairs*, Vol.76, No.2 (March/April 1997).

25) 이러한 중국 한계론의 대표적인 주장으로는 Gerald Segal, "Does China Matter?," *Foreign Affairs* (September/October, 1999), pp.24-36. 그의 결론은

중국을 잘 리드해 중국이 현상타파를 위해 모험적인 행동을 하지 못하게 관리하는 정책이 필요하다고 주장하고 있다.

이러한 상반되는 미국의 중국인식은 정권에 따라 상이한 대중정책을 전개하게 만들었는데, 현재의 부시행정부는 출범 초에는 힘에 기초한 강력한 정책을 추진했지만 9·11사태를 경험하면서 완화된 협력정책으로 방향을 선회하고 있다. 즉 9·11 이전에는 중국을 전략적 경쟁자로 보고 지역동맹국, 특히 일본과의 안보관계 강화·확대를 통해 중국의 지역 패권국화를 강력히 저지하겠다는 것이 부시의 대중정책의 핵심이었다. 그러나 테러를 경험한 미국은 테러와의 전쟁을 중국과의 경쟁보다 시급한 안보적 위협으로 인식하게 됐고, 중국 또한 미국의 대테러전을 적극 지지함에 따라 양국간의 관계는 대폭 개선됐다. 그렇다고 해서 양국간의 기존 갈등이 해결됐다는 의미는 물론 아니다. 즉 양국간에는 대만문제, MD문제, 무역수지 문제, 인권문제 등 현안이 그대로 존재하고 있다. 따라서 양국간에는 ① 테러와의 전쟁, ② 지역질서, 특히 한반도의 정세안정, ③ 경제관계 확대로 인한 상호이익 확보 등의 협력요인과, 전술한 미해결 현안들로 인한 갈등요인이 복합적으로 내재해 있다고 볼 수 있다. 다만 현재는 대테러전이 중시되다 보니 현안이 상대적으로 작아 보이고 있을 따름이다.

따라서 중국과의 기본적인 현안, 특히 대만문제와 MD문제를 둘러싼 미국의 강력한 소신은 불변할 것으로 보이며, 미·중관계의 한계, 특히 안보 면에서 이해관계 충돌은 지속될 것으로 보인다. 즉 중국이 대만문제를 군사적으로 해결하는 것을 강력히 견

중국은 냉전시대 소련과 같은 세계적인 파워가 아니라 단지 지역적 파워에 지나지 않는다는 것이다.

제할 수 있는 군사력을 유지·전개하고, 기존 지역동맹국과의 협력관계를 일층 강화하며, 가능하면 중국을 포위·봉쇄할 수 있는 안보적 여건을 조성해 나가는 것이 미국의 대중 안보전략의 핵심이 될 것으로 보인다.26)

중국은 기본적으로 미국이 중국의 통일과 중국이 지역 패권국가로 등장하는 것을 방해하는 핵심세력이라고 보고 있으나, 현실적으로 미국이 국제질서를 주도하고 있기 때문에 현안에 따라 협조적인 자세를 견지하고 있다. 중국이 현재와 같은 경제성장을 달성한 것도 사실은 미국주도의 국제질서에 잘 적응한 결과였다. 현재 중국의 입장에서는 ① 지속적인 경제성장의 달성, ② 티벳 등 일부 지역에서의 독립운동 및 이슬람세력과의 연대 가능성 대두, ③ 경제성장에 따른 석유 등 자원 및 에너지의 안정적 공급 등의 이유로 미국과의 관계강화 필요성을 안고 있다.27)

중국은 자국의 파워가 아직 미국에 견줄 정도가 되지 못함을 잘 알고 있으며, 미국에 도전할 수 있을 정도로 파워를 갖추기까지는 미국과의 전면적 충돌을 자제할 것으로 보인다. 즉 중국이 현재와 같은 외교정책의 합리성을 견지한다면 강력한 경제·군

---

26) 대만해협의 안전유지, 나아가 양호한 미·중관계의 유지와 관련해서는 미국의 강력하고도 압도적인 군사력에 기초한 대중 보복능력 보유와 확고한 결의가 크게 기여하고 있음이 실증적 연구에 의해 입증됐다. Robert S. Ross, "Navigating the Taiwan Strait: Deterrence, Escalation Dominance, and U.S.-China Relations," *International Security* (Fall 2002), pp.48-85.

27) 브레진스키는 미·중간의 전략적 대화의 중요성을 강조하고 있다. 그에 의하면 중국의 경제성장에 따른 자원 및 에너지수요의 급증은 석유 산출지에의 자유스러운 접근, 동 지역의 정치적 안정확보 등의 점에서 미·중 양국은 이익을 공유할 수 있다고 주장한다.

사력을 겸비한 명실상부한 강대국이 되기 전까지는 현상유지 세력으로 남아 미국의 패권에 부분적으로는 저항할지 모르나 대체로는 미국주도의 국제질서에 순응할 것으로 보인다. 그러한 의미에서 미·중관계가 냉전시 미·소관계 같은 근본적으로 대립적인 관계로 발전할 가능성은 높지 않다고 평가할 수 있다. 또한 양국관계의 향후 변화에서 중요한 것은 미국의 중국에 대한 인식이며, 그것은 중국의 외교정책과 미국 내의 정치변화에 의해 결정될 것으로 보인다.

2) 중·일관계

중·일관계는 동아시아 질서형성에 항상 중요한 역할을 해 왔다. 특히 수연방 붕괴에 따른 냉전종료에 따라 미국의 동아시아 전략변화 필요성이 미국 내에서 제기될 때 중·일관계의 중요성은 증대되기도 했다.[28] 그러나 현실적으로 미국이 계속해서 동북아지역에 강력하게 개입하고 있음에 따라 지역질서에서 중·일관계가 갖는 비중은 미·중관계 또는 미·일관계보다는 작다고 볼 수 있다. 즉 미국의 개입과 역할이 결정적인 한 동북아질서에

---

[28] 1990년대 이후 미국에서 논의되고 있는 동아시아 미군 축소론과 관련해서는 크게 세 가지 근거가 제시되고 있다. 첫째는 지정학적 전략론으로 냉전 후 국제정세가 근본적으로 변하고 있고, RMA에 의해 첨단무기 체계가 개발되고 있어 현재와 같은 수준에서 미군의 동아시아 주둔은 불필요하다는 것이고, 둘째는 헌팅톤의 문명충돌론과 괘를 같이하는 것으로 다른 문명에 속하는 일본과의 진정한 동맹구축은 불가능하므로 서구와의 동맹관계에 주력해야 한다는 것이며, 셋째는 재정론에 근거해 균형재정을 달성하기 위해서는 해외병력을 감축해야 한다는 것이다.

서 중·일관계가 차지하는 의미는 제한적일 수밖에 없다.

따라서 지역패권을 둘러싼 중·일간의 경쟁 가능성은 미국이 동북아문제에 개입을 포기하거나 중·일 사이에서 균형정책을 펴지 않는 한 실현 가능성이 낮다.

중·일관계는 아이러니컬하게도 1989년 6월 중국 천안문사건을 계기로 강화·안정화되는 모습을 보였다. 당시 일본은 미국을 중심으로 하는 서방국가들의 중국제재를 통한 고립화정책에 따르지 않고 독자적인 대화를 통한 대중외교를 전개했다. 이러한 일본의 자세는 중국에게 커다란 감명을 주었으며, 이후 양국관계는 점차 개선·강화되는 경향을 보였다. 일왕의 방중이 실현됐고 일본은 엔차관을 제공해 중국경제의 성장을 지원했다. 양국은 중국의 핵실험 강행 등 군사력강화, 일본 총리의 야스쿠니신사 참배, 조어도(센카쿠) 영토분쟁 등으로 긴장국면을 맞기도 했다. 특히 1997년 9월 개정된 '미·일 방위협력지침'에서 일본 주변 유사사태에 대만해협 유사사태가 포함된 것에 대해 중국측은 공식적으로 강한 반발을 표명하기도 했다. 당시 하시모토 총리는 중국을 공식 방문해 주변유사의 범위는 특정 3국을 겨냥한 지리적 개념이 아니라 상황적 개념이라고 해명했으나, 중국측의 우려를 말끔히 씻어 내지는 못했다.

9·11 이후 강대국간의 관계변화는 중·일관계에도 영향을 미치고 있다. 특히 미·러 협력관계가 강화되자[29] 반사작용으로 중·러의 전략적 파트너십이 영향을 받게 돼 중국은 대일관계에서 유연하게 나오고 미국과의 협력관계를 강화하는 등 전방위적

---

29) 9·11테러가 발생할 때 제일 먼저 부시에게 전화를 건 외국 지도자는 푸틴이었다. 이후 미국의 테러와의 전쟁을 솔선수범해서 지원하고 있는 것이 러시아다.

외교를 전개하고 있다. 더 나아가 최근 중국은 지역의 안정을 위해서는 다자 안보체제의 조기수립이 필요하다고 역설하고 있다.30) 특히 중국은 동북아안보를 위해서는 미·일동맹만으로는 부족하며 중국을 포함하는 대다수 지역국가들이 참여하는 다자적 틀의 마련이 필요하다고 주장하고 있다. 중국은 또한 미국 일방주의의 폐단을 시정하기 위해 유엔 등의 국제기구와 아세안지역포럼(ARF), 상하이협력기구(SCO) 등의 지역안보 포럼을 적극 활용하고 있다.31)

9·11 이후 중국의 일본인식은 미·중·일 3각관계와 밀접하게 관련된다. 과거에도 중국은 미·일관계를 고려하면서 대일관계를 전개했는데, 9·11 이후 미·일간의 밀착과 강대국 관계의 역동적 변화에 따라 그러한 경향은 더욱 증대되고 있다. 그러면서 중국은 장기적으로 미·중·일 3각관계를 적대관계가 아닌 협력관계로 보고 있다. 즉 중국은 중·일관계의 협력 가능성에 더 무게를 두고 있는 것이다.32)

그럼에도 불구하고 중국은 근본적으로 일본의 정치·군사대국으로의 변신을 우려·경계하고 있으며, 일본도 중국의 지속적인 경제성장과 집요한 군비강화 노력에 강한 우려를 갖고 있다. 이

---

30) 중국은 자주·독립 외교노선 견지로 그 동안 다자안보 대화에 소극적이었는데, 3자, 6자회담을 성사시킨 것에서 자신감을 얻고 지역안보 현안의 해결을 위해서는 다자안보 협력체의 도입이 필요하다고 주장하기에 이르렀다.

31) 이대환, 『협력과 갈등의 미중관계』(세종연구소 정책보고서, 2002. 7), 18-19쪽.

32) 이태환, 『중일 안보관계의 변화』(세종연구소 정책보고서, 2003. 9), 15-23쪽.

러한 양국간의 상호 의심, 우려의 수준은 일본측이 상대적으로 더 강한 것으로 보인다. 따라서 양국관계는 협력과 경쟁의 양상이 혼재하고 있으나, 기본적으로는 지역에서의 영향력확대를 위한 경쟁관계라고 평가할 수 있다. 중국은 일본의 경제협력, 특히 기술과 자금을 필요로 하고 있으나, 일본의 증대되고 있는 정치·군사적 역할에 대해 묵시할 수 없으며, 일본은 중국의 군사력강화를 바탕으로 한 지역패권 장악을 경계할 수밖에 없는 처지인 것이다.

이러한 중·일간의 상호인식을 요약하면 중국은 전통적인 대국의식을 바탕으로 지역의 일국으로서 일본을 대하고 있으며, 자신들의 지속적인 경제발전을 기초로 언젠가는 더욱더 충실한 국력을 바탕으로 일본을 관리해 나갈 수 있다는 자신감을 갖고 있다. 반면 일본은 중국이 일본의 경협을 필요로 하고 있으나, 일본에 대한 전통적인 부정적 시각과 중화민족의 자존심 때문에 일본과의 경쟁의식이 상당히 강한 것으로 인식하고 있다.

그러나 이러한 양국간의 구조적인 불신에도 불구하고 향후 양국관계는 안정적으로 강화돼 나갈 것으로 보인다. 우선 중국은 일본과의 관계 안정화를 통해 지속적인 경제성장을 추진해 나갈 수 있고, 나아가 주변의 안보환경 개선을 달성할 수 있다. 또한 중국은 미국의 대중정책 전개를 일본과의 관계강화로 견제·관리해 나갈 수 있으며, 더 나아가 때로는 일본의 독자적인 외교수행을 요구할 수도 있다. 일본은 지역적 역할증대를 위해서는 지역강국인 중국과의 양호한 관계가 필요하며, 거대한 중국시장 진출을 위해서도 지속적인 대중투자를 유지할 필요가 있다. 또한 최근에 재부상하고 있는 북핵문제의 평화적 해결을 위해서도 북한에 상당한 영향력을 갖고 있는 중국과의 외교·안보적인 협력

강화는 반드시 필요한 것이다.

3) 중·러관계

소연방 붕괴 후 중·러관계는 옐친의 방중(1992. 12)으로 베이징 선언이 채택되면서 완전히 정상화됐다. 여기에서 상호불가침, 내정불간섭, 평화공존 등 양국관계의 기조가 구축됐으며, 상대방에 대항하는 군사동맹에 가입하지 않을 것과 러시아의 중국군 현대화지원 등이 약속됐다. 이러한 양국관계의 발전에 따라 1994년 양국 국방장관이 '위험 군사행동 방지협정'을 체결했으며, 옐친의 베이징 방문(1996. 4)시에는 '국경지역에서의 신뢰구축 협정'이 체결되기에 이르렀다. 이러한 관계강화에 따라 러·중관계는 이전의 건설적 동반자관계에서 진일보, 전략적 동반자관계로 격상됐다.

이렇게 1990년대 중·러 접근이 가능했던 것은 물론 양국의 이해관계가 상당히 일치했기 때문이다. 먼저 러시아의 입장에서 중국에 접근하게 된 이유는 크게 세 가지로 요약해 볼 수 있다. 첫째, 러시아 국내사정상 극동지역 정세가 안정되는 것이 바람직했다. 그러기 위해서 가장 필요한 것은 중국과의 양호한 관계구축이었다. 둘째, 유럽지역에서 진행되는 NATO 확대현상에 효율적으로 대응하기 위해서였다. 즉 NATO의 동유럽 확대현상에서 파생되는 안보적 불안감을 신생 러시아는 동방에 있는 대국 중국과 연합·대처해 미국의 독주에 쐐기를 박으려고 했던 것이다. 셋째, 중국에 대한 무기수출을 통한 외화획득이었다. 경제형편이 어려웠던 러시아의 입장에서 무기의 대중수출은 효과적인 외화 획득 수단이 됐던 것이다. 특히 첨단무기 체계의 수입에 열중이었던 중국에게 러시아는 너무나 절실한 존재였다.

중국이 러시아라는 존재를 필요로 했던 사정도 이미 언급한 러시아의 입장과 유사했다. 즉 중국은 러시아와의 관계개선을 통해 중·러 국경이 안정화되는 것을 선호했으며, 동북아지역에서 나타나고 있던 미·일 안보협력 강화에 중·러연합으로 대처하고, 나아가 러시아의 첨단무기 체계를 적극 도입해 군사력의 질적 강화를 달성하려고 했던 것이다.

그러나 당시 중·러관계의 접근에 동인을 제공한 것은 미국이었다. 즉 미국의 유럽지역에서의 영향력확대를 위한 대유럽정책과 동아시아에서 중국의 파워증대에 대항하기 위한 대아시아정책 전개에 대응하기 위한 결과물로 산출된 것이 중·러연합이었던 것이다. 전자에 해당하는 것이 미국의 NATO 확대정책이었고, 후자에 해당하는 것이 미·일 안보협력 강화정책이었다.

9·11사건은 중·러 안보관계에도 적지 않은 영향을 미쳤다. 9·11 이전의 러시아 외교에서 중국이 차지하는 비중은 상당히 높았으나, 9·11 이후 러시아의 대미접근이 강화되면서 중·러관계는 이전만큼 활발하지 못했다. 이는 중국외교에서 러시아의 경우에도 마찬가지로 적용된다. 즉 9·11사태를 경험하면서 중·러 양국은 공히 미국과의 관계강화를 가장 우선하고 있다. 미국은 9·11 이전 시기에는 대중관계를 중시하면서 러시아와의 관계를 관리해 나갔는데, 9·11 이후에는 러시아와의 관계를 기초로 하면서 대중관계를 관리하고 있다.[33]

특히 최근 미·러의 전략적 접근은 중·러관계의 한계를 노골

---

33) Celeste A. Aallander, *op. cit.*, pp.39-41.

적으로 노정하고 있다. 즉 미·러간의 ABM조약 폐기는 그간의 중·러간 협조를 무색케 하고 있으며, 미국의 MD계획에 대한 러시아의 타협적 자세는 중국의 고립을 가속화시키고 있다. 또한 푸틴은 체첸분쟁을 러시아 국내문제가 아니라 국제적인 사건으로 인정받기 위해 미국의 대테러전을 적극 옹호하고 있다.

또한 러시아의 유라시아지역에서의 안보이익과 관련해서 중국의 가치가 감소하고 있다. 중앙아시아 지역의 테러문제가 부상함에 따라 미국과의 협조, 대응이 중요한 의미를 갖게 되고, 특히 동 지역에 미군이 주둔함에 따라 미·러관계로 지역현안에 대처하는 것이 가능해짐에 따라 이전과 같은 중·러의 전략적 협조는 그 중요성이 감소하고 있다.

그리고 중·러관계 발전에는 상당히 구조적인 제약요소가 존재하고 있음도 경시될 수는 없다. 양국은 역사적·지정학적으로 경쟁자 또는 위협세력으로 상호 인식하는 뿌리깊은 전통이 아직 남아 있으며, 중·러 양국 공히 경제성장 및 안정을 위한 자본, 기술 등의 확보를 위해서는 상대방 국가보다도 서방국가를 더 중요시하고 있어 양국관계가 냉전시대와 같은 견고한 동맹관계로까지 발전하는 것은 불가능해 보인다. 특히 러시아는 미국 또는 유럽국가들과의 관계를 고려해야 하는 복잡한 상황에 있다. 러시아는 중·러연합만으로는 국제질서 변화에 대처할 수 없음을 자각하고 있으며 중국군 현대화에 따른 동북아 안보구도의 변화를 우려하고 있다. 따라서 러시아의 미·일 안보강화에 대한 대처자세는 중국의 자세와는 상이한 모습을 나타낼 수 있다. 어떤 면에서 러시아(중국)는 중국(러시아)보다는 미·일과의 관계를 중시할 수도 있을 것으로 보인다.

4) 미·중·일 관계

　냉전시대 종료와 중국이라는 새로운 파워의 등장에 따라 동아시아에서는 새로운 질서 형성과정이 진행됐다. 특히 중국의 대두와 이를 견제하기 위한 미·일 연대강화가 추진됨에 따라 미·중·일 3각관계의 변화가 중요한 의미를 갖게 됐다.
　이러한 3국간의 새로운 파워게임에서 가장 주도적인 역할을 수행하는 것은 역시 미국이다. 탈냉전 후 미국의 동아시아전략과 관련해서는 크게 두 개의 상이한 견해가 제시되고 있다. 그 하나는 미·일관계의 전략적 파트너십에 기초해 기존의 미·일동맹을 주축으로 하는 미·일·중 3각관계를 중시, 구축해 나가야 한다는 아미티지 전 국방차관보 류의 견해다. 이 견해에 의하면 미·일관계가 미·중관계보다 더 중요한 양자관계라는 것이다. 또 하나는 일본은 실질적으로 미국의 피후견국이므로 아태지역의 핵심적 존재인 중국과 전략적 대화를 추진해 나가야 한다는 브레진스키 전 안보보좌관 류의 견해다. 이 견해는 지역대국으로서 중국의 위상을 존중해 줄 필요가 있다는 것이다. 이런 상반된 견해는 교묘하게 잘 융합돼 미국의 대(對)동아시아정책에 반영되고 있다. 즉 미국은 상황에 따라 중국과 일본을 효과적으로 활용하고 있는 것으로 평가할 수 있다. 미국은 중국에 대해 건설적이고 전략적인 관계를 요구하고 있는데, 이는 미국주도의 국제질서 유지에는 중국이라는 커다란 존재의 협력이 필수적이기 때문이다.[34] 한편 일본에 대해서는 미국이 주도하는 국제질서 운영에 따르는 비용과 제반 노력을 분담한다는 의미에서 대일관계의 중요성을 인정하고 있다.

　한편 중국은 미·중관계가 내정불간섭과 상호평등을 기초로 하는 파트너십의 관계로 발전해야 한다고 굳게 믿고 있다. 중국은 미국이 대만문제 등 내정문제에 개입하고 있으며 월등한 파워를 기초로 중국을 통제·관리하려 한다고 보고 있다. 중국은 이러한 미국에 대해 국력증강을 통해 자기의 입장을 강화시키려 노력하고 있으며 대미협조의 자세를 보이고 있다. 미국이 중시하는 지역동맹국인 일본보다도 지역 또는 국제질서 안정을 위해 중국이 많은 건설적인 역할을 할 수 있음을 미국측에 알리기 위해서도 노력하고 있다. 중국은 또한 때때로 미국의 경직된 대중정책 완화를 위해 일본이 나름대로 역할을 해 주기를 기대한다. 이러한 노력을 통해 중국은 3각관계에서 일방적으로 견제를 당하거나 손해를 보는 경우를 회피하려고 한다.[35] 특히 중국은 강화되고 있는 미·일 안보관계를 우려의 눈초리로 보면서 미국과 일본에 대해 적극 발언하고 있다. 즉 미국에 대해서는 일본의 과거반성 부족과 일본의 역할증대가 지역안보에 미칠 수 있는 악영향을 경고하고 있으며, 일본에 대해서는 과거의 일방적인 미국 추종적인 외교정책에서 탈피해 보다 독자적인 외교를 전개할 것

---

34) 미국은 중국에 대해 대테러전에의 동참, 북핵문제의 중재를 포함한 북한문제 해결과정에서 일정한 역할의 요구, WMD 확산저지를 위한 PSI구상에의 동참 등을 요구하면서 국제 안보현안의 해결을 위한 중국의 적극적인 역할을 기대하고 있다.

35) 미·중·일 3각관계에서 각국은 여타 국가간의 관계향상 가능성에 대해 항시 불안해하며, 이를 견제하기 위해 수시로 정책전환을 시도했다. 탈냉전기 미·중·일 3각관계의 역학성에 대한 연구로는 최운도, "미·중·일 삼각관계와 그 역학에 관한 시론," 『한국정치학회보』(2003년 가을), 175-195쪽 참조.

을 요구하고 있다. 즉 중국은 각개격파 식의 외교를 전개하면서 미·일동맹 강화에 적극 대응하고 있는 것이다.

일본은 동아시아 질서변화를 주도하고 있는 미국과 중국 사이에 끼어 어려운 입장에 있다. 일본은 기본적으로 미국과의 관계를 최고로 중시하면서도 중국과의 관계개선 및 유지를 위해 적극 노력하고 있다. 이러한 일본의 노력은 미·중관계가 양호할 때만 가능할 수 있다. 따라서 일본정부는 미·중 양국 사이에서 건설적이고 의미 있는 역할을 수행할 수 있는 여지를 확보하기 위해 외교적인 노력을 경주하고 있다. 그러나 일본 외교목표의 최우선은 어디까지나 미국과의 확고한 관계유지에 있다. 일본은 미·중·일 삼각관계에서 미국이 자국보다 중국을 더 중시하지 않을까 상당히 우려하고 있다. 일본은 이미 몇 차례 그런 사례를 경험한 바 있으며, 특히 최근 중국의 비약적인 경제성장에 기초한 국력증대와 대테러전에서 중국의 가치, 북한문제 해결과정에서 중국의 역할 등으로 인해 미국의 중국 중시정책이 재현되지 않을까 노심초사하고 있다. 그런 까닭에 일본이 중국보다 미국의 국익에 더 큰 이익을 줄 수 있음을 인식시키기 위해 일본정부는 가시적인 노력을 많이 하고 있다.[36]

이와 같이 미·중·일 삼각관계는 복잡하게 상호 연관되고 있다. 앞서 언급한 바와 같이 3각관계를 주도하는 미국은 국제사회의 유일한 슈퍼파워로서 지역대국인 중국, 일본과 대화에 기초한 전략적 관계를 구축·유지하고 있고, 지속적인 경제성장을 바탕

---

[36] 일본은 미국의 아프가니스탄, 이라크전 개입을 후방에서 적극 지원했고, 이라크전 후속조치로 이라크 재건을 위해 15억 달러 무상원조를 포함한 50억 달러의 재정지원을 결정했으며, 상당수의 자위대 파병도 추진하고 있다.

으로 세계적 파워국가를 지향하는 중국은 체제강화와 지역정세 안정을 위해 미국, 일본과 신뢰관계 확대를 모색하고 있으며, 정치·군사대국을 지향하고 있는 일본은 지구적 차원의 위상강화와 지역대국으로서의 역할수행을 위해 미국, 중국과의 관계강화를 중요시하고 있다. 이렇게 3국이 각기 추구하는 국가적 목표가 있으므로 3국은 당분간은 서로 대립·충돌하는 갈등적 관계를 갖지 않기를 바랄 것으로 보인다. 왜냐하면 현재와 같은 양호한 3국관계가 파괴될 경우 그 산물로 파생될 대립관계를 관리하기 위해 모든 당사국가는 다시 엄청난 재원을 낭비할 수밖에 없기 때문이다.

미·일·중 3각관계가 불안정해질 수 있는 경우로는 미·중관계 악화와 중·일관계 악화의 경우를 들 수 있다. 먼저 미·중관계 악화는 동아시아뿐 아니라 지구적 차원에서 정세악화를 야기할 수 있다. 이는 허부적인 중·일관계에도 큰 영향을 미칠 수밖에 없으며, 한반도정세에도 부정적 영향을 끼칠 것으로 보인다. 한편 중·일관계 악화는 상위적 관계인 미·중관계에 부정적 영향을 미치고, 또 한반도정세에도 적지 않은 영향을 미칠 것으로 예상된다.

미·중·일 3각관계의 안정화를 위해서는 우선 제도화된 3국간의 전략적 대화의 장 마련이 필요하며, 지역국가인 중국과 일본의 상호 신뢰관계가 확고하게 구축될 필요가 있다.

5. 미국의 동북아 패권 지속과 지역안보

1) 미국의 지속적인 지역질서 주도

시대의 흐름에도 불구하고 현재 국제정치의 패권(hegemony)을 가능하게 해 주는 원동력은 아직도 경제력과 군사력이다. 이러한 두 힘과 관련해서 월등한 능력을 갖고 있는 것은 미국이다. 미국 경제는 세계경제에서 30% 이상의 비중을 차지하고 있으며, 군사력의 경우에는 타의 추종을 불허할 정도의 최첨단 무기체계와 막대한 군사비의 지원을 받고 있다.37) 이러한 미국의 경제력, 과학기술력, 군사력의 압도적 우위는 당분간 지속될 것이고 이는 미국의 패권적 지위를 보장할 것으로 보인다.

이상 언급한 능력 외에 미국은 패권유지에 대한 확고한 국가적 의지를 가지고 있다. 특히 부시행정부는 신보수주의자들을 중심으로 미 패권에 기초한 국제질서의 안정을 이루는 소위 패권안정(hegemonic stability)을 강력히 추진하고 있다.38) 미국의 동북아 패권유지와 관련한 대전략으로는 ① 중국의 부상에 대한 적극적 견제, ② 일본의 정치 및 국방체제의 변경과 군사력강화 지지, ③

---

37) 미국은 9·11 이전에도 엄청난 국방비를 지출했지만, 테러를 당한 이후에는 여기에서 대폭 증가시켜 2004년의 경우 약 4,000억 달러 이상으로 세계 국방비의 50% 이상을 차지할 것으로 예상되고 있다.

38) 김성한, "미국 신보수주의의 이념과 전략," 『新亞細亞』(2003년 가을), 31-46쪽.

한국 및 대만과의 기존관계 강화, 유지 등을 거론할 수 있다. 그리고 그 직접적인 수단은 강력한 군사력, 특히 해·공군의 전개다. 이러한 전진배치의 핵심적인 기지로 오키나와, 괌 등이 중시되고 있으며, 최근에는 싱가포르, 오스트레일리아 등지로 확대되고 있다. 이러한 최근 미국의 군사력 배치는 효율적인 대테러전 수행을 위한 것으로 보이지만, 아·태지역에서의 패권강화라는 측면에서도 이해할 수 있다.

미국의 월등한 경제력과 군사력에 기초한 동북아질서 주도에 맞서 도전국으로서 미국과 경쟁할 수 있는 국가는 현재 없다고 볼 수 있다. 중국의 경우 국가적 의도는 갖고 있을지 모르지만 총체적 파워에서 아직 미국과 경쟁할 수준은 아니기 때문에 진정한 패권 경쟁국으로 평가하기는 힘들다. 중국의 가능성은 결국 경제력에서 어느 정도 미국에 근접하는가에 달려 있다. 이를 위해서 중국은 미국이 주도하는 국제레짐에 잘 적응하면서 지속적인 경제성장을 달성해 나가야 한다. 즉 향후 중국의 지속적인 경제성장은 결국 많은 부분 미국과의 관계 여하에 달려 있다고 볼 수 있는 것이다. 그러한 측면에서 패권경쟁의 주체로서 중국의 상은 지금의 모습이 아니라 다소 시간이 지난 후 미래의 상이라고 볼 수 있다. 따라서 동북아 패권경쟁의 모습으로 현재의 미·중관계를 보는 것은 적절치 않다. 오히려 현재 그리고 가까운 장래의 미·중관계는 협력관계를 기초로 하면서 일부 현안에서 대립하는 '협력+갈등'의 모습으로 묘사하는 것이 타당하다. 즉 중국은 당분간 미국의 세계적인 또는 지역적인 패권에 적극 저항하기보다는 대체로 그러한 질서를 수용하면서 우선적으로 부국강병을 통한 국력증대를 꾀할 것으로 보인다.[39]

러시아는 중국 이상으로 미국의 동북아질서 주도를 수용하고,

나아가 지지할 것으로 보인다. 우선 러시아는 동북아 패권에 참여할 정도의 국가적인 여유가 없기 때문에 미국이 주도하는 질서에 순응하면서 기존의 이익을 유지하려고 한다. 푸틴의 실용주의 외교에서 대미관계가 차지하는 비중은 압도적이기 때문에 우선순위가 떨어지는 동북아지역 문제에서 러시아가 미국에 저항·반발하면서 갈등관계를 자초할 가능성은 낮다. 또한 미·러의 이해관계가 크게 상충하는 지역현안도 거의 없는 편이다.40)

일본은 미국의 동북아 패권을 적극 지지·지원하고 있다. 일본은 냉전시에는 미국의 대소 봉쇄정책에 협력함으로써, 탈냉전기에는 대중 관리정책에 협조함으로써 미국의 패권을 후방에서 지원하고 있다. 이러한 일본정부의 일방적인 대미 편승전략은 특히 안보분야에서 두드러지게 나타나고 있다. 그러나 일본은 외교, 경제 등의 분야에서는 중국과의 협조 가능성을 모색하고 있다.

---

39) 최근 미·중간 힘의 관계 변화는 역동성 있는 지역질서 변화를 나타내 주고 있다. 우선 미국에 유리한 것은 ① 일본의 대미관계 최우선의 편승(bandwagoning)전략 견지, ② 중국 및 러시아의 북핵문제와 관련한 대미 협조노선 가시화, ③ 중국의 대미 경제관계 중시전략 도입 등을 들 수 있다. 반면에 중국에 유리한 것은 ① 한국 및 대만의 대중관계 중시노선 도입, ② 중국의 경제력 성장에 따른 지역문제 발언권 강화, ③ 중국과 경제관계를 갖는 지역국가들의 중국의식 증대 등의 요소를 들 수 있다.

40) 국제안보 분야에서 미·러의 협력관계는 건설적인 양자관계의 구축뿐 아니라 지구적 차원의 안정을 위해서도 바람직하다. 그러나 현실을 놓고 볼 때 미·러 안보관계가 세계적 차원의 전략적 파트너십으로까지 연결되는 데는 무리가 있다. 즉 양국간 파워의 차이, 지역에 따라 정책의 상이, 국내에서의 지지결여 등의 현실을 무시할 수 없다. Celeste A. Wallander, "US-Russian Relations: Between Realism and Reality," *Current History* (October 2003), pp.307-312.

따라서 향후 일본이 미국과 중국 사이에서 어떤 입장을 취할 것인가 하는 문제는 동북아 패권과 관련해서 매우 중요한 의미를 갖는다. 이상에서 살펴본 바와 같이 미국의 동북아질서 주도(패권)는 현실(reality)이며, 그 현실의 확실성을 더 강화시켜 주고 있는 것으로, ① 전략적 파트너 또는 동맹국으로서 일본의 역할이 있고, ② 여타의 지역대국인 중국과 러시아가 미 패권에 철저하게 저항·도전할 능력과 의지를 갖고 있지 않다는 현실적 상황이 있다. 그 결과 지역안보의 중요한 현안에서 미국의 지속적인 리더십 발휘는 자연스럽고 당연하게까지 받아들여지고 있다.

2) 동북아 지역안보

동북아지역은 유럽지역과 달리 복합적인 이질성이 너무나 확연하게 표출된다. 우선 민족, 언어 등이 상이하며, 따라서 문화적 배경이 제각각이며 정치체제도 다양한 실정이다. 또한 국력의 차이도 현격해 초강대국인 미국, 지역대국인 중국, 일본, 러시아, 중상규모의 한국, 대만, 경제 빈곤국인 북한 등이 혼재해 있다. 그리고 이 지역에는 아직도 분단국가들이 존재하고 있으며 지역국가간 영토문제도 잔존하고 있다. 이러한 지역국가간의 이질성 문제는 많은 지역안보 현안을 낳고 있으며, 나아가 지역협력·통합의 과정을 늦추는 주요한 요인으로 기능하고 있다. 현재 거론되고 있는 주요 안보이슈는 한반도문제, 대만문제, 일본문제 등으로 크게 분류해 볼 수 있다. 그런데 이러한 이슈는 앞서 살펴본 바와 같이 미국이 깊이 관여하고 있다는 것이 큰 특징이다.

우선 한반도문제는 북핵·미사일문제와 한·미 안보관계 문제가 핵심이 되고 있다. 북핵문제는 현재 동북아질서 안정과 관련된 가장 중요하고도 해결이 시급한 과제다. 특히 안보적 차원에서 이 문제의 해결 없이는 지역의 안전과 번영이 보장될 수 없다. 따라서 지역질서 형성에 주도적인 역할을 하고 있는 현상유지 세력인 미국과 중국이 현상타파로 연결될 수 있는 북핵문제를 평화적으로 해결하기 위해 나서고 있는 것이다. 그러나 북핵문제를 둘러싼 이해관계국의 인식과 대처방안이 상이해 효율적인 대응을 어렵게 만들고 있다. 다행히 2003년 8월 중국의 중재노력으로 6자회담이 성사돼 다자대화에 의한 북핵문제 해결이 시도되고 있지만 큰 진전은 없다. 북핵문제는 지역 패권국 미국의 힘의 한계를 노정하고 있으며, 반면 중국의 역할 가능성을 부각시키고 있다.[41] 그러나 북핵문제의 핵심은 미국의 북한체제 보장과 북한의 핵포기이므로 미국의 대북정책 노선 및 자세는 계속해서 압도적으로 중요한 의미를 갖는다.[42]

남북관계 개선과 한·중관계 발전은 한·미 안보관계에 영향을 미치고 있다. 그 동안 미국 동아시아전략의 핵심적 기둥으로 기능해 온 것은 한·미동맹과 미·일동맹이었다. 미국은 이러한

---

[41] 북한문제에 대한 중국의 역할에 대해 부정적 견해도 존재한다. 즉 여타 국가에 비해 북한에 대해 중국이 큰 영향력을 행사하는 것은 인정하지만, 그 영향력의 정도는 극히 제한적이며 또한 중국의 대북정책 목표는 미국의 그것과 상이하다는 것이다. 즉 중국은 궁극적으로 북한체제의 안정과 강화를 꾀하고 있다는 것이다. Andrew Scobell, "China and North Korea: The Limits of Influence," *Current History* (September 2003), pp.274-278.

[42] 일본정부는 미국의 대북 안보보장은 기존의 미·일, 한·미 안보조약을 훼손치 않으면서 효과적인 대북 레버리지가 돼야 한다며 신중한 입장을 취하고 있다.

두 개의 양자관계를 연결시켜 한·미·일 3각 공조체제를 구축해 대북 또는 대중전략의 핵심으로 활용해 왔다. 그러나 한국을 둘러싼 최근의 안보환경 변화는 기존의 안보틀에 미묘한 변화를 초래하고 있다. 한국은 아직도 한미동맹을 최우선의 안보전략으로 간주하고 있지만 대북인식과 정책에서 미국과 차이가 노정되기도 하고 있다. 그 결과 대북억제를 주목표로 하고 있는 현행의 한·미 안보관계의 성격변화 필요성에 대한 논의가 조심스럽게 진행되고 있다. 최근 보도되고 있는 주한미군의 지역군으로의 역할변경 논의도 이와 무관하지 않은 것으로 보인다. 반면에 미국은 일본과의 동맹관계를 더욱 강화·확대하고 있어 대조를 보이고 있다. 미·일 안보관계는 9·11 이후 지구적 차원으로 확대되고 있다. 미국의 세계적 규모의 테러와의 전쟁을 후방 지원하는 형태로 일본의 군사적 개입은 확대되고 있다. 이러한 미·일 안보관계 변화는 한·미 안보관계에도 적지 않은 영향을 미칠 것으로 보인다. 그런 측면에서 아직도 한·미·일 3각관계는 기능하고 있으며 미국에게 한국의 안보적 가치는 유효하다고 볼 수 있다.43)

중국의 지속적인 경제성장과 9·11 이후 미·중 협력관계의 조

---

43) 미국의 국익에서 동북아의 비중은 커지고 있으므로 미국은 이 지역에 계속 개입할 것이며, 동북아지역의 장기적인 안정을 위해 미군의 한국 주둔은 필요하다. 미국의 군사적 개입은 북한을 억제하고, 지역국가간의 갈등을 줄이며, 한국의 독자적 방어의 부담을 줄일 수 있다. Robert Dujarric, "Modernizing the ROK-US Alliance: The Role of the USFK," Paper Prepared for presentation at an Int'l Conference on 'Fifty Years Alliance: Reflections and Future Vision on the ROK-US Security Cooperation', 2003 KAIS Int'l Conference, September 25-26, 2003, Seoul, Korea, pp.15-17.

성은 대만에게 여러 가지 도전을 던져 주고 있다. 중국과 대만의 경제분야에서의 상호 의존관계가 심화되자 양안관계에서 화해분위기가 조성되고 서서히 중국이 그 주도권을 잡게 됐다. 또한 미국은 부시행정부 초기에는 강경한 대중정책을 전개하고 첨단무기를 판매하면서 확고한 대만지지 자세를 견지했으나 9·11 이후 대중관계를 강화·우선시해 대만의 입장이 곤란해지고 있다. 물론 미국은 '대만관계법'에 의해 대만의 안전을 보장하고 있지만, 대만은 핵무장 국가인 중국과 대만이 분쟁할 경우 과연 미국이 지켜 줄 것인가에 대해 심각히 고민하고 있다.[44] 그러나 미국은 대만이 무모하게 독립을 선언할 경우를 우려하고 있다. 이는 중국을 극도로 자극해 미·중간의 충돌로 발전할 수도 있기 때문이다.[45] 따라서 미국은 중국과 대만간 전략적 대화의 필요성을 주장하면서, 중국에게는 대만문제의 무력에 의한 해결 자제를 요구하는 한편 대만에게는 독립반대를 분명히 하고 있다. 그러나 최근의 미·중관계와 중·대만 관계의 발전을 놓고 볼 때 대만해협 유사의 발생 가능성은 낮아 보이며 그에 따른 미국의 군사적 부담도 감소하고 있다.

일본은 미국의 신뢰받는 동맹국으로서 주요한 지역안보 이슈에 미국과 함께 개입하고 있다. 특히 1997년 개정된 미·일 방위협력지침(가이드라인)에 의해 일본 주변의 유사사태, 예컨대 한반도 및 대만해협 유사시 미국을 후방 지원한다는 명분으로 개입

---

44) Morton Abramowitz and Stephen Bosworth, *op. cit.*, pp.127-128.
45) 미·중간 군사적 충돌이 발생할 경우 미국은 한국 및 일본의 기지를 사용할 것이고, 이로 인해 한국 및 일본 내에서 심각한 국론분열이 발생할 가능성이 있다. 이는 결국 동맹관계에 치명적인 영향을 미치게 될 것이다.

할 수 있는 길이 열렸다. 일본은 북한의 미사일 발사, 괴선박 출현, 북핵문제의 재부상 등을 활용해 재무장과 군사력의 현대화·충실화에 박차를 가하고 있다. 더구나 9·11 이후로는 동북아를 넘어 인도양, 중동지역으로 활동영역을 넓히고 있다. 즉 시대의 변화는 일본군에게 면죄부를 부여하고 있으며, 국내정서의 보수우경화는 이러한 추세에 더욱 힘을 보태 주고 있다. 이러한 일방적인 미국 추종의 일본 군사력 운영은 결국은 중국과의 갈등을 증폭시킬 것으로 보인다.[46] 중국은 일본의 독자적이고 균형적인 외교전개를 희망하고 있으나, 일본은 경제관계에서는 중국과의 관계를 중요시하면서도 안보 면에서는 미국과의 연대강화를 꾀하고 있다. 특히 패권국가인 미국이 미·영관계에 필적하는 미·일관계를 강력히 요구하고 있다.[47] 따라서 미국이 일본에게 요구하는 군사적 공헌의 수준과 일본이 이에 기꺼이 따르려 하는 수준 등에 의해 향후 구체적인 미·일 군사협력의 수준은 결정될 것이다.

---

[46] 브레진스키는 중국, 한국 등 주변국의 일본 불신이 일본을 지역적인 파워로 성장하지 못하게 만들어 일본은 결국 미국의 세계운영을 위한 보조자의 위상에 머무르고 있다고 평가하고 있다. Zbigniew Brzezinski, *The Grand Chessboard* (Basic Books, 1997), pp.173-185.

[47] 2000년 10월 발표된 아미티지 보고서는 미·일동맹 강화를 위해 일본의 헌법개정과 집단자위권 수용을 지지하고, 나아가 정보분야 협력강화를 제안하면서 양국관계의 power sharing 단계로의 격상을 주장했다.

6. 맺음말

 이미 살펴본 바와 같이 동북아 패권경쟁의 실상은 미국의 압도적인 국력을 기초로 한 질서운영 및 유지다. 일반적으로 많이 거론되는 미·중간 경쟁은 지금 시점이라기보다는 향후 가능성 있는 모습으로서 설득력을 갖는다. 또한 일·중 경쟁 가능성은 그 현실성이 더욱 떨어짐을 보았다. 따라서 미국의 동북아지역 개입에 대한 의지가 확고한 한 당분간 미국주도의 질서는 유지될 것으로 보인다. 이러한 예상을 뒷받침해 주고 있는 간과할 수 없는 사실은 지역국가들이 미국의 주도에 익숙해져 있다는 것이다. 대부분의 지역국가들은 미국의 리더십을 수용하고 있으며, 또한 지역현안은 미국의 적극적인 개입 아래 미해결이지만 비교적 안정적인 상태에서 큰 문제로 비화되지 않고 있다.

 그럼에도 불구하고 중국의 가능성은 지역패권을 다루는 데 매우 중요한 의미를 갖는다. 특히 중국의 경제력이 커지면서 시간이 흐를수록 지역국가들이 중국을 중시할 가능성은 매우 높다. 그런 의미에서 향후 중국경제의 성장이 갖는 의미는 아무리 강조해도 지나치지 않을 것이다. 그러나 중국의 경제성장은 미국의 대중정책과 밀접하게 관련되기 때문에, 미·중관계는 지금이나 향후에도 지역질서를 예측하는 데 가장 중요한 요소로 작용한다. 물론 지역안정을 위해서는 미·중관계의 우호적인 발전, 유지가 필수적이다.

 중국의 가능성을 대폭 인정·수용해 동북아질서의 가능한 여러 모습을 조명해 볼 경우 네 가지 시나리오를 그려 볼 수 있다. 즉 미국의 주도(A), 중국의 주도(B), 미·중의 공동지배(C), 힘의 공백상태(D) 등이 그것이다. 이때 각국이 선호할 수 있는 질서구도를 분석해 보면, 한국이 선호할 수 있는 시나리오는 A-C-D-B 또는 A-C-B-D일 것이며, 일본은 A-C-D-B 또는 A-D-C-B, 미국은 A-C-D-B, 중국은 B-C-D-A, 러시아는 D-A-C-B일 것이다. 즉 결과에서 알 수 있듯이 한·미·일의 이해관계는 여타 국가에 비해 매우 유사함이 드러난다.[48]

이상의 점을 고려할 때 한국은 기존의 한·미 안보관계를 기본으로 전반적인 대미관계를 건설적이고 상호 유익한 관계로 유지·발전시켜 나가는 노력을 경주해야 하며 한 걸음 더 나아가 일본을 포함하는 기존의 한·미·일 3각 공조체제의 기능을 계속해서 존중해 나갈 필요가 있다. 또한 동시에 전통적 선의에 기초한 우호적인 대중관계를 질적 강화로 승화시켜 나가면서 중국을 한반도 안보·통일의 지지세력으로 이끌어 내는 노력을 부단히 경주해야 한다. 한편 러시아에 대해서는 현재의 상황에 너무 이끌려 러시아를 홀대·경시하는 경향을 지양해야 한다. 마지막

---

48)

	미국(active)	미국(inactive)
중국(active)	공동 지배(2)	중국 주도(3)
중국(inactive)	미국 주도(1)	힘의 공백(4)

한 국: 1>2>4>3 또는 1>2>3>4.
일 본: 1>2>4>3 또는 1>4>2>3.
중 국: 3>2>4>1.
미 국: 1>2>4>3.
러시아: 4>1>2>3.

으로 어느 1국의 독주와 편향성을 막기 위해 지역차원의 안보대화를 제도화·정례화하기 위한 노력이 필요하며, 최종적으로는 모든 지역국가가 참가하는 안보시스템을 창출할 수 있도록 지역국가들과 적극적으로 협의·협력해야 한다. 특히 향후 한·중·일 3국간의 협력강화는 매우 중요하다. 지역 3국이 연대할 경우 지역질서는 상당히 안정될 수 있다. 또한 개별적으로 중국은 북한문제 해결과정에서, 일본은 미·중 사이에서, 한국은 중·일 사이에서 건설적인 역할을 적극적으로 수행할 필요가 있다.

제8장 21세기 미국과 새로운 동북아 역학구조

김 의 곤

1. 머 리 말

21세기 초반 국제정세의 화두는 아마도 다음과 같은 두 가지 측면에서 설명될 수 있을 것이다. 첫째는 유일 패권국으로서 미국의 세계전략이 일방적이면서 동시에 냉전시에 비해 그 유연성을 상실해 가고 있다는 측면이고, 둘째는 미국의 일방적 독주에 대한 반발세력이 특히 이슬람권과 동아시아권을 중심으로 등장하고 있다는 점이다.

구소련 패망 직후 미국은 클린턴 독트린에서 세계정치의 미국 독자경영 의도를 분명히 했고, 이는 정치적 측면에는 NATO의 확대와 일방적인 미사일방어망(NMD) 구축 등의 강압적인 패권적 지도력의 행사로 나타났고, 경제적 측면에서는 세계화 혹은 신자유주의적 자본집중 현상으로 나타났다. 국제정치·경제적 측면에서 볼 때 이것은 세계자본주의 체제의 마지막 확산단계라 이해될 수 있을 것이며, 동시에 냉전시기 주변부에 존재하고 있던 거의 모든 경제단위의 자본주의체제 편입으로 이해될 수 있을 것이다.1)

아이켄베리(G. F. Ikenberry) 교수는 지난 10여 년간 미국 국력의 증가를 역사상 국제정치를 불안정하게 만드는 경우에 비유되는 매우 급격한 힘의 증가라고 주장했다. 경제적 수치를 사용해 보면, 지난 1990~98년 사이 미국의 경제력은 27% 증가한 데 비해 유럽연합의 경우는 15%, 일본은 겨우 9%밖에 성장하지 못했다고 한다.2) 그리고 그는 다른 강대국들이 미국의 힘이 불균등하게 증가했음에도 불구하고 다른 나라들과 힘을 합쳐 미국을 견제하거나 세력균형을 이루려는 시도가 없는 것이 오히려 이상하다고 말하고 있다. 마지막으로 아이켄베리 교수는 적어도 당분간은 다른 강대국들이 연합해 미국에 대항하는 전통적인 세력균형은 나타나지 않을 것이라 예측하고 있다.3)

그럼에도 불구하고 전통적 측면에서 그리고 중장기적 측면에서 볼 때, 미국 위주의 일방적 세계전략에 대해 세계 여타 주요 국가들의 반응은 다음과 같은 네 가지 유형으로 정리할 수 있을 것 같다. 첫째는 미국과 더불어 세계를 경영하는 데 자발적이고 또 적극적으로 참여하는 국가이고, 두 번째 유형은 미국의 지도력에 100% 찬동하지는 않지만 미국의 정책에 순응해 협조하는

---

1) Immanuel Wallerstein, *The Capitalist World Economy* (Cambridge: Cambridge University Press, 1979).

2) G. John Ikenberry, *America Unrivaled* (N.Y.: Cornell University Press, 2003); http://eia.doe.gov/emeu/iea/table2.html.

3) *Ibid.*

국가를 들 수 있다. 영국과 일본, 캐나다 등이 첫 번째 유형에, 그리고 독일과 프랑스, 호주 등이 두 번째 유형에 속한다. 세 번째 유형으로 미국에 반대해 고립되는 국가를 들 수 있고, 마지막으로 노골적인 반대의사를 표시하거나 행동으로 반발하는 유형으로 나눌 수 있을 것이다.4) 최근 국제사회에서 미국의 일방주의에 심하게 반발하고 있는 이슬람 근본주의국가들과, 예컨대 과거 아프가니스탄의 무자하딘(Mujahadin)정권과 이라크의 후세인(Hussein)정권, 그리고 북한의 김정일정권 등이 네 번째 유형에 속한다. 이들 국가는 냉전중에 미국의 지도력에 대응해 고립되는 경향을 보이다가, 최근 테러공격이나 핵무기개발 등으로 미국에 대해 적대적인 행동을 보이고 있다.

이런 측면에서 볼 때 최근 진행되고 있는 북한의 핵무기 개발 의혹과 핵확산금지조약(NPT) 탈퇴선언은 강화되는 미국의 일방주의적 세계경영에 직접적인 도전행위로 간주되고 있으며, 동시에 미국이 세계전략을 개편하려 하는 도중에 불거져 나온 사건으로서 세계정세에 큰 파장을 미칠 것임에 틀림없다.

이 글은 다음과 같은 몇 가지 목적을 가지고 있다. 첫째, 냉전종식 후 미국의 일방주의가 강화되는 원인을 미국의 국가이익 변화측면에서 살펴보고, 둘째, 이런 변화된 국가이익과 9·11테러 이후 급격하게 재편되고 있는 미국의 세계전략을 분석하고자 한다. 그리고 그러한 측면에서 현재 불거지고 있는 북한의 핵무기

---

4) 헌팅턴 교수는 국제관계 이론 측면에서 볼 때 일반적인 국가는 신흥 상대국에 대해 '견제하든가'(balancing), '추종하든가'(bandwagoning) 둘 중 하나를 선택하지만, 일본은 선택 자체를 피할 것이라고 주장한다. Samuel Huntington, *Japan's Choice in the 21st Century*, 소순창·김찬동 역,『문명의 충돌과 21세기 일본의 선택』(서울: 김영사, 2002), 49-50쪽.

개발문제와 이에 대한 미국의 대응책을 조명해 보고, 마지막으로 주변 강대국들의 한반도 관심사항을 분석하고자 한다.

2. 21세기 미국의 외교와 국가이익의 불확실성

1) 미국외교의 불확실성과 다문화성

아마도 구소련의 패망과 더불어 시작된 얄타체제의 종식은 미국 외교정책의 방향과 역할에 불확실성을 크게 부각시켰다고 해도 과언이 아닐 것이다. 사무엘 헌팅턴(Samuel Huntington) 교수에 의하면 지난 20세기 100여 년 동안 미국 외교정책의 목표는 전통적인 미국의 가치, 예컨대 '자유, 민주주의, 개인주의, 사유재산의 보호' 등 미국적 가치를 수많은 도전세력들로부터, 특히 나치와 군국주의, 공산주의의 도전으로부터 지켜내는 것이었다. 그리고 그것을 지키는 것이 미국의 주된 국가이익으로 이해됐다.[5] 물론 때에 따라 다른 외교목표와 국익이 존재했으나, '바람직하지 않은 상대방'(an desirable other), 즉 공산주의를 봉쇄하고 또 궁극적으로 파괴하는 외교목표에 비할 수는 없었다. 미국은 냉전기간에 자신의 정체성을 적과 차별화하는 과정에서 확인시켰고, 자신의 가치를 적을 반대하는 데 두었다. 그리고 그 냉전이야말로 미국 정부와 국민들간에 일체성을 확립시켜 주었다.

그러나 1980년대 말부터 시작된 냉전의 붕괴는 역설적으로 미

---

5) Samuel Huntington, "The Erosion of American National Interests," *Foreign Affairs* (September/October 1997), pp.28-30.

국사회의 기반이 있게 했던 '주된 적'이 사라지게 했고, 이러한 주적의 실종은 그 동안 미국이 가지고 있던 미국적 가치와 정체성, 그리고 단결력을 심하게 손상시키게 됐다. 헌팅턴 교수는 냉전으로 인해 미국은 경제발전 및 과학기술의 진보, 그리고 사회발전이 가능했고, 1980년대에는 일본의 경제적 위협이 있었기 때문에 미국의 공공부문과 사적 부문에서 생산성의 증가와 경쟁력의 향상이 가능했다고 주장한다.[6] 그리고 그는 적어도 당분간은 구소련을 대체할 미국의 적은 없는 것으로 보인다고 역설한다. "사담 후세인은 그 힘에 있어서 너무도 미약하고, 이슬람 원리주의자들은 단결력이 부족하고 또 지리적으로 너무 멀리 있으며, 중국의 위협은 아직은 먼 미래의 일이다."[7] 이렇게 보았을 때 현재 미국 외교정책의 목표와 미국의 역할은 불확실성의 상태에 머물 수밖에 없게 된다.

헌팅턴은 또 이러한 외교정책의 불확실성은 미국 내에서 진행되고 있는 두 가지 현상에 의해 더 가속화되고 있다고 주장한다. 하나는 이데올로기의 '다양성'(diversity)이고 다른 하나는 '다문화성'(multi-culturalism)이다. 이데올로기의 다양성과 다문화성은 특히 미국 내부로 유입되는 이민자의 특징에서 분명히 나타나는데, 과거의 이민자들이 미국 내부로의 '동화'(assimilation)와 '미국화'(Americanization)를 목표로 했다면, 이와 대조적으로 현재의 이민자들은 어떻게 하면 주류문화에 동화되지 않고 자신들의 고유한 정체성을 지키는가가 최고의 관심사가 되고 있다. 만약 어떤 부류의 이민자들이 주류문화에 동화되기를 강요받는다면 그것을 인종차별

---

6) *Ibid.*, p.32.
7) *Ibid.*

이라고 느낄 것이다. 따라서 현재 미국 내부에는 20세기 초와는 달리 다양한 이민자들이 나름대로의 이념과 다른 언어, 다양한 문화를 영유하는 다양성을 보여주고 있다.

이런 측면에서 볼 때 미국이 진정 다문화성 국가로 남는다면, 미국의 정체성이나 미국을 통합하는 힘은 '자유와 평등' 같은 기존의 정치이념에 대한 합의에 의한 것에서만 비로소 가능할 것으로 보인다.8) 이러한 정치적 이념이야말로 21세기 이념적 다양성과 다문화성에 의해 파편화되고 있는 미국사회를 결집시키는 힘이 될 것이다.

2) 미국의 국가이익과 세계경영 전략

주적의 상실과 미국 내부의 파편화현상 등으로 인한 미국외교의 불확실성은 미국이 자신들이 신봉하는 정치적 이념에 집착하는 경향으로 나타나고 있다. 다시 말해 미국은 냉전이 종식된 이후 초강대국의 지위를 유지하기 위해 자신들의 역할을 끊임없이 찾고 있으며 또 창조하려 하고 있다. 그 과정에서 필연적으로 나타나는 것이 국가이익에 관한 개념정립이다.

1996년에 발표된 '미국국가이익위원회'(The Commission on America's National Interests)의 보고에 위하면, "약 40년에 걸친 대소련 봉쇄와 관련된 천편일률적인 사고방식이 끝난 이후 (미국의 국가이익과 관련해서) 미국은 비정상적인(ad hoc) 행동양식을 보이고 있다. 만약 이런 경향이 계속된다면 미국의 가치와 경제력, 그리고

---

8) *Ibid.*, p.34.

미국인의 생활까지 위협을 받을 것"이라고 지적하고 있다.9)

동 보고서는 현재 미국이 가지고 있는 5가지의 국가이익을 분류했다. 첫째는 대량살상무기로부터 미국을 방어하는 것이고, 둘째는 유럽과 아시아에서 미국에 적대적인 패권국가가 출현하는 것을 막는 것이다. 그리고 셋째는 미국의 국경과 공해상에서 적대적인 국가가 등장하는 것을 막는 것이며, 넷째는 세계적 차원에서 무역과 자본시장, 에너지공급, 환경을 보호하는 세계체제가 붕괴하는 것을 막는 것, 그리고 마지막으로 미국 동맹국들의 생존을 보장해 주는 것을 꼽았다.10)

또 2000년 7월에 발표된 '미국국가이익위원회' 보고서 역시 5가지 국가이익을 확실히 구분하고 있다. 첫째, 미국과 미군의 해외기지에 핵, 생화학, 화학무기의 공격을 방어하고 억지하며 또 감소시키는 것, 둘째, 미국 동맹국들의 생존과 미국에 협력하는 것을 보장하는 것, 셋째, 미국에 적대적인 강대국이 등장하는 것을 막는 것, 넷째, 통상, 재정, 에너지공급, 환경분야에서 세계적 체제의 안정을 보장하는 것, 그리고 마지막으로 미국에 전략적 적국인 중국과 소련과의 관계를 보다 생산적으로 만드는 것을 들었다.11)

---

9) America's National Interests, *A Report from the Commission on America's National Interests* (MA: Center for Science and International Affairs, JFK School of Government, Harvard University, 1996), p.1; S. Huntington, *ibid.* p.36에서 재인용.

10) *Ibid.*

11) America's National Interests, *A Report from the Commission on America's National Interests* (MA: Center for Science and International Affairs, JFK School of Government, Harvard University, 2000), p.21. http://www.nixon center.org/publications/monographs/nationalinterests.pdf.

1996년의 보고서와 2000년의 보고서는 미국 국가이익의 기본적인 분야에서 거의 동일하게 나타나고 있다. 양자에서 구태여 차이점을 지적한다면 대량살상무기 분야를 보다 구체적으로 명기했으며, 방어의 범위를 미국 내 영토에서 해외주둔 미군기지까지 확대시켰다는 점이다. 또 하나는 미국의 가상적국으로 중국과 러시아를 확실하게 명기하고 있다는 점이다. 그래서 미국은 현재 북한의 핵위협은 한국과 일본이라는 동맹국뿐 아니라 그곳에 주둔하는 미군기지를 심각하게 위협하고 있다고 생각하고 있으며, 결국은 미국의 국가이익을 위협하고 있다고 인식하고 있다. 미국이 북핵문제를 해결하는 데 중국의 참여를 강력하게 요구하고 있는 이유도 중국의 북한에 대한 영향력도 물론 크기는 하지만, 2000년 보고서에 나타난 바와 같이 중국과 생산적인 관계를 구축하려는 의도가 있다고 보아야 할 것이다.

그렇다면 현재 어떠한 요소들이 미국의 국가이익을 위협하고 있는가? 그것은 물론 단기적으로 볼 때 테러리스트 혹은 테러집단들이 핵무기 및 생화학무기를 포함한 대량살상무기로 미국을 위협하는 것이며, 장기적인 위협은 중국이 동아시아에서 패권국가로 등장하는 것이다. 물론 새로운 위협요인이 등장할 수도 있지만 현상황을 볼 때 그러한 요인이 미국의 이익을 결정적으로 위협할 수 있다고 보기는 어렵다.[12]

이러한 상황에서 미국의 대응책은 대통령의 리더십을 강화하고 있는 것으로 보인다. '미국국가이익위원회'도 미국 대통령이 국가이익에 관해 국민들의 합의를 도출하라고 강력히 주문하고 있다. 이러한 경향은 지난 9·11테러 이후 더 강하게 나타나고 있

---

12) *Ibid.*

는 실정이다. 미국은 파편화되고 있는 미국 내부의 단결을 위해, 그리고 국가이익의 극대화를 위해 미국의 자유주의적 정치이념을 실현한다는 명목으로 전세계적 차원에서 테러와의 전쟁을 수행하고 있다. 따라서 미국의 이런 강압적이고 일방적인 외교노선의 추구는 당분간 계속될 것이다.[13]

3. 9·11테러와 미국의 대북한정책

21세기 미국의 한반도정책은 "세계적 측면에서 미국에 대항하는 강력한 도전세력을 막고 미국의 우위(supremacy)를 지키는 세계전략"에 의해 결정되는 것이다. 구체적으로 말하면 세계적 측면에서 미국이 대량살상무기로부터 미국을 보호하는 것이기도 하고 동시에 동아시아에서는 미국이 중국과 일본에게 자신이 '책임 있는(responsible) 패권국'으로서 북한의 돌발정책에 개입하고 또 궁극적으로 한반도의 현상유지를 수호할 것임을 보장하도록 하는 정책을 추구하고 있는 것이다. 이러한 경향은 9·11테러 이후 더 강화되고 있는 것으로 보인다.

---

13) 미국의 대테러 강경정책에 관해서는 Lan O Lesser (ed.), *Countering the Terrorism* (Santa Monika, CAL: Rand, 1999); Rensselaer Lee and Raphael Perl, "Terrorism, the Future and the US Foreign Policy," *CRS Report*, IB95112, May 30, 2002 참조.

1) 통제와 포용정책

2001년 9월 11일 미국에 대해 감행됐던 테러는 미국뿐 아니라 전세계를 경악시키기에 충분했다. 지난 400여 년간의 국제분쟁이 민족국가라는 분쟁주체들간의 갈등에서 비롯된 것이었다면, 9·11 테러는 국제분쟁의 주체가 민족국가뿐 아니라 테러단체나 국가 내부의 소집단 등을 포함해 다양해질 수 있음을 암시하는 것이었다. 더욱이 테러단체가 핵무기나 생화학무기 같은 대량살상무기(WMD: weapons of massive destruction)를 소유했을 때 그 분쟁의 심각성과 파장은 상상을 뛰어넘는 것일 수 있음을 세계인들에게 경고하는 것이기도 했다.

부시 미대통령의 2002년 1월 국정연설은 이런 측면에서 큰 의미가 있다. 부시는 테러와의 전쟁을 선포하면서 이란과 이라크, 북한을 세계의 안보를 위협하는 '악의 축'(axis of evil) 국가로 지명하고, 이들이 대량살상무기를 개발할 수 없도록 하겠다고 선언했다. 이러한 부시의 강경발언은 미국이 결코 '자혜로운'(benevolent) 패권국이 아니라 '강압적'(coercive)이고 또 '책임 있는 패권국'이 되고자 함을 세계에 천명한 것이었다.14) 다시 말해 악의 축 국가뿐 아니라 그 어떤 테러단체도 세계평화나 미국의 국익을 위협하는 경우에는 미국이 이에 대응하기 위해 핵무기를 포함한 무력사용을 배제하지 않겠다는 결의를 확고히 한 것이다.

---

14) 패권안정 이론은 김의곤, 『현대국제정치이론』(집문당, 2000년 증보판), 237-246쪽 참조.

부시 대통령의 국정연설은 미국의 대한반도 정책측면에서는 매우 큰 파장을 불러일으켰다. 왜냐하면 그의 연설이 지난 10여 년 동안 지속됐던 미국의 대북한 포용정책이 종료되고 이제부터 새로운 대결의 시대로 접어들 것 같은 느낌을 강하게 주었기 때문이다. 부시의 국정연설 후 북한은 노골적으로 반발했고, 남한에서는 전쟁공포와 젊은층 내에서 반미감정을 촉발시키는 등 국론분열 현상이 일어났다. 적어도 일부 진보적인 남한사람들에게는 미국의 (일방적인) 자국이익의 추구(자국방어와 세계전략 우선)가 한반도의 평화와 안정을 위협할 수 있고 또 남북화해와 미래의 통일에 부정적 요소로 작용할 것으로 보였다.15)

그러나 국정연설 다음달에 있었던 부시 대통령의 한국방문에서 그는 놀라운 자제력을 보여주었다. 방문기간에 비무장지대 방문에서조차 그는 '악의 축'이라는 단어를 쓰지 않았던 것이다. 그것은 아마도 전쟁을 두려워하는 한국국민의 정서의 이의 동시에 한반도의 불안정을 우려하는 중국과 일본에 대한 배려 때문이 아니었는가 한다. 결국 이것은 적어도 2002년 중반까지는 부시행정부가 보여준 대한반도 정책의 강경기조도 미국의 전통적인 전략적 사고, 즉 '통제와 포용'(restraint and engagement)이라는 큰 틀에서 벗어나지 않았음을 보여준 것이다.16)

---

15) C. S. Elliot Kang, "U.S.-Korean Relations Post-September 11," *Pacific Focus* (The Center for International Studies, Inha University, Incheon), Vol.17, No.2 (Fall 2002), p.36.

16) 김대중 대통령과의 사적 대화에서는 부시가 한국의 포용정책을 지지하며 한미 양자간의 이해를 확고히 했다고 한다. *Ibid.*

2) 강화된 통제정책

그러한 미국의 전략이 2002년 중반에 접어들면서 약간씩 변하는 조짐을 보였다. 미국의 대이라크 전쟁이 고조되던 2002년 12월 북한은 핵시설 동결을 해제한다고 발표했다. 북한정부는 이미 동결된 핵시설의 봉인을 제거하고 IAEA 사찰관을 추방했다. 그리고 2003년 1월 북한은 NPT탈퇴를 선언했으며, 2월에는 IAEA가 설치한 감시카메라를 일방적으로 철거하고, 대포동 같은 장거리 미사일 개발을 개시한다고 선언했다. 뿐만 아니라 김정일정권은 영변 원자로를 재가동했고, 급기야는 한국전 때 맺었던 휴전협정을 취소할 수 있다고 공포했다. 같은 해 2월 25일 김정일정권은 동결 해제한 5MW 원자로를 가동하기 시작했다.

<표 8-1>은 1993년과 2003년 북한의 NPT 탈퇴상황을 시기별로 분류해서 비교한 것이다.

이러한 북한의 긴장고조 정책에 대한 미국의 대응책은 두 가지로 나타나고 있다. 하나는 다자간 협상을 말하는 것으로, 북핵문제를 남북한 당사자와 미국, 일본, 중국, 러시아라는 주변 강대국의 합의하에 처리한다는 2+4 처리방안을 제시하고 또 보장하는 것이다. 또 다른 하나는 미국정부의 대북한정책이 기존의 균형된 통제와 포용정책에서 보다 통제에 가까운 강경정책으로 선회하는 것이다.

북핵문제 처리에 대한 미국의 다자간 협상제안은 클린턴행정부에서 비롯된 것이었다. 미국의 다자간 협상안은 북한이 1994년 북미간 평화협정을 체결하자고 요구했을 때 그 대응책으로 나온

〈표 8-1〉 1993년과 2003년 북한의 NPT 탈퇴상황 비교

시 기	주 요 내 용
1993. 2. 25	IAEA, 북의 핵시설 은폐의혹에 따라 특별사찰 촉구결의안 채택
3. 12	북, NPT 탈퇴선언
4. 1	IAEA 특별이사회, 북 핵안전협정 불이행 근거로 유엔안보리 상정
5. 11	유엔안보리, 북의 NPT탈퇴재고와 관련국간 대화를 통한 해결 촉구
6. 2	미·북 1차 고위급회담
6. 11	북, 미·북 2차회담에서 NPT탈퇴 잠정유보(탈퇴효력 발생 하루 전)
2002. 1. 2.	북, 핵시설 동결해제 발표 북, 동결된 핵시설의 봉인 제거하고 IAEA 사찰관 추방
2003. 1. 6	IAEA, 동결해제 원상복구와 사찰관 복귀 촉구결의안 채택
1. 10	북, NPT 탈퇴선언
2. 12	IAEA 특별이사회, 북 핵안전협정 불이행 근거로 유엔안보리 상정
2. 25	북, 동결 해제한 5MW원자로 가동
4. 10	유엔안보리, 북핵문제 논의(탈퇴효력 발생일)

것이다. 1994년 북한은 한국을 제외하고 북한과 미국간 정전협정을 대체하는 평화협정을 체결하자고 요구했으나 미국은 단호히 거절했다. 또 1996년 북한이 또다시 이 제안을 되풀이했을 때, 클린턴 미 대통령은 한국을 방문해 미국과 중국, 그리고 남북한 4자간의 2+2협상을 제안했다. 사실 그때까지 남한 김영삼행정부의 공식입장은 남북문제는 남북 당사자간의 대화에 의해서만 해결될 수 있다는 것이었으나, 미국의 압력으로 4자회담을 찬성하지 않을 수 없었다고 한다.[17]

클린턴 대통령의 4자회담 제안에 대해 북한은 처음에는 그 제

---

17) *Wall Street Journal*, April 16, 1996.

안이 남한을 포함하고 있었기 때문에 부정적 반응을 나타냈으나, 그것이 향후 미국과 북한간의 접촉을 더욱 빈번히 하리라 보고 그 생각을 바꾸었다고 한다.[18] 사실 그 이후 미·북간의 접촉은 빈번하게 이루어졌으며 미사일개발과 한국전쟁 당시 실종된 미군유해(MIA) 반환 등에 관한 협상을 벌였다.

그러나 북한과 미국간의 직접협상은 처음부터 성공할 수 없는 전제조건에서 출발한 것이나 다름없었다. 미국 대북한정책의 기저는 '선 핵문제 해결, 후 경제협력'이었고, 북한의 그것은 '선 경제협력, 후 핵문제 해결'이었기 때문이다. 따라서 북핵문제를 해결하기 위한 한국과 미국의 수년 동안의 노력은 물거품이 됐다.

결국 몇 년 동안의 좌절을 겪은 후 2003년 1월 10일 북한은 또 다시 NPT탈퇴를 선언하고 미사일개발을 재개하겠다고 선언했다. 이후 북핵문제는 심각한 국제적인 파장을 몰고 왔으며, 10여 년 전과 달리 이번에는 주변 강대국들이 북핵문제 해결의 중재를 자처하고 나섰다. 특히 중국과 러시아가 북한을 개별적으로 설득했으나 실패하고 말았다.

그후 한국정부와 미국은 종전의 2+2방식에서 일본과 러시아를 포함하는 2+4방식을 제안했다. 이 제안에 대한 북한의 초기 반응은 단호했다. 북한은 "그 어떠한 다자간 국제협상에도 반대하고 미국의 위협을 (남북한) 민족공조로 대처하자"고 주장했다.[19] 결국 북한이 동의하지 않는 다자간 협상안은 성공할 수 없는 것이었다.

미국의 입장은 이라크전쟁이 장기화로 예측되는 2003년 3월과

---

18) *Ibid.*, p.44.

19) <조선일보>, 2003년 1월 23일.

4월에 더욱 공고해지는 것으로 보였다. 미국은 "북한이 해서는 안 될 일을 하지 않는 것에 대해서 보상할 수 없음"을 수차례 천명했고, 그 동안 계속돼 왔던 영변 경수로 핵발전소 공사를 중단하고 중유공급을 중단할 수 있음을 강력히 시사했다. 다시 말해 이러한 미국의 강경책은 미국의 대북한 해법이 북한에 끌려다니지 않을 것임과 또 국제공조 전략에서 한 발짝도 물러나지 않는 경향을 강하게 나타내고 있음을 의미하는 것이다. 그 주된 이유는 만약 이번에도 1994년 제네바합의처럼 미국이 북한과 단독으로 합의하고 북한이 이를 준수하지 않을 때, 현재의 이라크전쟁처럼 혼자 북한을 상대해야 하는 어려움에 처할 수 있기 때문인 것으로 보인다. 따라서 미국은 이번에는 북한과의 협상을 여타 강대국들과 더불어 함으로써 향후 북한의 약속 불이행 내지 파기에 대해 공동으로 대응하고자 하는 것이다.

북한의 벼랑끝(brinkmanship)전술에 대한 미국의 두 번째 정책은 대북한 강경정책으로 선회하는 것이다. 8년 동안의 클린턴행정부 시절에 미국의회는 클린턴 대통령의 대북한 포용정책에 대해 비판적이었다. 미국의회는 만약 미 행정부가 일방적인 포용정책만 수행한다면 1994년에 북한과 맺었던 합의사항 중 북한에 중유를 공급하기로 한 약속이행에 필요한 예산을 삭감하겠다고 협박했다. 그러던 중 1998년 8월 북한이 대포동 장거리미사일을 시험발사했고, 또 그 해 가을 미 행정부는 북한 내 금창리 지하에 있는 핵관련 시설을 사찰하는 대가로 대규모 식량지원을 약속했다. 이에 미 의회는 미국의 KEDO 분담금 중 일부만 허락하고 미 행정부에 대해 북한의 핵개발을 동결시키고 장거리미사일과 대량살상무기(WMD)를 검증할 것을 강력히 요구했다.

이에 클린턴 대통령은 전 국방장관이었던 윌리엄 페리(William

Perry)를 미국의 북한정책 조정관으로 임명해 북한에 관한 보고서를 1999년 5월까지 제출토록 했다. 소위 페리보고서는 예정보다 늦은 1999년 9월에 발표됐는데, 주요내용은 한국의 김대중 대통령의 햇볕정책을 지지하며 미국도 북한에 대한 포용정책을 더욱 강화해야 한다는 것이었다. 그리고 동 보고서는 미국이 북한과의 외교관계를 정상화시켜야 한다고 주장했다. 페리는 세 가지 목표를 설정했는데 먼저 단기적 목표로 북한이 미사일 시험발사를 중지하는 대가로 북한에 대한 경제제재를 완화하고, 중장기적 목표로 북한의 핵무기 및 미사일개발을 중지시키며, 장기적으로는 한반도에서 냉전체제를 해소시켜야 한다고 주장했다.

페리보고서가 발표되기 직전 한국과 미국 양국간의 해프닝이 있었는데, 여기서 문제가 됐던 것은 페리보고서 초안의 마지막 부분에 있던 '레드라인'(Red Rine)에 관한 논란이었다. 원래 페리보고서는 만약 미국과 한국의 강화된 포용정책에도 불구하고 북한이 핵무기 및 미사일개발을 포기하지 않는다면, 미국이 북한에 대해 강력한 무력사용을 포함한 제재조치를 취해야 한다는 내용을 담고 있었다. 그러나 한국 김대중정부의 강력한 요청으로 마지막 보고서에는 미국 공화당의 반대에도 불구하고 '레드라인'이 삭제됐다고 한다.

2001년 미국 내 리더십의 변화에 따라 공화당정부가 들어섰지만, 부시의 수사학적 표현이 보다 강화됐을 뿐 미국정부의 대북정책 기조는 크게 달라지지 않았다. 미 공화당행정부의 파월 국무장관이나 라이스(Rice) 정책자문관도 북한문제를 해결하기 위해 대화우선 원칙을 고수하겠다고 수차례 선언했다. 그러던 중 9·11 테러와 부시 대통령의 '악의 축' 선언, 그리고 북한의 NPT 탈퇴 선언 이후 미국의 대북정책이 일부 점차 변하는 모습을 보여주고 있다.

　미 보수언론뿐 아니라 행정부 내 일부에서도 북한이 국제사회의 여론을 무시하고 일방적으로 핵무기와 WMD 개발을 계속하고 장거리미사일 개발 및 판매를 강행할 경우 북한에 대한 무력제재를 취해야 한다는 목소리가 나오고 있다. 북한에 대한 무력제재는 우선 북한의 항구를 봉쇄하고 크루즈미사일을 사용해 핵개발 의혹이 있는 시설과 미사일개발 시설에 대해 전략적 폭격을 가하는 것이다. 그것은 과거 페리보고서의 레드라인과 일맥상통하는 것이며, 현재 진행되고 있는 대이라크 전쟁이 끝날 경우 다음이 북한이 될 것이라는 세간의 생각과도 일치하는 것이다.

3) 이라크전쟁 이후

　9·11테러 이후 미국은 생화학무기를 비롯한 대량살상무기의 생산과 은닉, 그리고 국제적 테러리스트들을 지원하고 있다는 의혹을 주는 나라로 이라크, 이란, 북한을 지목했다. 미국은 특히 이라크에 대해 9·11테러의 배후로 알려진 알 카에다를 지원한 나라로 지목하고, 이라크에 대해 WMD의 즉각적인 해체를 요구했다. 이라크는 WMD가 없다고 주장했고, 프랑스와 독일, 러시아의 요구대로 유엔은 특별사찰반을 파견했으나 이라크 영토 내에서 대량살상무기를 발견하는 데 실패했다. 이에 미국은 1991년 걸프전 당시 유엔안전보장이사회의 이라크 후세인정권 타도 및 생화학무기 해체 결의안을 근거로 삼아 2003년 3월 말 유엔안보리의 결정 없이 영국과 함께 이라크공격을 개시했다.[20] 그리고 2003년 5월 1일 아마 오랜 시간이 소요되리라는 초기 예상과는

달리 전쟁 개시 43일 만에 미국의 부시 대통령은 이라크전쟁 종식을 일방적으로 선언했다.

그런데 여기서 흥미로운 점은 이라크전쟁 직전과 도중에 미국 행정부는 북한에 대해 모호한 입장을 취했다는 점이다. 부시 미 대통령과 파월 국무장관은 "북한은 이라크와는 근본적으로 다르며, 따라서 북한의 핵문제는 반드시 외교적으로 해결하겠다"고 수차례 발표한 반면, 럼즈펠드(Rumsfeld) 국방장관과 일부 매파 의원들은 이라크전쟁이 종결된 후 북핵문제를 무력으로 해결할 수 있음을 여러 차례 시사한 것이다. 미국 내 강경파들의 주된 주장은 '이라크효과'가 감소되기 전에 이를 북한에 적용해 북핵문제를 해결할 수 있다는 것이었다. 이것은 미국의 정책결정과정에서 9·11사태 이후 강력히 등장한 소위 신보수주의자들의 입김이 조금씩 거세지고 있음을 의미하는 것이었다.[21] 그러나 미국행정부의 북한에 대한 모호한 입장은 그것이 내부 정책라인의 혼선에 의한 것인지, 아니면 고도로 계산된 행동에 의한 것인지 아직까

---

20) 이라크 제재관련 유엔결의를 살펴보면, 1990년 8월 6일 쿠웨이트 침공에 따른 포괄적 경제제재에 돌입하고 무기 수출입을 금지하며 금융자산을 동결했다. 그리고 1991년 4월 3일 유엔은 쿠웨이트 국경을 인정하고, 사거리 150km 이상 미사일 및 생화학무기를 전면 파기할 것을 결의했다. <동아일보>, 2003년 4월 18일.

21) 최근 미국 일부에서 급부상하고 있는 보수주의자 혹은 신보수주의자들은 정계, 학계 및 언론계에 광범위하게 포진돼 있다. 정계에는 체니 부통령과 럼즈펠드 국방장관, 월포위츠 국방부장관, 페이스 국방차관, 펄 전 국방정책위원장, 볼튼 국무부차관 등이 있으며, 학계에는 프랜시스 후쿠야마와 엘리엇 코헨 존스홉킨스대학 교수, 도널드 케이건 예일대학 교수 등이 있고, 언론계에는 최근 부상하고 있는 *Weekly Standard*의 발행인 윌리엄 크로스톨 등이 있다. <조선일보>, 2003년 4월 18일.

지는 불분명한 것으로 보인다.

그럼에도 불구하고 북핵문제에 대한 미국정부의 공식입장은 "평화적·외교적 채널을 통한 문제해결"이었다. 그러던 중 2003년 4월 23일에서 25일까지 중국이 중재한 것으로 알려진 '미국·북한·중국' 3자회담이 베이징에서 개최됐다. 이 3자회담은 미국이 줄곧 주장하던 다자회담에서 한국과 일본이 배제된 것으로, 한국과 일본 내부에서 일부 반대가 있었으나 3자회담은 개최됐다.22) 당시 미국은 2003년 2월 말 중국에 대해 북한을 다자대화에 나오게 설득하도록 요청했고, 중국은 3자회담이라는 중재안을 가지고 북한을 설득한 것으로 알려졌다. 그 과정에서 중국은 기술적인 문제를 들어 북한에 대한 원유공급을 3일 동안 중단했다고 한다. 북한을 설득한 중국의 논리는 "한반도에서 전쟁이 발발하면 중국의 입장도 난처해진다.…… 미국의 군사적 공격이 있을 경우 우리(중국)가 체제를 보장하겠다"는 것이었다.23) 중국은 이 회담을 성사시킴으로써 북·미관계에 중요한 중재자로 등장하게 되고, 미래 한반도 질서변화 논의에 참여할 수 있는 계기를 마련한 것으로 보인다.

미국행정부는 내부 강경파의 목소리도 잠재우고, 우선 북한을 회담에 끌어내는 효과를 가질 수 있다고 보고 또 다자회담의 예비회담(preliminary) 형식으로 규정하고 이 제의를 받아들인 것 같다. 그리고 파월 국무장관은 한국과 일본에 대해 회담의 '실질적

---

22) 2003년 한국 외무장관이 워싱턴을 방문했을 때 미국은 3자회담 가능성에 대한 한국의 의견을 타진했고, 한국은 회담 개최가 당시 긴장완화에 도움을 줄 수 있으리라는 기대 속에서 찬성한 것으로 알려졌다. <조선일보>, 2003년 4월 17일.

23) <조선일보>, 2003년 4월 17일.

(substantial)이고 구체적인 사안들에' 대해서는 반드시 상의하겠다고 약속했다.

그러나 베이징 3자회담은 처음부터 많은 사람들이 예측했던 대로 미국과 북한 각자가 자신의 의견을 주장해 상대방의 의견을 확인하는 데 그치고 말았다. 미국은 '선 핵포기, 후 경제협력'을, 북한은 '선 제도적 보장, 후 핵포기'와 한·일의 회담참여를 끝까지 반대했다. 더욱이 회담도중 북한이 처음으로 핵무기 보유 사실을 일방적으로 공표함으로써 회담은 중단됐다.24) 후에 알려진 사안이지만 회담도중 북한은 '3단계 핵해법'을 제시했다고 한다. 1단계로 미국이 중유공급을 재개하면 북한이 핵포기를 구두로 약속하고, 2단계에서 북·미 불가침조약을 체결한 후 북한이 핵사찰을 허용하며, 그리고 3단계에서는 북·미관계를 정상화하고 경수로를 완공해 주면 북한이 핵폐기에 착수한다는 것이었다.25) 이에 대해 미국의 *New York Times*는 "북한이 요구한 단계별 패키지는 북한이 미국 등으로부터 중유제공, 식량지원, 적대정책 포기, 에너지와 경제지원, 경수로건설 등을 받는 대신 북한이 제공하는 것은 대단히 작은 조치다"고 비난했다.26) 당연히 미국정부로서는 받아들일 수 없는 제안이었다.

그럼에도 불구하고 미국, 중국, 북한의 3자회담은 몇 가지 긍정적 측면을 가지고 있었던 것으로 보인다. 첫째는 북핵문제가 다자간 틀 속에서 해결될 수 있는 가능성을 보여주었다는 것이

---

24) Young C. Kim 교수는 이를 '자백외교'(diplomacy of confession)라 명명했다. Young C. Kim, "North Korea's Strange Quest for Nuclear Weapons," *Problems of Post-Communism*, Vol.50, No.2 (March/April 2003), pp.3-11.

25) <조선일보>, 2003년 4월 30일.

26) *New York Times*, April 29, 2003.

고, 둘째는 미국이 북핵문제 해결에 중국이 큰 역할을 할 수 있다는 것을 인지하게 됐다는 점이며, 마지막으로 북한에 대해 자신의 문제를 해결하기 위해 남한과 일본의 참여가 필수적이라는 것을 다시 한번 확인시켰다는 점이다.

3자회담이 성과 없이 끝난 후 미국정부는 "북한의 제안을 검토하고 있다"고 발표했고, 북한은 "만약 핵문제가 유엔으로 상정될 경우 이를 우리에 대한 공격으로 간주하여 비상조치를 취하겠다"고 말하고 있다. 3자회담 이후 북핵문제를 푸는 해법의 열쇠는 북한이 아니라 미국이 가지고 있었던 것으로 보였다. 왜냐하면 북핵에 대한 집착은 정권의 생존차원에서 이루어지고 있고, 그래서 북한이 먼저 이를 포기하지는 않을 것이었기 때문이다.

3자회담이 성과 없이 끝난 4개월 후 한국과 미국, 일본은 2003년 8월 27일 중국 베이징에서 2+4형식의 6자회담이 있을 것이라고 발표했다. 2+4형식은 남북한 외에 주변 강대국인 미국과 중국, 일본과 러시아가 참여해 북한의 핵갈등을 해소하고 후속조치에 대한 국제적 보장을 담보하는 회담형식이다. 회담이 개최되기 보름 전 한·미·일 3국 대표들은 워싱턴에서 이틀간의 협의 끝에 대북 3단계 해법을 마련했다.[27] 첫 단계는 북한이 핵 재처리를 중단하고 미사일 시험발사를 유예하며 모든 핵계획 폐기를 선언하면, 한·미·일이 대북 불침공의사를 확인한다. 두 번째 단계는 북한이 고농축 우라늄 핵계획을 폐기하기 시작하고 NPT에 복귀하며 2002년 10월 이후 추출된 플루토늄을 폐기하기 시작하면, 3국이 공동명의로 북한의 안전보장을 선언하고 중국과 러시아가 연대 보증국으로 참여한다는 것이었다. 마지막 3단계는

---

27) <조선일보>, 2003년 8월 19일.

북한이 핵시설 폐기와 검증, 국제 군비통제체제 가입, 인권개선, 그리고 반테러협약 가입 등의 조치를 취하면, 미국은 의회의 결의로 대북 안전보장을 '보강'하고 테러지원국 명단에서 삭제하며 대규모 경제 및 에너지를 지원하는 것으로 알려졌다. 이 3단계를 간략히 표현하면 미·북 양측의 현상동결(stand-still)·원상복귀(roll-back)·원만한 해결(cruise)로 이해할 수 있다.

그러나 제1차 6자회담은 처음부터 미국과 북한의 의견조율 실패로 서로간의 입장차이만 확인한 채 아무런 성과 없이 끝이 나고 말았다. 그것은 회담시작 전부터 예견된 일로서 북한의 입장과 한·미·일의 입장이 너무나 상이했기 때문이다.

1차 6자회담이 결렬된 후 6개월 만인 2월 25일에 개최된 2차 6자회담도 이와 유사한 과정과 결과로 끝이 났다. 이때도 한국은 미국, 일본과의 조율을 거쳐 3단계 해법을 발표했다. 첫 단계는 북한이 먼저 핵해결 의지를 표명하고, 2단계는 핵폐기 이행과 이에 상응하는 조치를 취할 경우, 3단계로 관련국과 포괄적 관계를 개선한다는 것이었다.[28] 북한의 입장에서 선 핵포기·후 경협은 처음부터 받아들일 수 없는 것이었다.

미국정부가 지금 말하고 있는 것처럼 무력사용이라는 해법을 끝까지 배제할 수 있다면, 결국 외교적 수단만 가지고 어떻게 북한을 설득할 수 있는가가 이 문제를 푸는 데 핵심이 될 것이다.

---

28) <조선일보>, 2004년 2월 24일.

4. 미국 대북한정책의 한계점

사실 미국의 대북한정책은 그 동안 미국이 되풀이해서 선언해 왔던 평화적 수단을 취하든, 아니면 새롭게 등장하고 있는 무력을 통한 강경책이건 많은 한계점을 포함하고 있다.

첫째, 현재 미국이 북핵문제를 처리하고 또 대응하는 법적 근거는 1994년 전에 미국과 북한 사이에서 맺은 합의안(the Agreed Framework)에 의한 것이라는 점이다. 놀랍게도 그 합의안은 북한 내부에 이미 존재하고 있는 핵관련 시설을 가동하거나 증축하는 것을 금지하는 것이지, 새로운 원자로를 건설하는 것을 금지하는 조항은 없다.29) 이와 더불어 미국이 북한으로 하여금 현상태에서의 핵동결만 요구한다면, 이제까지 북한의 핵관련 기술과 시설에 대한 면죄부를 주는 것에 다름 아닌 것이다. 따라서 북한이 NPT를 탈퇴하고 플루토늄을 생산할 수 있는 빌미를 제공하게 되는 것이다. 만약 미국의 저지에도 불구하고 북한이 핵무기로 무장한다면 남한 및 일본에까지 이르는 동아시아 핵도미노(nuclear domino) 현상이 일어날 것이다.30)

---

29) 1994년 합의안에는 "North Korea agreed to freeze its existing nuclear program to be monitored by the International Atomic Energy Agency"로 돼 있다. U.S. Department of State, www.state.gove/r/pa/ei/bgn/2792.htm.

30) Charles Kartman, "U.S. Policy toward North Korea," *Testimony before House Committee On International Relations* (September 24, 1988); Hun Kyung Lee, "The U.S. Policy toward the DPRK," *Pacific Focus*, Vol.17,

두 번째로 지적돼야 할 문제는 미국이 북한의 핵무기 동결에 집중한 나머지 미사일 생산문제에 대해서는 수동적 입장을 취해 왔다는 것이다. 구체적으로 클린턴행정부는 북한의 미사일수출을 금지하는 데 노력을 기울였을 뿐 북한이 미사일기술을 개발하고 시험하는 데 대해서는 제어할 다른 조치를 구상하지 않았다. 따라서 북한이 남한에 대해 여타 다른 무력수단을 통한 '벼랑끝'(brinkmanship)정책을 사용한다면, 미국은 한반도에서 전쟁도발을 예방할 수 있는 가시적 수단을 갖지 못했던 것으로 보인다. 이것은 미국이 추구하는 동아시아의 '세력 균형자' 혹은 '책임 있는 패권국가'라는 미국의 국가이익에도 부합하지 않는다.31)

셋째, 미국은 북한의 생화학무기 공격에 대해 준비가 돼 있지 않은 것으로 보인다. 평양정부는 오랫동안 생물학적 무기와 화학무기를 개발해 왔으며 현재 이들 무기를 다수 보유하고 있는 것으로 알려져 있다. 현재 북한은 '생물학적 무기협회'(The Biological Weapons Convention)에는 가입해 있지만, 화학무기협회(The Chemical Weapons Convention)에는 가입해 있지 않다. 북한이 남한을 핵무기로 공격했을 경우를 가상할 때 미국은 핵무기로 북한을 보복할 수 있겠지만, 북한이 화학무기로 남한을 공격했을 때 미국이 핵무기를 사용하는 것은 쉽지 않은 일이 될 것이다.32)

마지막으로 북한에 대한 무력공격 또한 너무나 많은 문제점을 포함하고 있다. 무엇보다도 아시아에서 일본 다음으로 중요한 한국국민을 인질로 잡고 있는 북한이 상상할 수도 없는 도발을 감

No.2, Fall 2002, (the CIS, Inha University), p.79 에서 재인용.
31) Hun Kyung Lee, *Ibid.*
32) *Ibid.*

행할 가능성이 크기 때문이다. 다시 말해 4,700만 한국국민의 안전과 번영은 그 무엇보다도 중요한 것이기 때문이다. 최근 한국에서 발생하고 있는 반미감정의 기저는 이런 맥락에서 이해돼야 할 것이다. 미국이 직면하는 또 다른 문제는 중국의 노골적인 반발을 생각해 볼 수 있다. 중국은 한반도에 대한 전통적 영향력을 담보하려 하고 있으며, 더욱이 통일 이후 한반도에 세워질 친미적인 한국정부를 결코 용납하려 하지 않을 것이다. 따라서 중국은 한반도에서 미국에 의한 인위적인 세력변화, 특히 그것이 중국의 대아시아 정책에 부정적인 결과를 초래한다고 생각한다면 결코 좌시하지는 않을 것이다. 마지막으로 일본의 반응을 생각해 볼 수 있는데, 북한이 핵무기를 소유하고 있다면, 아니면 적어도 생화학무기를 포함한 대량살상무기를 장착한 중거리미사일을 이용해 일본을 선제 공격할 가능성도 배제할 수 없다. 그렇다고 해서 미국과 일본이 북한에 대해 선제공격을 한다는 것은 더욱 생각하기 어려운 일이다.

이러한 측면에서 볼 때 미국의 북한에 대한 무력제재가 현실화되기에는 너무나 큰 문제점이 도사리고 있다고 하겠다.

5. 주변 강대국의 한반도정책

이러한 미국의 한반도정책에 대해 주변 강대국인 중국과 러시아, 일본도 나름대로 대응책을 마련하고 있다. 이들 강대국 모두에게 한반도의 향후 질서변화는 그들의 미래 세계전략 형성에 매우 중대한 영향을 미칠 뿐 아니라 국가이익에도 큰 영향을 주기 때문이다. 따라서 이들 강대국의 중장기적 정책을 분석하는 것은 매우 중요하다.

1) 중국의 한반도정책

중국의 입장에서는 새롭게 형성되는 동북아질서에 영향력을 행사하고 또 자국의 경제발전을 꾀해야 하는 이중의 부담을 안고 있다. 장기적인 정책목표를 달성하기 위해 중국이 취하고 있는 몇 가지 정책을 요약해 볼 수 있다. 첫째, 오랫동안 유지돼 왔던 러시아와의 대결상태를 청산하고 전략적 동반자의 지위를 유지하고 있고, 둘째, 미국과 우호관계를 유지하는 데 노력을 집중하고 있으며, 셋째, 급격히 팽창하는 일본의 영향력을 적극적으로 견제하고, 마지막으로 미래 한반도 질서에 발언권을 높이기 위해 남북관계의 변화를 주시하고 있다. 또 외국 투자자본의 유치와 경제발전을 위해 중국은 미국, 일본 및 남한과 경제협력을 추진하고 있다. 중국정부는 이들 국가의 자본을 끌어들이기 위해 경제특구를 설치하고 외국인투자를 위한 특별법 제정, 조세감면 조치 등의 정책을 시행했다.

한국과 수교 직전 중국의 입장에서는 남한과의 경제협력 확대는 전통적인 중국·북한관계의 재조정을 필요로 했다. 중국이 남한으로부터 대규모 투자나 합작사업을 구하기 위해서는 남한정부가 요구하는 대로 투자보장협정이 우선 필요했고, 그것은 국교수립이 절실했기 때문이다. 중국정부는 커다란 딜레마에 봉착하게 됐는데, 무엇보다 큰 이유는 중국이 남한과 수교한다는 것은 "한반도에서 유일한 합법적 정부는 북한"이라는 종전의 입장을 수정해야 하는 것이고, 그것은 동병상련하는 북한과의 관계에 부정적으로 작용할 것은 너무나 분명했기 때문이다. 그러나 결국 중국은 정치적 의리보다는 경제적 실리를 취하는 정책을 선택해 한국과 수교를 감행했다.

1990년대 이후 중국은 놀랄 만한 경제발전을 지속하고 있으며, 발전하는 경제력에 부합하는 정치적 영향력을 행사하려 적극 노력하고 있다. 그러한 중국의 노력은 세계적 차원에서 미국과의 정치적 경쟁을 추구하고 있으며, 점차 군사 대국화하는 일본을 적극적으로 견제하고 또 북한의 핵무기문제로 고조되고 있는 한반도 긴장해소 방안에 개입하고 있다. 실례로 지난 4월에 있었던 미·중·북한 3자회담은 중국이 제안했으며, 또 북한을 설득해 회담장소에 나오게 한 것도 중국이었다.

중국은 현재 아마 미국과 더불어 북한을 설득할 수 있고 또 영향력을 행사할 수 있는 강대국일 것이다. 가장 중요한 이유는 정치적으로 중국은 북한의 중요한 동맹국이며, 경제적으로 중국식 개혁이야말로 현재 북한이 가장 뒤따르고 싶어하는 개혁모델이기 때문이다. 적어도 북한은 중국식 모델을 정치와 경제를 분리할 수 있고, 더불어 경제를 성공적으로 개혁하고 노동당의 역할을 강화할 수 있는 유일한 방법으로 생각되고 있는 듯하다.[33] 정치적으로도 중국은 공산당체제를 성공적으로 유지하고 있을 뿐 아니라 경제발전에도 놀라운 성과를 보이고 있다. 중국 상하이의 놀라운 발전은 김정일이 중국을 방문했을 때 그를 매료시켰음은 두말할 나위도 없다. 김정일이 상하이의 발전을 보고 "천

---

33) Hong Yung Lee, "The North-South Korean Summit and the International Environment," *Korean Politics: Striving for Democracy and Unification* (N.J.: Elizabeth, 2002), p.575.

지가 개벽했다"고 하고, 김대중 대통령이 북한을 지칭해 '제2의 중국'이라고 한 것도 이와 같은 맥락에서였다.[34]

2004년 4월 말에 있었던 김정일의 2차 베이징 방문도 핵문제 해결의 해법을 찾음과 동시에 중국의 원조확대 및 개방정책의 전수를 기대하는 것 또한 같은 선상에 있다고 하겠다.

경제개혁에 관한 경험뿐 아니라 중국은 북한에 대해 교역확대와 투자를 통한 경제적·기술적 지원을 해 줄 수 있는 좋은 입장에 있다. 중국 역시 개방 이후 자본과 약간의 기술을 축적했으며, 그것은 북한에게 매우 매력적인 것이 되고 있다. 따라서 중국은 이러한 정책적 지렛대를 이용해 북한의 행동에 영향력을 행사하고 있음은 주지의 사실이다.

흥미로운 사실은 중국의 이러한 대북한정책의 지렛대가 중국의 대남한 영향력을 향상시켜 준다는 것이다. 현재 남한정부는 북한의 정책변화를 평화적으로 유인할 수 있는 나라는 미국보다는 중국이라고 믿고 있는 것 같다. 미국도 이를 잘 인지하고 있는 것으로 보이며, 지난번 3자회담이나 2003년 8월 27일과 2004년 2월 25일에 개최된 두 차례 6자회담도 중국의 노력에 의해 성사된 것이 이를 뒷받침해 주고 있다.

중국 역시 이러한 사실을 잘 인식하고 있다. 역사적으로 중국은 아시아의 맹주였으며, 향후 오랫동안 이러한 현상은 변하지 않을 것이다. 따라서 중국은 아시아의 변화에 대해 중국이 개입하는 것은 당연한 일이며, 더욱이 현재의 경제발전 속도로 볼 때 21세기에는 아시아 최대의 맹주로 다시 등장할 수 있을 뿐 아니라 미국을 견제할 수 있는 유일한 강대국으로 부상할 것임은 분

---

34) http://joins.com/, 17 January 2002.

명하다. 그래서 중국은 향후 한반도 질서변화에 대해서는 그 어떠한 논의에도 적극 참여하며, 중국의 참여 없는 한반도에 관한 질서변화는 허용치 않을 것임을 선언하는 것으로 이해된다.

그러나 중국의 세계적 차원에서의 역할확장 의도는 아직 정치적이고 상징적인 의미에 그칠 전망이 크다. 왜냐하면 미국과 비교되는 중국의 위상은 아직 미미하기 때문이다. 그럼에도 불구하고 적어도 동북아에서 중국은 이 지역 세력균형의 형성과 변화에 막대한 영향을 미칠 것이다. 따라서 현재 북핵문제를 해결하고 또 통일한국의 미래를 결정하는 데 중국의 참여 없이는 불가능하다는 사실을 알아야 할 것이다.

2) 일본의 한반도정책

일본은 여태껏 "경제대국, 그러나 군사 난쟁이"라고 불려 왔을 정도로 국가능력의 불균형상태를 지속시켜 왔으며, 외교적으로도 분쟁지역에 대한 '불간섭주의'나 '등거리외교'를 고수해 왔다. 전후부터 지금까지 일본은 에너지수입의 70% 정도를 의존하고 있는 중동지역의 정치적 분쟁에 대해 단 한 차례도 의사를 표시하거나 행동을 취한 적이 없다. 그러나 일본은 20세기 후반부터 자국의 경제력에 걸맞는 정치적·군사적 능력을 이룩한다는 목표 아래 꾸준히 국방관련 법률을 개정하고 있으며, 이에 따라 자위대의 증강 및 해외파병을 시도하고 있다. 이러한 일본의 노력은 미국이 요구하는 동북아에서 일본 자위대 역할의 확대에 부응할 뿐 아니라, 유사시 중동이나 동남아로부터 지하자원의 안정적 공급이라는 경제적 목적과도 부합하는 것이다.

그런데 일본의 재무장화는 북한의 핵곡예와 분리해서 생각할 수 없다. 북한의 '서울 불바다' 발언은 북한의 현재 미사일 능력으로 볼 때 '동경 불바다'와 같은 맥락으로 이해될 수 있기 때문이다. 만약 북핵시설에 대한 미국, 일본 연합국의 공격이 개시된다면, 1,000만 서울시민뿐 아니라 1,200만 도쿄시민도 동시에 북한의 '핵인질'(nuclear hostage)이 될 가능성도 충분히 있다. 이러한 측면에서 볼 때 일본의 대북정책이 강경해지는 것은 일본 나름대로의 영향력확대 야욕과 북핵위협이 동시에 어우러져 생긴 결과로 이해돼야 할 것이다.

역사적으로 일본은 한반도에 영향력을 행사하려고 수차례 시도했고 또 성공한 적도 있다. 따라서 일본은 한반도 세력균형의 변화에 개입하고 싶어하고 또 영향력을 행사하려고 노력하는 것이다. 2차대전 이후 일본은 평화헌법과 초강대국 미국군대의 동북아 주둔으로 일본의 노력은 무산됐으나, 미국의 세계전략이 변화된 20세기 후반부터 일본은 다시 한번 한반도 및 동북아에 대한 영향력확대에 힘을 기울이고 있는 것이다.

현재 일본의 북한관은 매우 부정적이다. 비록 북한이 일본의 자본과 기술을 매우 필요로 하고, 또 그것은 중장기적으로 일본의 한반도에 대한 영향력을 높이는 계기를 마련해 줄 것이지만, 현재로서는 북한에 대한 투자는 커다란 매력으로 다가오지 못하고 있다. 그 이유는 무엇보다 일본의 여론이 매우 나쁘다는 것이며, 그것은 무엇보다도 일본인 납치나 교과서문제 등의 현안 때문이라 이해할 수 있다. 그러나 이러한 북한에 대한 부정적 시각이 일본의 재무장에 빌미를 제공하고 있고, 지난 10여 년 이상의 경기침체는 일본사회를 우경화시키고 있다. 따라서 일본은 차제에 군사력의 확장과 헌법개정 등을 통해 북한의 핵위협도 해소하고 군사강국으로의 발돋움도 시도하고 있는 것이다.

그러나 일본의 갑작스런 정치적·군사적 영향력 확대노력은 이 지역 국가들로부터 반발을 야기할 뿐 아니라 현실적인 부작용을 낳을 가능성이 높다. 왜냐하면 통제되지 않은 일본 군사력의 확장은 아시아지역에 팽배한 '일본 알레르기' 현상을 가속시킬 것이며, 또 예기치 않게 일본이 영향력 확장을 위해 무분별하게 시도할 경우, 특히 반러시아 정책의 지속적 수행이나 북한으로의 성급한 접근 같은 정책은 극동에서 군비증강 현상을 야기할 수도 있다. 더 우려되는 사실은 일본이 중대한 외교정책을 결정해 본 적이 없는 '미숙함'에 있다기보다는, 오히려 외교정책 실패 이후 (20세기 초에 보여주었듯이) 그들이 취할 행동의 '불예측성'에 있는 것이다. 따라서 미·중·러 3국은 한반도 질서변화뿐 아니라 장기적으로는 일본의 미래를 통제할 수 있는 제도적 장치를 공동 모색해야 할 것이다.

3) 러시아의 한반도정책

역사적으로 러시아도 동북아지역에서 포기하지 못할 이해관계를 가지고 있다. 특히 동북아는 구소련이나 러시아가 역사적으로 한 번도 독점적 영향력을 행사해 본 경험이 없을 뿐 아니라, 2차대전 이후 동북아의 세력균형은 일방적으로 미국 쪽으로 기울어져 왔다. 또 이 지역의 경제(서태평양지역을 포함하는 아시아·태평양 경제)의 활성화는 '세계경제의 중심'(economic gravity)이 대서양에서 태평양으로 옮겨오는 현상을 보이고 있을 정도로 강력하다.[35] 그런 측면에서 볼 때 러시아의 대동북아 정책목표는 크게 두 가지로 분석해 볼 수 있다. 첫째는 새로운 세력균형의 형성 내지는 러시아에 적대적인 동맹의 형성을 방지하는 것이고, 둘째는 이 지역과 긴밀한 경제협력 체제를 구축해 유럽 쪽 러시아의 경제 활성화에 이바지하는 것이다. 따라서 단기적으로 러시아의 관심은 중·러 화해분위기를 유지하면서, 미국의 동맹국이면서 활력 있는 경제를 가지고 있는 일본과 한국에 집중될 것이다.

20세기 후반 이후 러시아의 외교행태를 면밀히 분석해 볼 때 러시아의 대아시아 접근정책에는 일련의 단계가 있는 것으로 보인다. 제1단계는 '정치적 선언'의 단계로 대아시아 관심표명, 집단안전보장체제 구상, 신뢰구축 장치의 제안, 한반도 비핵지대 구상, 경제협력의 필요성 강조, 그리고 이들을 위한 다자간 협의체 구성제안 등을 들 수 있다. 제2단계는 정치적 선언의 의도를 과시하기 위해 개별국가와 접근을 시도해 정치적 화해와 경제협력을 촉진시키는 것이다. 러시아의 대동북아 정책의 마지막 단계는 제1단계와 2단계의 추진으로부터 무르익은 국제적 환경의 열매를 결실시키는 것으로, 동북아 정치 및 경제질서를 개편하기 위한 다자간 협의체를 구성하는 것이다.

이런 성향은 러시아에 푸틴(Putin) 대통령이 취임한 이후 더 강하게 나타나는데, 그의 변화된 한반도 관련정책은 다음과 같이 정리해 볼 수 있다. 첫째, 많은 러시아 내 한반도 전문가들은 러시아가 북한에 대한 영향력을 상실한 것이 한국에 대한 영향력을 상실하는 결과를 초래하고 있다고 믿고 있다.[36] 한국과의 수

---

35) 미래학자들은 2020년에는 환태평양지역(미국을 포함한 Pacific Rim)의 경제산출량(GNP)이 세계 GNP의 70% 이상을 차지할 것으로 예측한다. 참고로 1982년에는 43%, 2000년에는 54%였다.

36) Evgueni Bajanov, "A Russian Perspective on Korean peace and Security,"

교 이후 한국의 대러시아 투자는 기대에 미치지 못했지만, 한국과의 경제협력은 아직까지 러시아에게는 매우 중요하다. 또 최근 심각하게 논의되고 있는 대형 프로젝트들, 예컨대 이르쿠츠크 가스라인 공사나 남북한 철도연결(TKR) 같은 사업은 러시아에게는 포기할 수 없는 것이다. 이러한 공사에 북한의 협력이 필수적임은 두말할 나위도 없다. 현재 북한이 과거 구소련이 지원했던 기술과 부품을 대체하는 러시아의 협력을 원하고 있는 만큼 러시아의 대북한 접근은 당분간 계속될 것이다.

둘째, 러시아는 최근 한반도에서 미국의 전역미사일방어(TMD: theater missile defence)에 관한 새로운 이해관계를 갖고 있는 것으로 보인다. 미국의 TMD에 대해 러시아와 북한은 강력하게 반대하고 있으며, 그 근거로 미국의 "근본적인 목표는 한반도 북쪽지역에 대한 영향력 확장에 있다"고 믿고 있다.[37] 그래서 러시아는 현재 미국이 주장하고 있는 미사일 관련조약의 개정에 적극 반대하고 있는 것이다. 2000년 여름 푸틴 대통령은 러시아 대통령으로서는 사상 처음 북한을 방문했고, 다음해 4월 김정일이 모스크바를 방문한 것도 모두 이런 맥락에서 이루어진 것이다. 뿐만 아니라 러시아는 미국의 TMD에 대해 중국과 의견을 같이하고 있다. 러시아와 중국은 양국이 관계개선을 하고 협력을 강화하는 것이 상호 호혜적임을 직시하고, 미국의 "패권과 힘의 정치, 그리고 동맹정치에 반대"하며, "국제법을 준수하고 타국의 내정에 간섭하지 않는다"는 것을 분명히 하고 있다.[38] 그리고 미국이야

---

http://www.nautilus.org/fora/security/8a-Bajanov.html.

37) Hong Yong Lee, *op. cit.*, p.579.

38) *Ibid.*

말로 이 두 나라가 반대하는 바람직하지 않은 일을 수행하는 나라로 지목하고 있는 것이다.

그러나 러시아가 동북아정책을 성공적으로 수행하는 데는 많은 문제점이 도사리고 있는 것으로 보인다. 무엇보다도 미국이 반사적인 강경책으로 대응할 가능성이 크다. 아마도 미국은 일본과 한국의 대러시아 접근에 대해 제도적인 정책적 지렛대(policy leverage)를 수립하려 할 것이며, 그것은 단기적으로 시장개방 압력과 주둔미군 감축 등과 연계해서 추진할 것이다. 따라서 러시아는 일본과 한국에 대해 정치적 가치나 경제적 실리를 지속적으로 보급해 주어야 할 것이다. 러시아가 당면하는 또 다른 문제는 여하히 북한의 요구를 들어 주고 반발을 무마하는가와 관련돼 있다. 동북아에서 북한을 제외한 그 어떤 나라에서도 친러적인 세력균형은 기대할 수 없고, 또 일본과 한국을 러시아의 동맹국으로 변화시키는 것은 단기적 측면에서 현실적으로 불가능하기 때문에, 러시아의 정책은 당연히 등거리외교를 추구할 것이다. 최근 러시아가 소원해졌던 북한과의 관계를 복원하기 위해 유화정책을 펴고 있는 것이 이를 증명하고 있다.

마지막으로 러시아의 대동북아 정책에 부정적 요인으로 작용하고 있는 것은 현재 일본과 진행중인 영토분쟁이다. 러시아와 일본은 서로 다른 근거를 가지고 영토문제를 바라보고 있기 때문에 그 해결의 전망이 밝지 않다. 더욱이 양국의 여론이 영토협상에 대해 매우 부정적인 견해를 가지고 있기 때문에 해결의 전망은 더욱 어둡다.

6. 결론 및 전망

21세기 유일 초강대국이며 패권국가인 미국은 현재 세계 GNP의 32%를 생산하고 있고, 국방비는 미국을 제외한 지구상 191개국의 국방비를 모두 합친 액수와 비슷한 연간 3,200억 달러(2004년은 4,000억 달러 예상) 이상을 지출하고 있다.[39] 이러한 패권국가 미국이 밝히고 있는 세계경영 전략은 너무나 분명한 것으로 보인다. 1990년대 초 클린턴은 자신의 독트린에서 "미국은 향후 유일 초강대국의 위치를 향유할 것이며, 이에 따라 그 어떠한 도전세력도 허용하지 않겠다"고 21세기 미국의 세계전략을 제시했고, 2000년대 초 부시 대통령은 미국이 '책임 있는 패권국'으로 세계를 리드할 것임을 분명히 했다. 그리고 미국은 국가이익을 5가지로 명확히 규정하고, 이에 도전하는 국가나 집단이 있으면 유엔이나 동맹국의 지지가 없더라도 과감히 응징하겠다고 밝혔다. 이번 이라크전쟁에서 세계여론이 놀란 것은 미국의 무력행사 방식이 과거와 너무나 달랐다는 점이다. 과거에는 유엔이나 동맹국의 지지나 세계여론 같은 국제적 합의에 비중을 두었으나, 이번에는 이에 개의치 않고 일방적으로 공격을 개시했다.

미국은 충분히 팍스-아메리카나(Pax-Americana) 내에서 '강압적이고 일방적인 지도력'(coercive and unilateral leadership)을 충분히 행사하고 있고 향후에도 계속 그렇게 할 것으로 보인다. 2차대전 이

---

[39] <조선일보>, 2003년 5월 2일.

후부터 존재해 왔던 주적이 사라지고 미국 내부가 파편화되고 있는 시점에서 미국의 지도력은 자신들의 고유한 정치이념인 '자유와 평등'에 더욱 집착하는 경향을 나타내고, 이는 세계전략에서 보다 강압적인 패권적 지도력으로 나타나고 있는 것이다.

이런 맥락에서 북핵문제는 단순히 핵무기와 대량살상무기 확산차원에서 미국의 국익을 위협하는 것으로 받아들여지고 있을 뿐 아니라, 더 나아가서는 21세기 유일 패권국 미국의 세계경영전략에 대한 직접적인 도전으로 인식되고 있는 것이다.

그럼에도 불구하고 미국의 대북한정책에서 무력사용이 배제돼야 하는 데는 중국과 일본이라는 국제환경 변수와 북한이 사용하고 있는 '한국 인질효과'라는 절체절명의 이유가 있다. 향후 미국을 견제할 수 있는 후보국가로서 중국은 미국의 북한공격으로 야기될 수 있는 한반도 질서의 급격한 변화를 결코 원하지 않으며, 오히려 중국의 전통적 세력권(sphere of influence)인 한반도 질서변화에 능동적으로 참여하고 싶어하고 있다. 일본의 입장에서도 북한의 핵무기 보유는 한국과 일본의 핵무장을 낳게 되고, 이는 중국뿐 아니라 일본도 가장 바라지 않는 동북아 세력균형의 시나리오가 된다. 그럴 경우 일본은 중국과 직접적인 핵무기 경쟁을 겪을 것이기 때문이다.

또 북한이 핵무기를 사용해 정권연장을 이루려는 전술은 4,700만 인구와 세계 13위의 경제대국 한국을 직접적으로 위협하는 근간이 된다. 만약 미국이 북한을 공격한다면 북한은 그에 대한 보복으로 한국을 공격할 수 있으며, 설사 북한이 전쟁에서 진다 하더라도 한국에서 "생각할 수도 없고 또 돌이킬 수도 없는" 상황이 전개될 수도 있는 위험이 도사리고 있기 때문이다.

결론적으로 북핵무기 문제를 푸는 궁극적인 열쇠는 미국이 쥐고 있는 것으로 보인다. 극심한 에너지난과 경제난에 시달리고 있는 북한은 가능하면 빨리 핵문제를 해결하기를 원하고 있으며, 따라서 북한의 핵무기를 이용한 긴장고조 정책은 더 심화될 것이다. 그러나 시간은 미국의 편에 서 있다. 미국정부는 북한에 대한 접촉시기와 대화의 정도를 적절히 조절하면서 북한의 벼랑끝전술을 무력화시키고, 자국 내 보수파들의 반발을 무마하는 전술을 사용할 것이다. 다른 한편으로는 보수파들의 강경정책을 대북한 압박용으로 사용할 가능성도 충분히 있다. 물론 미국은 북한을 설득하는 데 중국과 일본의 역할을 충분히 인지하고 있는 만큼, 대북협상에 중국카드와 일본카드를 적절히 사용할 것이다. 또 미국은 이러한 모든 문제를 다자간 틀 속에서 해결하려 할 것이므로, 결국 시간에 쫓기는 북한은 이를 받아들일 수밖에 없을 것이다.

한마디로 미국의 대북한정책이 외교적 수단에 의해서 혹은 궁극에는 무력수단에 의해서 해결될 것인가 하는 것은 21세기 미국의 세계전략 수립과 세계경영의 시금석이 될 것이다.

제9장 한반도 평화를 위한 다자적 접근모색

윤 덕 민

1. 머 리 말

 한반도문제, 한반도평화를 논의하는 틀은 양자에서 4자로, 그리고 이제 6자로 확대되고 있다. 2003년 8월 북핵문제를 해결하기 위해 남북한과 미국, 일본, 중국, 러시아가 참가하는 6자회담이 개최돼 한반도 평화문제에서 다자적 접근이 중대한 전기를 맞이하고 있다.
 한반도 평화문제는 '남북간 당사자 해결원칙'에 입각해 남북간에 해야 한다는 것이 우리의 오랜 입장이었다. 1990년대 초반까지 한국의 입장은 '당사자 해결원칙'에 입각한 것이었다고 볼 수 있다. 북한도 1970년대 중반까지 남북간의 해결을 주장했지만, 베트남 적화를 목격한 이후인 70년대 중반 이후에는 일관되게 미국과 북한 사이의 해결을 주장한다. 남북 공히 다자적 접근보다는 성격은 판이하게 다르지만 양자적 접근을 선호해 왔다고 볼 수 있다.

　북한이 랭군사건 발생 직후 '남북불가침 공동선언 및 대미 평화협정의 동시체결'이라는 3자회담을 제안한 바 있으나, 기본적으로 한국의 입지를 가능한 한 배제시킴으로써 사실상 양자적 접근의 골격을 유지하는 것이었다. 아이러니컬하게도 한반도문제가 다자화된 것은 북한과의 오랜 협상의 산물이다. 핵문제를 비롯한 한반도문제는 새삼스럽지만 처음에는 남북간에 다루어졌다. 1990년대 초 남북한은 한반도문제의 당사자 해결원칙에 입각해 기본합의서와 비핵화 공동선언을 이끌어 낸 바 있었다. 그러나 북한은 핵확산금지조약(NPT)에서 탈퇴하는 등 벼랑끝외교를 통해 협상상대를 미국으로 바꾸는 데 성공했다. 한국은 핵무기 개발을 막기 위한 방편으로 미북회담을 인정했지만, 제네바합의 이후 한반도문제 논의과정에 자신이 반드시 참가해야 한다는 입장이었다. 결국 남·북한과 미·중이 참가하는 4자회담이 한반도 평화문제를 다루기 위해 열렸다. 그러나 북한은 4자회담에서 미북회담이 보장된다는 전제에서 참가했다. 4자회담은 미북회담을 위한 장식품으로 전락하게 됐으며, 4자회담을 거치지 않고도 대미회담이 가능하게 되자 회담은 사실상 소멸했다.

　이번 6자회담은 미국이 원한 것이었다. 제네바합의에도 불구하고 북한이 핵개발을 추진하고 있었다는 사실은 미국으로 하여금 양자회담의 효용에 의문을 갖게 했다. 더욱이 미측에 핵개발을 시인하고는 국제사회에 대해서 이를 부정하는 북한의 태도는 양자보다 다자대화가 필요하다는 미국의 인식을 심화시켰다. 미국이 다자대화를 선호하는 근본적인 이유는 북핵에 가장 큰 영향을 받는 역내국가의 보다 큰 역할이 절실하다는 점 때문이다.

이유가 무엇이든 간에 한반도 평화문제는 일단 북핵문제라는 긴급한 사안에 직면해 남북한과 주변 강대국이 모두 참가하는 6자회담의 형태로 다루어지게 됐다. 6자회담의 결과 한반도문제의 당사자로 인정되던 남·북한과 미국, 중국은 물론 일본과 러시아도 한반도문제에 이해가 걸린 당사자로서 국제적으로 인정을 받는 계기가 됐다.

이 글은 6자회담을 중심으로 한반도평화에 대한 다자접근 문제를 평가하는 데 목적이 있다. 이를 위해 우선 한국전쟁 직후 제네바 정치회의가 실패한 이래 한반도 평화에 관한 첫 다자적 접근이었던 4자회담 사례를 평가하고, 둘째, 북핵문제를 해결하기 위한 6자회담을 검토하며, 셋째, 한반도 평화체제 구축문제에서 다자접근의 유효성을 평가하기로 한다.

2. 4자회담은 왜 실패했나?

1) 4자회담의 배경

한국전쟁 직후 한국전쟁 전후처리를 둘러싼 제네바회의가 실패한 이래 한반도 평화문제는 양자적 접근이 주로 이루어졌다. 그러나 1997년 12월 남북한과 미국, 중국이 참가하는 4자회담이 열림으로써 한반도 평화문제에 대한 다자적 접근이 주목을 받게 됐다.

북한은 1990년대 초반 동구 사회주의권 붕괴의 흐름 속에서 전격적으로 남북 총리회담 프로세스에 참가해 1991년 '남북한 화해와 불가침 및 교류협력에 관한 합의서'(이하 기본합의서)에 합의했다. 북한은 3자회담 논리에 입각해 기본합의서를 남한과 불가침협정을 체결한 것으로 보고 한반도 평화문제에서 남은 것은 미국과의 불가침협정이라는 논리를 강하게 주장하기 시작했다. 북한은 1993년 3월 NPT 탈퇴선언을 계기로 미국과의 직접대화 채널을 확보하는 데 성공했으며, 이후 미북 핵협상에서 대미 평화협정 문제를 언급해 협상력 제고에 활용하는 모습을 보였다. 특히 1994년 4월 핵협상의 쟁점이 되고 있던 원자로 연료봉의 일방적인 인출을 발표한 직후 북한 외교부는 미국에 대해 정전협정을 평화협정으로 대체하고 현 군사정전 기구를 대신하는 '새로운 평화체계 수립'을 제의한다. 같은 날 북한측 군정위 대표를 철수시키고 1994년 12월에는 중국대표도 철수시켰다. 이후 북한은 정전위의 무력화를 위한 일련의 조치를 취하면서 미국과의 평화협정을 요구하기에 이른다.

북한 외교부는 1996년 2월 미국에 대해 비무장지대의 관리, 돌발사건 발생시 해결방안, 군사공동기구 구성 등을 포함하는 잠정협정 체결을 제의, 특히 군정위를 대신하는 '조미 공동군사기구'를 제안했다. 이후 북한은 비무장지대에 대한 유지·관리의무 포기를 선언하고 비무장지대에서 무력시위를 감행했다. 북한이 주장하는 새로운 평화보장체계가 무엇을 의미하는지 불명확하지만, 이는 미국에 대한 제안이며 미북 평화협정 체결과 밀접한 관련이 있다고 볼 수 있다. 핵협상 기간에 북한이 정전위의 기능을 무력화시키는 일련의 조치를 취하면서 대미 평화협정 체결공세를 펼친 것은 명백히 미국과의 협상에 영향을 주려는 의도가 있었던 것으로 판단된다.

특히 제네바합의 직후인 1994년 12월에 일어난 북한에 의한 미군헬기 격추사건은 북한의 NPT 탈퇴 이후 한반도문제가 미북에 의해 주도되는 분위기에 대한 한국의 불만을 증폭시켰다. 헬기 승무원인 홀 준위를 송환시키기 위해 방북한 하버드 국무성 부차관보는 정전협정이 북한의 무력화 행동으로 기능을 하지 못하는 상황에서 "한반도의 평화와 안보를 위협하는 사건들을 막기 위한 조치를 식별하고 시행하기 위한 적절한 경로의 군사접촉을 유지"하기로 합의해 위기관리 차원에서의 미북 군사채널의 필요성을 인정했던 것이다. 이 사건을 계기로 한국은 미국이 한국을 제치고 북한과 한반도문제를 협의할지도 모른다는 우려를 갖게 됐으며, 제네바합의에 따른 미북간의 연락사무소 설치 등을 위한 협상이 진행되고 일북간에도 수교 움직임이 진행됨에 따라 한국은 한·미·일간의 공조를 강화할 필요성을 절감하게 됐다. 특히 미북간에 3자회담 가능성에 대한 논의가 미국 내에서 진행됨으로써 한국은 한반도 평화문제를 다루는 새로운 틀의 필요성을 인식하게 됐다.

한국정부는 한반도 평화문제에서 1992년 남북한간에 마련된 '기본합의서'에 따른 남북 당사자 해결이라는 기본전제에도 불구하고 제네바합의 이후 미북 관계개선의 추진과 함께 북한이 남북대화를 철저히 거부하고 대미 평화협상을 주장하고 있는 현실을 고려해 한반도의 휴전상태를 항구적인 평화체제로 전환시키기 위한 새로운 틀을 모색하게 된다.

2) 4자회담 진행과정

한국정부는 미국과의 협의를 통해 남북한과 한국전쟁에 직·

간접적으로 책임이 있는 미국과 중국이 참여하는 소위 '4자회담' 방식을 추진해 1996년 4월 제주도에서 열린 한미 정상회담에서 4자회담을 북한과 중국에 공식적으로 제의했다. 이와 함께 한국은 미북접촉을 남북대화 재개에 연계하던 정책에서 벗어나 미사일 통제문제, 미군 실종자(MIA)문제 같은 현안문제에 대해서는 미북 간의 직접접촉을 용인하는 조치를 취했다.

한미의 4자회담 제의에 대해 북한 외교부는 제안의 의도와 현실성을 검토중이라는 반응을 보였으며, 제안의 취지·목적·현실성 등에 대해 미국의 구체적인 공식설명을 요구해와 유보적이었지만 거부는 하지 않았다. 이에 따라 한미가 공동설명회를 제의했으며, 북한 외교부는 1996년 9월 주한미군 철수문제가 4자회담의 주의제가 돼야 한다는 입장을 밝힌다.

경제적 어려움이 가중되는 상황에서 북한은 1997년 3월 식량지원과 미국과의 준고위급회담 개최를 담보로 해서 한국과 미국에 의한 '4자회담 설명회'에 응했으며, 대규모 식량지원, 경제제재 완화 등이 선행될 경우 4자회담을 수락할 수 있음을 밝히게 된다. 한편 북한은 1997년 4월 2차 설명회에서 4자회담을 열기에 앞서 남북한과 미국이 참석하는 3자회담을 열고, 여건이 조성되면 중국이 참여토록 하는 소위 '3+1방식'을 제안한 바 있다. 국제기구를 통한 한·미·일의 간접적인 식량지원이 이루어지는 가운데 북한은 식량지원 및 경제제재 완화에 대한 사전보장을 요구하는 한편 미북 평화협정과 주한미군 처리문제를 본회의의 의제로 해야 한다는 입장을 보이면서 4자회담에 응했다. 1954년 한국전쟁 처리를 둘러싼 제네바회의가 결렬된 이래 43년 만인 97년 12월 제네바에서 한국전쟁의 실질적 당사자인 남북한과 미국, 중국이 참가한 4자회담이 개최됐다.

의제를 두고 입장대립으로 평행선을 긋던 4자회담은 1998년 10월 3차 회의에서 '평화체제구축' 및 '긴장완화' 두 분과위원회를 두기로 합의했다. 평화체제구축분과위는 한반도 평화체제 구축방식, 특히 평화협정의 형식과 내용을 다루는 한편, 긴장완화분과위는 군사적 신뢰구축(CBM)을 다루어 가기로 했다. 그러나 의제를 둘러싸고 북한과 현격한 의견차이를 보였다. 북한은 4자회담에서 주한미군 철수 및 미북 평화협정 체결을 의제화할 것을 주장한 반면, 한·미 양국은 선 신뢰구축·긴장완화 조치이행의 필요성을 강조했다.

1997년 12월 첫 4자회담이 열려 99년 8월 6차까지 회담이 개최됐으나, 현재 4자회담은 큰 성과 없이 휴면상태에 들어가 있으며 사실상 종결된 상태다.

3) 4자회담의 평가

4자회담은 한국전쟁 직후 개최된 제네바합의가 실패한 이래 최초로 한반도 평화체제 구축을 위한 시도였으며, 한국전쟁의 주요 당사자인 남북한과 미국, 중국이 참가한 회담이었다. 4자회담은 한반도 평화문제에서 가장 합법적인 당사자들이 모여 한반도 평화체제 문제를 논의했다는 점에서 정전체제의 법적 종결과 항구적 평화체제 구축을 위한 가장 이상적인 틀로 볼 수 있다.

4자회담은 사실상 실패했다. 4자회담이 실패한 이유는 많은 부분 북한의 이해에서 찾을 수 있다. 사실 북한은 4자회담을 통해 한반도문제의 해결을 꾀하기보다는 4자회담 자체에 이익을 느끼고 있었던 것으로 판단된다. 그런데 북한이 4자회담에 참가하는 가장 큰 동인은 식량지원을 확보할 수 있음은 물론 북한이 회담에 참가할 경우 회담 전후로 직접적인 대미 고위급 채널을 가질 수 있다는 점이었다. 북한은 한반도 어디까지나 미국과의 직접대화를 원했다. 북한은 한국도 참여하는 4자회담에 참가함으로써 남북 직접대화 압력을 피하면서 미북 고위급회담 등 격상된 대미 대화채널을 확보할 수 있었던 셈이다. 북한은 4자회담과 미북 고위급회담으로 이원화해 4자회담에 형식적으로 응하면서 미북 회담에서 한반도 안보구도의 수정과 미북 관계개선을 모색할 수 있었다.

그러나 1999년 이후 북한은 4자회담을 거치지 않더라도 미북간의 안정적 고위급 채널을 가질 수 있게 됐다. 북한의 입장에서 4자회담의 메리트(merit)는 없어지게 된 셈이었다.

한편 4자회담에 중국이 참가하게 됨으로써 당초 한·미 양국과 북·중 양국 사이의 2 대 2의 대립구도가 예상됐으나, 의외로 중국은 합리적 행위자로서 역할을 수행했다. 따라서 4자회담은 예상과 달리 3 대 1의 구도가 되는 경우가 많았으며, 이는 북한의 입장에서는 적지 않은 불만이 됐다. 횟수를 거듭하면서 4자회담은 점점 북한에 불리한 구도라는 것이 인식됐다.

또한 미북 사이의 대화가 베를린합의와 페리프로세스로 크게 진전되는 가운데 남북간의 대화 움직임도 4자회담의 필요성을 약화시켰다. 4자회담은 한국이 배제된 상황에서 한반도 평화문제의 당사자인 한국의 참여를 위한 프로세스로 추진됐지만, 남북간 대화채널이 확보된 상황에서 그 필요성이 약화됐던 것이다. 특히 2000년 4월 남북정상회담이 개최되고 남북간 교류협력이 심화되는 가운데 4자회담은 사실상 휴면상태에 처하게 됐다고 볼 수 있다. 그러나 현재의 정전체제를 법적으로 종결하고 공고한 평화체제로 전환하는 문제에서 4자회담은 이상적인 틀로 판단된다.

3. 6자회담

　북핵문제도 1990년대 초반 남북 당사자 해결원칙에 입각해 남북 사이에 진행된 바 있다. 한국정부는 미국과의 긴밀한 공조를 배경으로 미 전술핵 철수를 지렛대로 북한과 '한반도 비핵화 선언'을 채택하고 남북 핵통제공동위원회를 두어 한반도의 비핵화와 사찰문제에 대한 협상을 진행했다. 그러나 북한은 NPT를 탈퇴하고 미국과의 직접협상을 주장해, 결국 핵협상은 한국의 양보로 미북 양자가 진행하게 됐다.
　2003년 8월 북핵문제에 관한 6자회담이 개최됨으로써 북핵문제는 양자접근에서 이탈해 다자적 접근을 통한 해결을 모색하게 됐다. 비록 핵문제에 관한 다자적인 6자회담 틀이 가동된 것이지만, 향후 한반도 평화문제에서 남북한과 주변 4강이 참가하는 6자의 틀이 전형화(典型化)할 가능성이 높기 때문에 주목된다.

1) 6자회담의 배경

　북한은 2002년 10월 평양을 방문한 켈리 차관보에게 우라늄 농축에 의한 핵무기 개발을 시인했다. 국제사회의 북한에 대한 의혹이 증폭되는 상황에서 북한의 초청으로 평양을 방문한 그레그 전 미대사는 강석주를 만난 것으로 알려진다. 켈리·강석주 회담에 대해 묻는 그레그 대사에게 강석주는 "나는 그 계획(우라늄 농축)을 몰랐다. 계획을 아는 자들을 모아서 어떻게 대답할지 결정해야 했다. (다음날 켈리 차관보에게) 미국의 위협에 대항하기 위해 어떤 무기라도 개발할 권리가 있다고 답했다"고 전했다. 북한은 부시정부의 대북 압살정책 때문에 핵무기를 개발한다는 논리를 개발한 셈이다. 대북 압살정책이 포기돼야 핵개발도 포기할 수 있다는 것이다. 강부부장은 김정일 참석 여부에 관해 "상상에 맡긴다"고 했다. 결국 북한은 이라크 다음의 목표가 자신이 될지도 모른다는 우려 속에서 핵개발 사실을 인정하고 이를 대미교섭의 카드로 삼는 길을 택했다고 볼 수 있다. 강석주 부부장은 그레그 대사에게 "미국이 북한을 공격하지 않는다는 불가침보장을 전제로 고위급회담을 연다면 미국의 핵에 관한 우려에 대해 대답을 준비할 수 있다"는 메시지를 전달했다. 북한 외무성도 켈리 방북 직후 '미북 불가침협정'을 체결한다면, 미국의 안전보장상 우려를 해소할 용의가 있음을 밝혔다.

미국은 나쁜 행동에 대해서는 보상하지 않는다는 원칙적 입장 아래 우라늄 농축계획을 폐기해야 인센티브를 제공할 수 있다는 입장을 견지한다. 이후 북한은 한·미·일 3국의 중유제공 중단을 계기로 핵동결을 해제하고 NPT를 탈퇴하는 등 벼랑끝외교로 치달았다. 북한의 벼랑끝외교는 3가지 차원에서 동시에 추진됐다. 첫째, 핵동결 해제를 통해 핵폭탄의 원료가 되는 플루토늄 생산을 위한 단계를 밟았다. IAEA 사찰관 추방, NPT 탈퇴에 이어 동결중인 핵시설의 가동을 추진해 5MW 원자로를 지난 2월 27일 가동한 데 이어 재처리시설 가동을 위한 준비를 진행하고 있다. 북한은 2003년 4월 한미 정상회담을 앞두고 재처리를 완료했다고 발표했으며, 지난 4월의 베이징 3자회담에서도 핵보유와 함께 재처리 완료를 전했다. 또한 소규모의 재처리활동을 실제로 실시한 것으로 알려진다. 재처리시설을 가동해 북한이 보관하고 있는 사용후핵연료를 재처리할 경우 6개월 내에 북한은 핵폭탄 5개를 추가로 보유할 수 있게 된다.

둘째, 정전협정의 무효화와 함께 무력시위를 강화했다. 북한은 2월 17일 정전협정 파기 가능성을 시사한 이래 북한 전투기가 거의 20년 만에 북방한계선을 침범했으며, 3월 4일에는 미그29 등 전투기 4대가 공해상의 미 정찰기에 접근해 공격태세를 취한 바 있다.

셋째, 미사일 모라토리엄의 폐기를 위협하며 미사일 발사시위를 벌이고 있다. 북한은 2월 24일과 3월 10일 두 차례에 걸쳐 지대함 미사일을 시험 발사했다.

북한은 동원할 수 있는 모든 카드를 동원해 대미 압박수위를 올리고 있지만, 정작 이에 대한 부시정부의 입장은 매우 냉정하다고 할 정도로 미온적이었다. 이라크전쟁이 끝나고 국제사회의 관심이 북한으로 집중되는 가운데 북한은 우여곡절 끝에 열린 미국, 중국, 북한 사이의 베이징 3자회담에서 핵모호성을 버리고 핵무기 카드를 적극 구사했다. 북한의 이근 대표는 켈리 차관보에게 핵무기를 보유하고 있으며, 미국의 태도 여하에 따라서는 물리적으로 보여줄 수 있으며(physically demonstrate), 이전할 수도 있다(transfer)고 협박했다. 또한 평양을 방문한 미 의원단에게 백남순 외상도 북한이 핵무기를 보유하고 있고, 재처리를 거의 완료했으며 더 많은 핵무기를 갖게 돼 있다고 전했다. 북한이 핵무기 보유와 재처리 완료를 말한 것은 다음과 같은 의도가 있다고 본다. 첫째, 군사공격에 대한 억제력을 보유하고 있음을 전달해 압박에 굴하지 않겠다는 의지를 표명하려는 것이다. 둘째, 긴장을 높여 미국의 관심을 유도해 2국간 협상을 성사시키려 한다고 볼 수 있다.

북한은 핵문제를 유엔에 끌고갈 경우 비상행동 조치를 취할 것을 주장하고 특히 제재가 결정될 경우 이를 전쟁의 신호로 간주해 자위적 대처를 취하겠다고 위협했다. 한편 3자회담에서 북한은 '단계적 패키지'(step by step package) 형식의 해결을 제안했다. 즉 미국이 경유공급, 식량지원, 경제지원, 경수로 공급, 안보보장 등의 조치를 단계적으로 취해 간다면 북한도 이에 상응해 핵문제 등 미국의 우려사항을 해결할 수 있다는 것으로, 핵무기 프로그램 폐기는 전체의 최종단계에서 하겠다는 것이었다.

제네바합의에도 불구하고 북한이 핵개발을 추진하고 있었다는 사실은 미국으로 하여금 양자회담의 효용성에 의문을 갖게 했다. 더욱이 미측에 핵개발을 시인하고는 국제사회에 대해 이를 부정하는 북한의 태도는 양자보다 다자대화가 필요하다는 미국의 인식을 심화시켰다. 미국이 다자대화를 선호하는 근본적인 이유는 북핵에 가장 큰 영향을 받는 역내국가들의 보다 큰 역할이 절실하다는 점 때문이다. 북핵문제는 미국의 문제라기보다 우선적으로 지역국가들이 가장 심각한 안보상의 위협이 되는 사안인 만큼 지역국가들이 문제를 해결하기 위해 보다 많은 역할을 맡아야 한다는 것이다. 미국은 기본적으로 북핵문제의 부담을 혼자 도맡지 않고 역내국가들과 함께 문제를 해결하겠다는 입장이다. 미국은 대통령선거 국면으로 접어들고 있고 이라크전쟁에서 마련한 발판을 통해 중동의 신질서 창출에 힘을 기울여야 하는 상황에서 한반도의 긴장을 원치 않는다. 미국의 본심은 다자회담에서 역내국가의 건설적인 역할을 통해 문제해결을 모색한다는 것이다.

또 미국이 다자회담을 선호한 하나의 중대한 이유는 북한이 내거는 요구사항을 응하는 데 다자틀이 실효성이 높다는 점 때문이다. 북한이 제기하는 불가침 약속과 관련해서 미국은 국내적 제약을 감안해 다자에 의한 공동 안전보장 제공을 대안으로 고려했으며, 그 결과 회담의 틀도 양자보다는 다자가 필요한 것으로 인식했다고 본다.

결국 6자회담은 미국이 원한 것이었다. 미국은 3자회담 참가국에 한국과 일본이 참여하는 5자회담을 추진했지만, 러시아측의 강력한 요청에 응해 6자회담으로 확대했다. 미북회담만 고집하던 북한이 6자회담을 수용한 것은 미국과 역내국가, 특히 중국과의 역할분담을 통한 협력에 의한 것이라고 볼 수 있다. 미국은 재처리 개시 등 북한의 벼랑끝전술을 무시하면서 북한에 대한 정치경제적 압박을 강화해 왔다. 미국은 대북 경제·식량원조를 대폭 축소하는 동시에 북한의 외화 획득원을 차단히는 압박정책을 적극 추진하고 있다. 북한의 주요 외화 획득원은 마약, 미사일수출, 위조지폐와 조총련 송금 등으로 볼 수 있는데, 미국은 이들을 차단하기 위한 방안을 강구하고 있다. 미국이 추진하는 대북 경제압박은 북한 에너지의 70% 가량을 제공하는 중국의 협력 없이는 소정의 효과를 거둘 수 없다. 특히 북한의 마약, 위폐 등 불법거래를 차단하는 데 육로통제도 반드시 필요하다. 따라서 중국의 협력은 대북압박 포위망을 구축하는 데 필수적이다. 미국은 중국이 적극적으로 북한을 6자회담에 참여하도록 유도하는 역할을 원했으며, 중국은 미국의 강력한 대북압박을 배경으로 중재여할을 통해 6자회담을 이끌어 내는 중요한 역할을 했다. 중국의 다이빙궈 부부장은 북한방문에서 처음으로 북핵불용 메시지를 북한에게 확실히 전달한 것으로 알려져 있다. 마치 미국이 나쁜 형사(bad cop), 중국은 좋은 형사(good cop)라는 역할분담을 통해 결국 북한을 6자회담에 끌어냈다고 해도 과언이 아니다.

2) 1차 6자회담 개최

미국의 대북 압박망이 점차 구체화하는 가운데, 북한은 벼랑끝 외교를 지속해 사태를 위기적 상황으로까지 끌고갈 것인지, 아니면 다자회담에서 핵포기로 갈 것인지 선택의 시기에 몰리고 있었다. 북한이 6자회담을 수용한 것은 매우 다행스러운 일이었다.

6자회담은 북핵문제의 평화적 해결은 물론 한반도의 운명을 좌우할 중대한 전기다. 2003년 8월 27일 베이징에서 개최해 29일에 끝난 6자회담은 예상대로 최소한의 성과만을 올리는 데 그쳤다. 첫 회담은 일단 참가한 각국의 입장을 개진하는 장으로서의 성격을 가지며 향후 회담의 향방을 가늠할 수 있는 중요한 좌표가 된다. 이번 회담에는 좋은 징조(good news)와 좋지 않은 징조(bad news)가 교차했다. 보다 낙관적으로 6자회담을 전체적인 상으로 보기 위해서는 우선 좋지 않은 징조부터 먼저 이야기하고 좋은 소식은 나중에 평가하는 것이 한 방법이다.

첫째, 베이징 3자회담 이래 북한의 태도는 변화가 없다. 북한은 베이징 3자회담의 입장을 되풀이한 것으로 알려진다.[40] 특히

---

40) 6자회담 후 북한 중앙통신이 밝힌 북한의 입장은 다음과 같이 정리된다. 즉 미국이 적대정책을 포기하면 핵계획을 포기할 수 있으며 미북 사이의 핵문제 해결을 위한 조치를 동시행동으로 해야 한다는 것이다. 동시에 행동순서는 우선 미국이 중유를 제공하고 인도적 지원을 대폭 확대하는 동시에 북한은 핵계획 포기의사를 선포한다. 두 번째 단계로

북한대표는 미국과의 양자접촉에서 빠른 시일 내에 핵보유를 선언하거나 실험할 수 있다고 위협해 지난 3자회담에서의 위협을 거듭 했다.

둘째, 회담의 대표다. 북한측 대표인 김영일 부부장은 외무성의 부부장 중 가장 낮은 부부장으로 핵문제와는 거리가 먼 아시아 담당인 것으로 알려졌다. 제네바합의를 이끌어 낸 강석주나 경수로협상을 이끈 김계관 부부장과는 전혀 새로운 인물이다. 물론 이번 회담에서 중국의 역할이 중요하다는 점에서 그의 기용을 평가하는 측면도 있지만, 김영일 부부장은 인물의 비중으로 볼 때 협상을 이끌 정치적 재량권이 없으며, 철저히 중앙의 지시에 의거해 전달하는 역할에 머물 것이다. 첫 6자회담에서도 그러한 예측은 벗어나지 않았다고 본다. 북한대표의 비중으로 볼 때 아직 북한은 6자회담에서 진지한 협상을 할 자세가 아닌 것으로 보인다.

셋째, 대화가 순항할 수 있는 모멘텀이 형성되지 않았다. 비록 각자의 입장을 개진하는 것이 첫 회담의 성격이지만, 대화의 접점이 마련되지 않고 평행선을 달리고 있다는 느낌이다. 비록 6자 공히 회담의 목표가 비핵화라는 점에서는 일치를 보였지만, 협상의 접점과 모멘텀은 마련되지 않았다.

넷째, 회담 직후 북한의 태도다. 북한대표는 베이징을 떠나면서 이런 회담은 필요 없고 백해무익(百害無益)하다고 했고 북한

미국이 불가침조약을 체결하고 전력손실을 보상하는 시점에서 북한은 핵시실 및 물실을 농결하며 감시사찰을 허용하고, 세 번째 단계로 미북, 일북 외교관계가 수립되는 동시에 북한은 미사일문제를 타결하며, 마지막 단계로 경수로가 완공되는 시점에서 북한은 핵시설을 해체한다는 것이다.

외무성을 비롯한 북한매체들도 이러한 입장을 되풀이하고 있다. 물론 북한 특유의 벼랑끝전술의 일환으로 보이지만, 핵보유와 핵실험 발언에 뒤이은 북한대표의 발언이기 때문에 좋지 않은 징조로 볼 수도 있다.

반면 긍정적 징조도 있다. 우선 6자회담이 열렸다는 사실이다. 다자회담에 반대하던 북한이 회담에 참가함으로써 이제 북핵문제는 본격적인 협상국면으로 접어들었다. 6자회담은 지금까지 시도해 본 적이 없는 일대 실험이지만, 한반도에 직·간접적인 이해를 갖는 모든 당사자들이 한 자리에 모였다는 점에서 의의가 있다.

둘째, 중국이 적극적인 외교력을 보이고 있다는 점이다. 1990년대 초 핵위기와 달리 중국은 북핵문제 해결을 위해 적극적인 외교를 구사하고 있다. 10년 전 한·미의 전유물처럼 보이던 셔틀외교를 중국 외교관들이 워싱턴, 서울, 동경, 모스크바를 두고 활발히 전개하고 있는 것은 격세지감을 느끼게 한다. 중국의 건설적 역할은 북핵문제 해결에서 관건이 되는 사안이며, 중국의 지렛대가 과거와 다른 협상구도를 실현시키고 있다.

셋째, 미국의 입장에 변화가 감지됐다. 종래 미국의 입장은 북한이 모든 핵무기를 포기하고 핵시설을 폐기할 때까지 새로운 지원은 없다는 것이었다. 그러나 북한을 핵포기로 유인하기 위해 필요한 조치의 논의를 시작할 수 있으며 핵폐기를 시작하는 단계부터 단계적으로 대북 인센티브가 가능하다는 쪽으로 유연해졌다. 또한 6자회담에서 북한의 안보우려에 대해 조약형태는 안 되지만 다자간의 문서형태로 할 수 있다는 점을 시사했다.

결국 첫 6자회담은 각자의 입장을 개진하는 전초전의 성격을 갖고 최소한의 성과에 머물렀다고 볼 수 있다. 역시 6자회담이 열렸다는 점에 가장 큰 의의를 두어야 할 것 같다. 북핵문제는 이제 일단 대결국면에서 협상국면으로 접어들었다.

3) 관련국의 입장

(1) 미국의 입장

미국은 이미 대통령선거 국면으로 접어들었고 이라크전 전후 처리가 상당히 어렵게 전개되는 상황에서 한반도에서의 새로운 긴장을 원하지 않는다고 볼 수 있다. 미국은 6자회담 등을 통해 중국, 한국, 일본, 러시아 등의 건설적인 역할을 동원해 해결을 꾀하고 있다고 볼 수 있다. 특히 미국은 중국의 역할에 기대하고 있다.

베이징 6자회담에서 미국의 입장에 변화가 감지됐다. 종래 미국의 입장은 북한이 모든 핵무기를 포기하고 핵시설을 폐기할 때까지 인센티브를 제공할 수 없다는 것이었다. 그러나 북한의 핵포기를 유인하기 위해 필요한 조치의 논의는 시작할 수 있으며, 핵폐기를 시작하는 단계부터 단계적으로 대북 인센티브가 가능하다는 쪽으로 유연해졌다. 또한 6자회담에서 북한의 안보우려에 대해 조약형태는 안 되지만 문서형태로 할 수 있다는 점을 시사했다.

파월 장관은 10월 10일 기자회견에서 공개적으로 '다자보장과 문서화'에 입각한 구체적인 대북 안전보장 입장을 천명했다. 부시 미 대통령도 10월 21일 APEC에서의 한미 정상회담에서 노무현 대통령에게 미국을 포함한 6자회담 참가국에 의한 대북연대

안전보장을 문서로 제공하는 방안을 제안할 것임을 전달했다. 북한이 핵문제 해결의 전제로 미국의 불가침 약속을 요구했음에 비추어 북핵협상의 돌파구가 마련된 것으로 평가된다.

　미국은 무작정 성과 없는 회담의 장기화는 꾀하지 않을 것이며 북한의 태도에 따라서는 압박수단을 동원할 것이다. 미국은 북한의 시간끌기 전략을 봉쇄하기 위해 회담 진행중에도 경제압박, 유엔안보리 상정노력 및 PSI(핵확산방지구상) 등을 지속적으로 추진할 것이다. 북한이 사태를 악화시킬 경우 미국은 보다 강경한 압력을 현실화할 것이다. 일단 대통령선거까지 미국은 북한이 사태를 악화시키지 않는 한 협상을 통한 해결에 주력할 것으로 예상된다.

⑵ 중국의 입장

　중국은 북한과 관련해 지정학적 이해관계와 실리 사이에서 적지 않은 딜레마를 안고 있다. 북한이 핵무장을 할 경우 미·일과의 군사적 충돌까지도 상정한 긴장국면과 함께 일본·대만의 핵무장이 초래될 수 있다는 점을 크게 우려하고 있다. 또한 중국의 경제발전에서 한·미·일의 실질적인 가치 및 의존도가 심화되는 상황에서 북한으로 인한 관계악화를 원하지 않는다. 그러나 완충지역으로서의 지정학적 이해로부터 북한의 붕괴도 바라지 않고 있다.

　중국은 10년 전과는 다르게 핵문제 해결에 적극적인 입장을 보이고 있다. 최근 중국 내부에서는 북한의 변화에 무게를 둔 논의가 활발히 진행되고 있고, 최악의 경우 정권교체도 공공연하게 암시하는 의견이 개진돼 북한에 대한 압력이 되고 있다. 결국 중국은 미국의 강력한 대북압박을 배경으로 중재역할을 통해 6자회담을 이끌어 내는 데 중요한 역할을 했다.

6자회담 직후 중국은 미국이 양보해야 한다고 했지만, 중·조 국경지역에 인민해방군을 강화하는 조치를 통해 북한에 대해 무형의 압력을 높이고 있다. 특히 2차 6자회담 조기개최를 위해 활발한 셔틀외교를 전개하고 있다.

중국은 한반도의 비핵화와 경제발전을 위해 안정된 대미·대일관계를 중시하는 측면에서 6자회담의 지속을 바랄 것이며, 2차 6자회담의 조기성사를 위해 북한에 대해 적극적인 회유와 압력을 행사할 것이다.

(3) 일본의 입장

일본은 6자회담에 참가함으로써 국제적으로 한반도문제 당사자의 일원으로 인정받는 계기가 됐다. 일본은 6자회담에서 핵문제는 물론 납치문제와 미사일문제도 포괄적으로 다루어야 한다는 입장이다. 그러나 6자회담에 참여하는 관련국들이 핵문제를 최우선하는 상황에서 일본이 납치문제를 강력히 제기하는 것은 어려운 실정이다. 일본정부는 일본인 납치문제 해결을 최우선하는 국내여론과 핵문제를 중시하는 관련국들의 입장 사이에서 딜레마를 안고 있다.

일본정부는 6자회담 대표 모두발언을 통해 핵문제와 함께 납치문제 해결이 필요하다고 거론했지만, 문제해결을 위한 구체적인 방안은 회의기간중 북한과의 양자접촉을 통해 모색하는 절충방안을 추진했다. 회담기간중 일북접촉을 가졌으며, 특히 마지막 접촉에서 김영일 외무성 부상이 "앞으로 납치문제를 포함한 현안을 평양선언에 의거, 대화로 해결해 나가자"고 함으로써 납치문제에 관한 일본의 입장에 화답했다. 이는 "납치문제는 이미 해결된 사안"이라는 북한의 종래 주장을 뒤엎는 것이었다. 그러나 최근 북한은 6자회담에 일본이 참가하는 것을 극력 반대하는 입장을 강하게 보이고 있다.

일본은 자국 내의 반북한 여론을 배경으로 6자회담에서 미국과 공동보조를 맞출 것이며 대북압박에도 적극 참가할 것으로 보인다.

⑷ 러시아의 입장

러시아는 6자회담에 참가함으로써 한반도에서 잃었던 자신의 영향력을 복원하는 발판을 마련하는 데 성공했다. 러시아는 기본적으로 북한의 입장을 두둔하고 대미외교의 일환으로 6자회담에 임해 반대급부를 극대화해 갈 것으로 보인다.

하지만 러시아도 북한의 핵무장에는 반대하며 체첸문제, 이슬람과의 긴 국경선 등을 감안해 핵확산 방지에 대해 미국과 이해를 공유하고 있다. 러시아는 대미관계에서 한계를 갖고 있는바, 회담에서 크게 일탈되는 행동을 취하지는 않을 것으로 판단된다.

4) 전망 및 평가

6자회담의 실패는 한반도에 사는 우리로서는 상상하고 싶지 않은 일이다. 우리의 입장에서는 6자회담을 반드시 성공시켜야 하지만, 매우 지루하고도 쉽지 않으며 때로는 긴장국면도 초래되는 우여곡절도 겪을 것이 예상된다. 6자회담은 새로운 시도로서 참여자가 는 만큼 매우 복잡하고 어려운 조정과정을 필요로 할 것이다. 6자회담이 북핵문제의 평화적 해결에 전기가 되는 것은 분명하지만, 참가국들의 이해를 조정하는 쉽지 않은 과정이 될 것이다. 문제는 참여국가들의 건설적인 역할 여부다. 회담 참여국가가 많을수록 합의가 존중될 가능성이 늘지만, 합의를 얻는 과정은 더욱 어렵고 복잡하게 된다는 것이 상식이다. 참가국 중에는 북핵해결도 중요하지만 이 기회에 한반도에서 영향력을 확대하는 계기로 삼으려는 의도도 있을 것이다. 참가국 공히 북핵에는 반대하지만 자신의 국익을 철저히 반영하려 할 것은 자명하다. 6자회담의 성공 여부는 여하히 참여국들이 동상이몽(同床異夢)이 아닌 조율된 목소리로 북한에게 일관되게 말할 수 있느냐에 달려 있다. 결국 굳건한 한·미·일 공조가 6자회담에서 조율된 목소리를 형성하는 발판이 될 것이다.

비록 북핵문제를 해결하기 위한 장으로 6자회담이 마련됐지만, 북핵문제의 성격상 그 해결은 사실상 한반도 평화문제를 총망라하는 포괄적 내용을 필요로 할 것이다. 즉 핵문제의 종결적 해결은 정치, 경제, 안보상 모든 현안문제의 포괄적 타결을 필요로 한다. 결국 6자회담은 핵문제에 국한되지 않고 사실상 한반도 평화문제 전반을 다루는 틀로 진전될 가능성이 높다. 물론 6자회담에서 북핵문제가 해결된다는 전제하에서의 이야기다. 만일 북핵문제가 6자회담을 통해서 해결된다면, 6자회담이 한반도 평화체제 논의의 핵심적인 장이 될 것이다. 지금까지 4자회담이 한반도 평화체제 문제를 다루는 장이었다면, 향후 북핵문제의 향방에 따라서는 6자회담이 한반도 평화체제를 다루는 장이 될 가능성이 높다. 4자회담 참가국 외에 일본과 러시아가 한반도 평화문제로 당사자화하는 결과가 될 것이다.

　북한은 부시정부의 대북 압살정책 때문에 핵무기를 개발한다는 논리를 전개해 왔다. 대북 압살정책이 포기돼야 핵개발도 포기할 수 있다는 것이었다. 북한은 핵동결을 해제하고 핵보유와 핵실험을 운운하는 등 벼랑끝외교로 치달으면서 미국이 불가침 약속을 해야 핵을 포기할 수 있다고 주장해 왔다.

　미국은 나쁜 행동에 대해서는 보상하지 않는다는 원칙적 입장 아래 핵계획을 폐기해야 인센티브를 제공할 수 있다는 입장을 견지해 왔다. 그러나 10월 21일 APEC의 한미 정상회담에서 부시 대통령은 북한이 제기하는 핵포기의 조건에 대해 전향적으로 응했다. 부시 대통령은 북한이 요구하는 미북 불가침협정은 국내적 제약으로 수용하기 어렵다는 점을 감안해, 북한을 공격할 의사가 없음을 분명히 밝히고 미국을 포함한 다자틀 내에서 북한에 대해 안전보장을 문서로 제공하는 방안을 제안했다. 향후 관련국들과의 협의를 통해 구체화되겠지만, 주권과 안전을 보장받고 핵무기를 포기한 우크라이나 방식을 원용하는 형태가 될 것으로 보인다. 즉 6자회담 참가국인 미국, 한국, 일본, 중국, 러시아 등 5개국이 북한에 대한 공동 안전보장을 문서로 제공하고 이를 미 의회가 승인하는 방안이다. '5자 연대 안전보장' 제안으로 북핵 문제 해결의 중대한 돌파구가 마련된 것으로 보인다.

　이제 공은 북한에게 넘어갔다. 북한은 부시정부의 강경한 대북 압살정책으로 인해 협상이 진전되지 못하고 핵무기를 개발할 수밖에 없다는 논리를 전개해 왔다. 미국은 바로 그 점을 해소할 수 있는 방안을 제안했다. 만약 북한이 이에 응하지 않고 다른 말을 한다면, 그 동안의 논리는 무색해지며 북한의 진정한 의도가 어디에 있는 것인지 확실해진다. 미국의 새로운 접근에 대한 북한의 반응 여하는 북핵문제를 외교적으로 해결할 수 있는 중대한 고비가 된다. 실패할 경우 국제사회는 불가침보장 운운은 핑계일 뿐 북한의 의도는 핵무장 자체에 있다는 판단을 내릴 것이다. 미국의 새로운 제안으로 6자회담은 다시 활기를 찾게 된 것이다.

6자회담에는 세 가지 변수가 있다. 하나는 북한의 태도이고, 또 하나는 미국 대통령선거의 향방이며, 또 하나는 중국의 역할이다. 북한은 기본적으로 시간끌기로 나올 것이다. 북한은 내년 대통령선거와 이라크전 전후 전개상황과 관련한 미국의 복잡한 국내정치 일정을 충분히 이용해 시간끌기(muddling through)에 주력할 가능성이 높다고 본다. 특히 북한은 회담을 장기화함으로써 2004년 미 대선에서 민주당정부가 탄생하기를 바랄 것이다. 현재 북한은 핵보유냐 아니면 핵포기냐의 갈림길에 서 있다고 본다. 특히 미국의 압박정책은 북한으로 하여금 선택을 강요하고 있다. 이라크전쟁의 결과는 이율배반적인 교훈을 북한에게 주었을 것이다. 이라크군이 첨단미군에게 간단히 패배한 것을 보고 미국과 겨루는 것이 무모하다는 교훈과 핵무기가 없었기 때문에 침공을 받았다는 교훈일 것이다. 지금까지 북한이 핵무기 보유를 위해 투자한 것을 고려할 때 핵무기를 쉽게 포기하기는 어려울 것이다. 핵을 포기할 경우 북한은 국제사회로부터 경제재건을 할 수 있는 많은 지원을 얻을 것이 분명하다. 그럼에도 불구하고 핵이 없는 북한정권은 아시아에서 최빈국의 하나에 불과할 것이다. 최빈국 북한에 대해 미국, 일본, 중국, 러시아 등 주변국들은 지금과 같은 관심을 보이지 않을 것이다. 남북관계에서 30배 가까운 경제격차만 남을 것이다.

지난 20년간의 핵협상 기록을 면밀히 검토해 보면, 북한은 국제사회의 빈틈을 노려 가면서 가능하다면 파키스탄과 같은 방식으로 핵무장을 기정사실화하려는 것이 본심일 것이다. 그러나 문제는 9·11테러사건 이후 변한 국제정세와 부시정부의 강경한 대북정책에 직면해 핵보유 추진이 정권의 '생과 사'의 문제로 변했다는 것이다. 일단 북한은 6자회담을 통해 협상국면을 가능한 한 연장시키면서 미국의 대선결과를 기다릴 것이다. 물론 북한이 6자회담중에 국면전환을 노려 대량의 재처리를 시도하거나 미사일을 발사하는 상황도 있을 수 있다. 이는 협상을 자신에게 유리하게 이끌어 가기 위한 모멘텀을 만들 목적일 것이다.[41]

한편 미국의 대통령선거 또한 6자회담의 변수가 될 것이다. 미국은 이미 대통령선거 국면으로 접어들었고, 이라크전 전후처리가 상당히 어렵게 전개되는 상황에서 한반도의 새로운 긴장을 원하지 않는다고 본다. 미국은 6자회담 등을 통해 중국, 한국, 일본, 러시아 등의 건설적 역할을 동원해 해결을 꾀하고 있다고 볼 수 있다. 특히 미국은 중국의 역할을 기대하고 있다.

북핵문제는 미국의 대선까지 소강국면 내지는 외교적 해결이 모색되는 단계에 있을 것이다. 그러나 이 기간에 문제해결의 실마리가 풀리지 않을 경우 한반도에는 심각한 안보상의 파고가 밀려들 가능성이 높다. 협상을 통한 해결노력에도 불구하고 북한의 완강한 입장으로 문제해결이 불가능해질 경우, 미국은 이를 명분으로 중국의 협력을 얻어 북한에 대한 압박정책을 본격화해

---

41) 북한은 1994년 5월 미북 고위급회담이 진행중인 상황에서 미국이 Red Line으로 설정한 원자로 연료봉을 일방적으로 인출하는 행위를 통해 협상 교착상태를 타개하고 제네바합의로 가는 동력을 삼은 바 있다. 1998년 8월에도 대포동 미사일을 발사해 위기국면을 조성하고 미사일 발사 모라토리엄이라는 극적 반전을 통해 베를린합의에 도달한 바 있다.

갈 것이다.

이미 미국은 협상 이후 다음단계를 위한 외교적 정비를 추진하고 있다. 중국, 러시아 등과의 외교적 접촉 및 협력의 범위를 확대하고 있으며 인권, 경제 등 대북압박을 하기 위한 외교적·제도적 정비도 동시에 추진하고 있다. 미국은 PSI 구상을 통해 미사일, 마약, 위조지폐 등 북한의 외화 획득원을 차단하기 위해 국제사회와 함께 선박, 항공기에 대한 임검태세를 제도화하는 노력을 기울이고 있다. 한편 미 의회는 북한의 심각한 인권상황에 유의하면서 탈북자 보호 및 지원과 관련한 입법을 추진하고 있다. 미국은 특히 탈북자 캠프설치, 탈북자 수용 등과 같은 행동지향적 접근을 추진함으로써 북한에 대해 적지 않은 압력을 추진하고 있다.

끝으로 중국변수다. 앞서 지적했듯이 중국은 북한과 관련해 지정학적 이해관계와 실리 사이에서 적지 않은 딜레마를 가지고 있다. 중국은 북한의 핵개발을 막아야 하는 중대한 이해관계가 있으며, 이 점은 미국과 공유된다. 그러나 완충지역으로서 지정학적인 이해 때문에 북한의 붕괴도 바라지 않고 있다. 중국은 외교적 노력을 통한 해결을 꾀하지만, 미국의 정책과 관련해서 시간적 제약이 있다는 점을 인식하고 있다. 미 대선 이후 본격화될 미국의 대북압박과 관련해서 중국은 북한의 핵포기를 우선하느냐, 북한을 고려하느냐 하는 어려운 선택의 기로에 서게 될 것이다. 중국은 당분간 북한에 대한 경제지원을 통한 설득에 나서지만, 핵을 포기하게 하기 위해 무형의 압력도 구사할 것이다.

6자회담의 또 하나의 고비는 북한이 핵활동 동결(nuclear freeze)을 조기에 할 수 있느냐다. 사실 제네바합의나 베를린합의도 결국 협상중 핵활동이나 미사일 발사를 동결한다는 전제 위에서 협상이 진행될 수 있었다. 북한이 핵무기 개발을 진행하고 있고 재처리를 수행하는 상황에서 6자회담의 모멘텀이 구축될 수 없다는 것은 자명하다. 만일 북한이 조기에 핵활동 동결을 선언한다면, 6자회담은 장기적으로 순항할 수 있는 틀을 마련할 수 있을 것이다. 일단 북한의 핵동결은 더 이상 상황을 악화시키지 않는다는 것을 의미하기 때문에 대화의 모멘텀을 구축할 수 있다고 본다. 2차 6자회담은 대화의 모멘텀이 형성될 수 있는지를 가늠하는 매우 중요한 회담이 될 것이다. 북핵문제 해결을 위한 시간적 여유는 그리 많지 않다. 핵활동이 동결되지 않는다면 회담은 조기 좌초할 가능성이 높고 국제사회의 움직임은 대북제재로 흐르게 될 것이다.

4. 평화체제와 다자보장

정전체제를 교체하는 평화체제 구축문제는 한국전쟁이 내전과 국제분쟁의 성격을 동시에 갖는다는 점에서, 그리고 한반도가 주변 강대국들의 이해가 교차하는 지정학적인 고려를 감안할 때 남북 사이의 문제이자 국제적 성격을 가질 수밖에 없는 측면이 있다. 결국 한반도 평화체제는 남북 사이에서만 해결될 성질의 것이 아니며, 한국전쟁의 주변 당사자들을 포함하는 다자적 접근을 필요로 한다.

기능적 측면에서 한반도 평화체제의 당사자 문제, 평화관리 기능의 문제 등 평화체제의 핵심사안에서 남북 당사자간의 해결이 주요한 부분이 된다는 점은 부인할 수 없으나, 관련국들의 이해를 감안하고 평화체제의 효율성을 제고하기 위해 다자적 접근을 보완적으로 필요로 한다. 또한 평화체제에 정통성을 부여하고 그 이행을 보장하기 위한 국제보장에도 다자적 접근이 불가피하다.

1) 당사자 문제와 형식

평화체제의 형식문제는 내용에 앞서 남북간에 가장 첨예하게 대립하는 핵심적 쟁점이라고 볼 수 있다. 형식문제의 핵심은 당사자 문제다. 북한은 남북간 불가침협정과 미북 평화협정이라는 소위 3자회담 논리를 주장해 왔으나, 특히 남북간 기본합의서 채택 이후 남북간의 불가침문제가 해결된 이상 미북 평화협정이 체결돼야 한다는 논리를 주장하고 있다. 반면 우리측은 1992년 기본합의서에서 남북한이 합의한 대로 평화체제의 당사자는 남북한이며 남북 평화체제가 돼야 한다는 입장이다.

당사자 문제를 순수 법리적으로 본다면, 평화협정의 당사자는 한국전쟁의 교전국들(belligerent)이 돼야 한다. 일단 공산측은 한국전쟁을 내전으로 규정하기 위해 철저히 개입을 부정했다.42) 중국은 한국전쟁의 교전국임을 거부하고 '의용군'이라는 명칭을 사용했지만, 결국 정전협정의 당사자가 돼 한국전쟁의 교전국임을 인정한 셈이다. 유엔은 한국전쟁에서 일방을 지지하고 한국을 돕기 위해 파병된 국제 군사력에 대해 유엔의 명칭과 깃발을 사용하는 것을 인정했지만, 실질적으로 한국에 있는 전투부대에 대해

---

42) 소련의 경우 참전을 철저히 부정해 왔지만, 소련 붕괴에 따라 한국전에 공군 등이 참전한 사실이 드러나고 있다.

통제력을 발휘하지 못했다. 미국이 독자적으로 혹은 한국 및 참전국들과의 협의를 통해 모든 중요한 결정을 했다. 따라서 유엔을 교전 당사자로 보기는 어렵다.43) 결국 한국전쟁은 남북한간의 내전(civil war)과 20여 개국이 참전한 국제분쟁의 성격을 갖는바, 남북한과 전쟁에 참전한 20여 개국을 교전국으로 볼 수 있다.

한국전쟁의 교전국들이 모두 새로운 대체협정의 당사자가 될 필요는 없다고 본다. 현재 한반도의 상황을 고려할 때 전쟁의 책임이나 보상·배상을 다루는 전통적 의미의 평화협정을 체결하는 것은 불가능하며 무의미한 것으로 판단된다. 한반도의 새로운 대체협정은 정전상태를 법적으로 종결하는 측면도 있지만, 그 중점은 역시 남북간의 첨예한 갈등을 푸는 관계개선에 있다고 본다. 그렇다면 대체협정의 당사자는 당연히 남북한이어야 할 것이다. '남북 평화의정서'가 정전협정을 대체하는 문건이 돼야 한다는 것이 가장 이상적인 방안이라고 보지만, 현상황에서는 실현 가능성이 낮다.

첫째, 북한이 한국을 배제한 미북 평화협정을 고집하고 있다는 점이다. 당사자인 북한이 남북 평화협정을 거부하는 이상 남북 평화협정이 체결될 가능성은 없다고 해도 과언이 아닐 것이다. 그러나 남북정상회담의 개최로 남북 관계개선 가능성이 고조되는 가운데 남북 평화협정을 모색할 수 있는 여건이 조성될 수도 있다.

둘째, 미국과 중국을 배제할 수 있느냐의 문제다. 미국과 중국은 한국전쟁의 핵심 교전국이자 정전협정의 당사자이며 정전협

---

43) Patrick M. Norton, "Ending the Korean Armistice Agreement: The Legal Issues," *Northeast Asia Peace and Security Network*, Virtual Forum #2 (March, 1997), pp.4-5.

정을 대체하는 프로세스인 4자회담에도 참여하고 있는바, 남북한과 함께 한반도 평화문제의 핵심 당사자로 볼 수 있다. 남북한이 양자협정으로 합의한다면 문제가 없겠지만, 그렇지 않을 경우 미국과 중국은 4자협정 등 평화협정에 어떠한 형태로든 개입하기를 원할 것이다.

셋째, 6자회담이 일단 북핵문제 해결을 목표로 가동되고 있는바, 6자회담이 사실상 한반도 평화문제를 다루는 틀이 될 수밖에 없음에 비추어 회담 참가국인 일본과 러시아도 평화협정 내에서 역할을 모색하려 할 것이다.

결국 4자회담이 진행되는 상황과 북한이 미북협정을 고집하는 상황에서 한반도의 평화협정은 어떠한 형태이든 남북한과 함께 미·중 양국도 참여하는 것이 실현 가능성이 높다고 볼 수 있다. 이와 관련해 한반도 평화협정 형식은 현실적으로 다음과 같은 안으로 나눌 수 있다.

    ○ 1안: 남북 의정서에 증인자격으로 미·중이 하기 서명.
    ○ 2안: 남북 평화의정서+미·중 보장 추가의정서.
    ○ 3안: 4자회담 당사자가 모두 참가하는 한반도 평화조약.
    ○ 4안: 4자협정+남북협정+미북협정+한중협정.

1안과 2안은 남북한이 평화협정을 체결하고 이를 미·중이 지지하는 소위 '2+2'방식으로 우리측이 선호하는 안으로 볼 수 있다. 이 안은 남북 당사자 해결원칙을 살리는 가운데 미·중 양국의 역할을 어느 정도 인정하고 남북협정에 대한 국제적 보장을 제고하는 이점이 있다.

1안은 분쟁 당사자들이 협정을 체결하고 관계국들이 증인자격으로 하기 서명(postscript)함으로써 협정의 실효성을 높이는 방안으로, 캠프데이비드 프로세스에 의한 이스라엘·이집트 평화협정, 보스니아 평화 포괄협정 등 최근 평화협정에서 보는 일반적 형식으로 볼 수 있다. 한편 2안은 미·중 양국이 한국전쟁에 깊숙이 개입했던 주요 당사자이었음을 감안해 남북의 협정을 보장하는 보장자의 역할을 미·중 양국에게 부여한다는 점에서 특징이 있다.

1안은 당사자 해결원칙에 보다 충실하고 민족문제에 대한 외부의 영향력을 최소화시킬 수 있는 이점이 있는 반면, 2안은 당사자 해결원칙에 따르면서도 미·중의 국제보장을 통해 협정의 실효성을 제고할 수 있는 이점이 있다. 그러나 미북협정을 고집하는 북한이 수용할 가능성은 낮다고 본다.

3안은 4자회담에 참여하는 남북한과 미·중 양국이 모두 참여하는 방식이다. 이 방안은 베트남전쟁을 종결시켰던 '파리평화협정'과 유사한 형식이라고 볼 수 있다. 즉 베트남과 해방전선, 그리고 월맹과 미국이 동시에 협정 당사자가 된 형식과 유사한 방안이다. 따라서 '2+2'방식에 비해 북한이 수용할 가능성이 높지만, 다음과 같은 문제가 있다.

우선 한국전쟁을 법적으로 종결한다는 의미에서 주요 교전 당사자인 남북한과 미·중이 함께 서명한다는 점에서 일견 타당하지만, 현재 한반도의 상황을 고려할 때 전쟁을 종결하는 전통적 의미보다는 남북간의 대결구도를 푸는 것이 핵심인 상황에서 미국과 중국이 남북한과 동등하게 참여하게 하는 협정이 필요한 것인지 의문이 든다. 그럴 경우 한반도에서 미·중의 특별한 영향력을 인정하는 결과가 될 것이다.

4안은 3안의 변형으로 핵심 당사자들이 모두 서명 당사자가 되고 4자협정과 함께 일련의 양자합의를 둠으로써 북한이 주장하는 미북협정의 측면을 어느 정도 수용하는 방안이다. 중국은 자신의 역할을 충분히 인정하고 있다는 점에서 이 안에 대해 거부감이 없을 것이다. 미국의 경우 한국의 반대만 없다면, 이러한 안을 수용할 가능성이 있다고 본다. 따라서 이 안은 여타 안보다 우리가 수용한다면 실현 가능성이 가장 높다고 볼 수 있다.

그러나 3안에서 지적된 바와 같이 미·중의 영향력을 과도하게 인정하는 측면 외에도 변형된 미북협정의 형식을 우리가 수용할 수 있는지에 관한 의문이 제기된다. 일단 미북협정의 내용이 어떤 것이 되느냐에 따라 우리가 수용할 여지도 있다고 보지만, 국내정치적으로는 수용에 따른 상당한 부담이 예상된다.

2) 국제보장

한반도 평화체제 구축에서 다자접근이 필요한 중요한 이유 중의 하나가 평화체제에 대한 국제보장의 필요성이다. 새로운 협정에 의해 한반도 평화체제에 정통성을 부여하고 그 이행을 보장하는 중요한 사항 중의 하나가 국제보장이다. 평화협정에서 국제보장은 다음과 같은 방법이 있다.

첫째, 강력한 국제보장의 전형으로 로카르노 방식을 들 수 있다. 1925년 10월 19일에 체결된 로카르노조약은 라인란트 비무장지대에 대한 현상유지를 위해 프랑스, 독일, 벨기에 3국간 국경의 인정, 전쟁수단 포기 및 중재협정을 통한 분쟁해결과 이를 영국, 이태리가 보장한 협정이다. 로카르노조약에 따르면 독일, 프랑스, 벨기에 3국 중 한 나라가 라인란트에 대한 협정을 어기고 침략할 경우 침략국 및 피침국을 제외한 1국과 영국, 이태리 등 3개국이 즉각적으로 피침국에 대한 원조를 제공하도록 하고 있었다. 로카르노체제의 국제보장 메커니즘은 1970년대 초 남북간의 첨예한 갈등관계하에서 한반도평화를 국제적으로 구축하는 한 방안으로서 미·중·일·소의 4대국 보장론 형태로 국내외 학자들에 의해 제안된 적이 있다.

둘째, 베트남전쟁 타결을 위한 파리평화협정에서 보듯이 국제적 보장을 위한 국제회의를 두는 방식이 있다. 파리평화협정은 제19조에서 서명 30일 내에 전쟁의 종결, 평화유지 등 평화협정 이행을 국제적으로 보장하는 베트남국제회의를 소집하도록 규정하고 있다. 베트남국제회의는 '베트남국제회의법'(Act of the International Conference of Vietnam, 73. 3. 2)에 의거 파리협정 당사국(미, 월남, 월맹, 해방전선), 국제감시위원회 소속 4개국(캐나다, 헝가리, 인도네시아, 네덜란드) 및 소련, 영국, 프랑스, 중국, 그리고 유엔 사무총장이 참가, 베트남전의 종결, 평화유지, 민족자결, 인도차이나의 평화를 보장·기여하도록 했다. 동법에 따르면 파리협정 위반시 협정 당사국은 개별적 혹은 공동으로 필요한 조치를 강구하기 위해 국제회의 당사국들과 협의하며, 협정 당사국을 대리해 미국 및 월맹의 공동제의로, 혹은 6개국 이상 국제회의 참가국들의 제의에 의해 베트남 국제회의가 소집되도록 돼 있었다. 그러나 막상 1975년 월맹군이 대대적인 공세를 취해 월남 사이공정부가 함락에 몰리는 명백한 협정위반이 있었음에도 불구하고, 베트남 국제회의는 전혀 기능하지 못했다.[44]

---

44) 홍규덕, "베트남 평화협정 및 중동 평화협정," 『전략연구』, 제Ⅶ권 제1호(2000), 38쪽.

셋째, 관련국 내지는 국제기구가 협정의 증인자격으로 하기 서명(postscript)하는 방식이다. 이집트·이스라엘 협정, 보스니아 평화협정, 아일랜드 평화협정 등 최근 일련의 평화협정은 국제보장의 형식으로 관련국들이 증인자격으로 하기 서명하는 형식을 취하고 있다. 이집트·이스라엘 평화협정은 미국이 증인자격으로 조약에 하기 서명했고, 보스니아 평화협정은 미국, 러시아, 독일, 프랑스, 영국 및 EU가 조약에 하기 서명하는 방식을 취했다. 증인자격으로 평화협정에 하기 서명하는 방식은 국제보장 방식에서 가장 보장의 강도가 낮은 것으로 볼 수 있다. 이 방식은 평화협정 이행을 국제사회가 강제하기보다는 증인으로서 서명함으로써 국제사회가 협정을 존중하고 당사자들의 협정이행을 지지·지원한다는 점에서 협정의 정통성을 국제적으로 높여 주는 효과가 있다. 그럼으로써 협정이행을 위한 대외환경을 조성해 주는 측면도 있다.

한반도 평화협정의 경우 미국과 중국이 증인으로서 하기 서명하는 방식을 고려할 수 있다. 그러나 미국과 중국이 한국전쟁의 주요 교전국(belligerent)이자 정전협정 당사자(party)임에 비추어 볼 때 한반도 평화협정에서 증인자격만 부여하는 방식에는 문제가 있을 수 있다.

넷째, 상기한 바와 같이 미·중 양국의 특수한 입장을 고려해 남북간의 평화협정 이행을 미·중 양국이 지지·지원하는 내용을 골자로 하는 '평화보장의정서'(가칭)를 '남북평화의정서'와 별도로 체결하는 방식이다. 미·중간 별도의 평화보장 의정서를 마련할 경우 평화협정의 증인으로서 하기 서명하는 국가를 미·중 양국 외에도 일본, 러시아, ARF 등도 함께 포함하는 방식을 취해 협정의 국제적 정통성을 높이는 방안을 고려할 수 있을 것이다.

또한 유엔의 지지 결의안 또는 여타 참전국의 지지결의, APEC, ASEM, EU 등의 지지결의를 통해 평화협정의 정통성을 높이는 방안도 적극 고려할 수 있을 것이다.

사실 국제보장은 한반도 평화를 실질적으로 보장할 수 있는 장치라기보다는 어디까지나 보완하는 장치라는 점을 이해해야 한다. 한반도평화는 궁극적으로 남북한간의 신뢰구축과 관계개선, 억제력을 손상하지 않는 범위 내에서 균형된 군비감축 등을 통해 이루어지는 것이지, 국제적 지지에 의해 보장될 수 있는 성격의 것이 아니라는 점을 인식해야 한다.45)

3) 평화관리 문제

평화협정이 체결된다고 해서 평화가 보장되는 것은 아니다. 상당기간 평화협정의 중요한 목적은 정전협정이 수행해 온 남북한간 분단의 관리에 있다. 평화협정이 정전협정을 대체하는 만큼, 분단관리와 위기관리를 위한 메커니즘이 마련돼야 한다. 평화관리의 메커니즘에도 다자적 접근이 필요하다.

우선 베트남전쟁을 처리한 파리평화협정의 메커니즘을 살펴보면, 협정 당사자간의 '공동군사위원회'(Joint Military Commission)와 4개 중립국의 군대로 구성되는 '국제통제·감시위원회'(International Commission for Control and Supervision)로 이루어져 있다. 군사공동위원회는 남베트남의 전투행위 중지, 외국군 철수, 포로송환 등 정전상황을 감시한다. 군사공동위원회는 상호협의와 만장일치로

---

45) 백진현, "남북한 평화체제 전환대책"(외교안보연구원, 1993), 26쪽.

의결을 처리하지만, 의견차이로 분쟁이 발생할 경우 국제통제·감시위원회로 이관, 중재하도록 했다. 군사공동위원회는 60일간 한시적으로 미국, 월남, 월맹, 해방전선 4자가 참여하고, 60일 이후에는 월남과 해방전선 2자 위원회로 전환하기로 돼 있었다.

캐나다, 헝가리, 인도네시아, 네덜란드 군대로 구성된 국제통제·감시위원회는 남베트남 전역에 걸쳐 55개 반 총 1,160명이 배치돼 휴전감시, 외국군 철수, 무기유입 방지 등의 역할을 하기로 했다. 파리평화협정의 평화관리 메커니즘은 군사정전위원회와 중립국감시위원회를 둔 현 정전위원회 체제와 유사하다고 볼 수 있다.

협정 당사자간의 갈등 정도가 높고 평화에 대한 합의가 없는 상황에서 국제사회의 물리력에 의해 평화체제가 구축된 사례로는 보스니아 평화포괄협정(General Framework Agreement for Peace in Bosnia and Herzegovina)이 있다. 이 협정에서는 '다국적평화집행군' (IFOR)이 평화관리·감시의 핵심역할을 하도록 하고 있다. 즉 정전감시, 외국군 철수, 평화정착 활동지원, 인도적 활동지원, 지뢰제거 등 협정준수 및 이행을 감시하고 촉진하기 위해 '다국적평화집행군'을 보스니아, 헤르체고비나에 배치했다. IFOR은 미군 2만, 영국 1만 3천, 프랑스 1만, 독일 4천, 러시아 4천 5백 등 총 25개국 6만 명으로 구성되며, NATO군사령관이 지휘·통제하고 러시아인이 부사령관으로 러시아군을 명령하도록 하고 있다. IFOR은 군사적 능력을 갖는다고 판단되는 보스니아, 헤르체고비나의 어떠한 군사적 시설 혹은 활동에 대해서도 관찰·감시하고 사찰할 수 있는 강력한 권한을 가지고 있다.

또한 보스니아 평화협정은 정전위반 및 기타 협정 불이행을 중재하기 위해 IFOR사령관을 의장으로 하고 보스니아, 헤르체고

비나 내 각 당사자의 상급 사령관과 의장이 정하는 인물로 구성되는 '군사공동위원회'를 두고 있다. 공동위원회에서는 가급적 상호합의에 의해 문제가 해결되지만, 군사관련 문제에 대한 최종결정은 IFOR사령관이 하도록 하고 있다.

보스니아 평화협정의 평화관리 메커니즘은 한반도에 적용되기는 어렵지만, 강력한 국제적 물리력을 통해 평화를 보장하는 사례로서 남북한이 한반도평화를 주도·구축하지 못할 경우 외부에 의해 강제되는 평화체제의 모델이 될 수 있음을 유의해야 할 것이다.

한편 이집트·이스라엘 평화협정은 평화관리에서 유엔 감시기능을 활용한 점에서 특징이 있다. 이집트·이스라엘 양국은 이스라엘군의 시나이반도 철수 등 제반 조약이행을 촉진할 목적으로 '공동위원회'(Joint Commission)를 두는 한편, 조약이행을 감시하고 위반을 방지하기 위해 유엔군 및 감시단(UN Forces and Observers)의 활동에 합의했다. 유엔군 및 감시단은 안보리 상임이사국 외에서 충원하며 양국은 유엔에 유엔군 및 감시단의 통제조정권(command arrangements)을 일임했다. 또한 안보리의 의결이 없는 한 양국은 유엔군 및 감시단의 철수를 요청할 수 없도록 했다. 남북 평화협정에서도 평화협정 이행을 감시하고 분쟁을 중재하는 기능을 유엔에 맡기는 방안을 검토할 수 있을 것이다.

새로운 평화협정 내에서 평화관리 임무를 규정하는 가장 손쉬운 방법은 현행 정전협정의 평화관리 메커니즘을 원용하는 방법이다. 현 정전협정의 메커니즘은 평화관리를 위해 협정 당사자들이 참여하는 군사정전위원회와 평화감시 활동을 하는 중립국감독위원회를 두고 있으며, 군사분계선을 따라 비무장지대를 두는 것을 골격으로 하고 있다. 따라서 현 정전협정의 평화관리 기능을 살리면서 새로운 평화협정 상황에 맞게 조정함으로써 새로운 평화협정 체제출범에 따른 공백과 혼선을 최소화할 수 있을 것으로 본다.

현 정전체제의 군사정전위원회는 남북한, 미국, 중국이 참여하는 '공동위원회'(Joint Commission)로 전환시키고 중립국감독위원회는 남북한이 2개국씩 지정하는 중립적 국가들에 의한 '국제감시위원회'로 전환시켜 현체제의 골격을 유지시키는 방안이다. 남북간 평화협정이 체결되는 상황에서 미·중이 참여하는 공동위원회 설치는 문제의 소지가 있을 수 있다.[46] 따라서 한반도 상황을 고려한 경과규정을 두어 일정기간 후에 남·북과 미·중이 참여하는 공동위원회를 남북간의 공동위원회로 전환하는 방식이 바람직할 것이다. 협정이행의 감시·중재기능은 중립국으로 구성되는 국제감시위원회 외에도 유엔을 활용하는 방안을 검토할 수 있다. 유엔의 감시·중재기능은 현 정전협정의 중립국감독위원회보다 효율적일 것이다. 보다 실효성 높은 한반도의 평화관리 체제의 방편으로 남북한에 의한 군사공동위원회, 협정이행을 감시하고 분쟁시 조정(conciliation)하는 국제감시위원회, 그리고 조정이 되지 않을 경우 이를 중재(arbitration)하는 유엔 등의 3중 구조를 고려할 수 있다. 그러나 남북이 평화협정을 조인하는 상황은 양자가 평화공존에 대한 합의가 이루어져 실질적으로 관계개선

---

[46] 평화관리기구는 협정 당사자들에 의해 구축되는 되는 것이 일반적이지만, 반드시 당사자들로만 구축해야 한다고 볼 수는 없다. 협정 당사자 사이의 관계 정도에 따라 제3자가 개입된 평화관리기구도 가능하다고 본다. 예컨대 보스니아 평화협정은 평화관리기구인 군사공동위원회에 협정 당사자들 외에도 '다국적평화집행군' 사령관이 참가하며, 심지어 군사공동위원회 자체가 다국적사령관의 자문기관 성격을 갖고 있다.

이 이미 일정 궤도에 다다른 후라고 볼 수 있다. 그렇다면 유엔을 한반도에 끌어들이기보다는 중립적 국가들로 이루어지는 '국제감시위원회'를 한시적으로 두는 것이 바람직하다고 본다.

5. 맺음말

한반도 평화문제는 남북만이 당사자가 돼서 해결될 수 있는 성질의 것이 아니다. 물론 남북 당사자 해결이 그 어떤 경우라도 가장 핵심적인 사안이지만, 다자적 접근이 보완적으로 필요하며 또 불가피한 측면이 있다는 점을 인식해야 한다. '우리끼리', '같은 민족끼리'라는 명분은 나름대로 중요하지만, 실타래처럼 얽힌 한반도 평화문제를 풀기 위해서는 남북간의 접근과 함께 다자적 접근을 적극 활용하는 것이 중요하다.

4자회담은 한국전쟁의 당사자들인 남북한과 미국, 중국이 참여해 현 정전체제를 공고한 평화체제로 전환하는 데 이상적인 틀이기는 했지만, 남북한 모두 다자적 접근을 통해 매듭을 풀기보다는 양자적 접근을 우선하는 모습을 보임으로써 사실상 실패로 돌아갔다. 특히 북한이 4자회담을 미국과의 고위급회담을 얻는 방편으로 활용해 4자회담 없이도 미북접촉이 가능해지자 더 이상 4자회담에 응하지 않았던 경위가 있다. 한국도 남북정상회담 이후 4자회담에 대한 관심이 낮아지면서, 결국 4자회담이 유명무실해지는 결과가 초래됐다.

6자회담은 북핵문제를 둘러싼 협상의 결과로서 양자적 접근이 성공적이지 못했다는 판단 아래 미국이 적극적으로 추진했고, 북핵사태의 심각성을 새로이 인식한 중국이 미국의 입장을 수용해 성사됐다. 더욱이 일본과 러시아도 한반도 평화문제에 새로이 발언권을 획득할 수 있다는 점에서 6자회담을 적극 찬성했다. 결국 6자회담은 주변 강대국들의 상호작용이 중요한 변수로서, 한반도 평화문제가 남북한이 주를 이루던 모습에서 벗어나 새로운 단계로 진입하는 계기가 됐다. 6자회담은 비록 북핵문제로 인해 시작됐지만, 해결과정에서 한반도 평화문제가 총망라돼 다루어질 공산이 크다. 6자회담이라는 다자적 틀이 우리의 이해를 떠나 주변 강대국들에 의해 좌우될 것인지, 아니면 북핵문제를 해결하고 성공적으로 한반도의 평화를 보장하는 틀이 될 것인지는 철저하게 우리의 목소리를 논리적으로 제기할 수 있느냐에 적지 않은 부분 달려 있다고 본다. 북핵문제의 가장 큰 영향을 받는 당사자가 한국이고, 또 문제해결시 상당부분의 재정적 부담을 실질적으로 져야 하는 것이 한국인 이상, 철저히 우리의 입상이 반영되도록 하는 야무진 접근을 해야 한다. 한국이 야무지지 못하면 6자회담은 주변 강대국들이 한반도라는 밥상에서 국익을 챙기는 각축장이 될 가능성이 높다.

 한반도 평화체제 구축문제와 관련해 다자적 접근은 평화체제의 실효성과 정통성을 높이기 위해 상당히 중요한 요소다. 그러나 한반도 평화의 본질은 남북 사이의 군사적 대립구도를 해소하는 것이 가장 중요한 핵심요소다. 남북 사이의 화해와 협력이 성공적으로 이루어지면 질수록 다자적 개입의 여지는 적어지지만, 남북간에 문제가 해결되지 못하면 못할수록 다자적 개입의 여지는 커질 것이다.

제10장 한반도 통일과정에서 동북아의 역할

김 학 성

1. 머리말: '평화·번영정책'과 동북아 역할의 부상

'평화·번영정책'이 제시되면서 한반도문제의 해결을 위한 동북아의 역할이 한층 더 주목을 받고 있다. 역대 한국정부의 대북·통일정책과 달리 '평화·번영정책'은 통일문제뿐 아니라 외교·안보·경제문제를 모두 대상으로 삼으며, 그 적용범위도 한반도를 넘어 동북아에까지 미치는 포괄적 성격을 띠고 있기 때문이다.[1] 이렇듯 '평화·번영정책'이 국가전략적 성격을 강하게

---

[1] '평화·번영정책'은 '대화를 통한 해결', '신뢰와 호혜', '당사자 중심과 국제협력,' '국민적 참여와 초당적 협력'을 4원칙으로 표방하고 있으며, 또 다음과 같은 4가지 전략적 구상을 내포하고 있다. 첫째, '평화·번영정책'은 통일·외교·국방정책 전반을 포괄하는 개념이다. 둘째, 안보 측면(평화)과 경제 측면(번영)의 균형을 강조한다. 셋째, 한반도를

내포하고 있는 탓에 전통적인 대북·통일정책 기조에 익숙한 사람들은 정책의 구체성을 두고 비판적 시각을 갖기도 한다.

그럼에도 불구하고 새 정책에는 실용주의적 접근태도가 엿보인다. 즉 특정한 시각을 고집하기보다 한반도의 현실을 있는 그대로 받아들이고 상황변화에 유연하게 대처하려는 의지가 함축돼 있다. 이는 무엇보다 두 가지 측면에서 비교적 분명하게 드러난다. 첫째, 한반도문제 해결과정에서 동북아의 역할을 강조함으로써 서로 경쟁하고 있는 두 시각——즉 '한반도문제의 한반도화'와 '한반도문제의 국제화'——을 절충하려 한다. 한반도문제 해결이 한민족의 문제인 동시에 국제적인 문제라는 점에 대해서는 의문의 여지가 없다. 그러나 한민족의 의지 및 능력과 국제환경 중 어느 것이 결정적 역할을 해야 하며 또 할 수 있을 것인지를 둘러싼 이견이 평행선을 달려온 것은 부인할 수 없다.

역대 한국정부는 예외없이 '남북한 당사자 해결원칙'을 전면에 부각시켰다. 이는 민족자결의 측면에서 당위적인 것으로 간주될 수 있다. 그러나 당위성은 실현 가능성과는 별개의 문제다. 실제로 그 원칙은 대개의 경우 선언적 의미만 가졌을 뿐, 동북아 국제질서 속에서 실천성을 갖기 어려웠다. 물론 지난 정부 시절 남북정상회담을 개최하는 등 남북한관계가 양적·질적으로 괄목할 만한 성과를 보이는 가운데 '한반도문제의 한반도화' 가능성이 부각되기도 했다. 그렇지만 북한의 대량살상무기 개발로 인한 북·미관계의 악화 속에서 그 한계성도 드러났다.

넘어 동북아의 평화와 공동번영을 추구한다. 넷째, 국민의 참여 및 합의형성 등 국내적 기반조성을 강조한다. 통일부, 『참여정부의 평화번영정책』(통일부, 2003), 5, 12쪽 참조.

둘째, 평화와 번영의 균형을 강조함으로써 한반도문제 해결과정에서 차지하는 경제적 요인의 비중이 군사안보 못지 않게 크다는 사실을 분명하게 밝히고 있다. 경제적 요인은 단지 문제해결의 수단차원뿐 아니라 인식차원에도 적용된다. 예컨대 남북한 협력과 대북지원, 그리고 통일비용을 둘러싼 논란 등은 통일과 경제의 현실적 연관성을 보여주기에 부족함이 없다. 그럼에도 불구하고 한반도문제와 관련된 정책논의는 의식적이든 무의식적이든 군사안보적 역학관계에 가장 큰 비중을 두어 왔음을 부인할 수 없다.

과연 동북아지역에서 군사안보 문제만 해결되면 한반도문제가 순조롭게 해결될 수 있는 것인가? 적어도 한반도 평화정착의 중·단기적 목표가 실현되기 위해서 군사안보 문제해결이 매우 중요하다는 점에 대해서는 의문의 여지가 없다. 그러나 군사안보 문제의 해결을 통해 현상유지 성격의 평화가 이루어진다 하더라도 경제문제를 비롯해서 정치·사회·문화분야의 다양한 문제가 해결되지 않는 한 한반도 평화가 안정적이며 발전 지향성을 가질 수 있다는 보장은 없다. 평화통일의 장기적 목표를 고려하면 그러한 사실은 더욱 자명해진다.

물론 이러한 의도만으로 소기의 정책적 성과가 보장되는 것은 아니다. 경우에 따라 민족주의와 국제주의의 절충은 무원칙하다는 비판을 받을 수 있으며, 북한 및 주변 강대국에 의해 오히려 활용될 가능성마저 없지도 않다. 또한 포괄적 안보(comprehensive security)의 맥락에서 동북아의 평화와 번영을 촉진하고 이를 한반도문제 해결의 디딤돌로 만드는 과정을 우리가 어느 정도 관리할 수 있을지에 대한 의문도 제기된다. 더욱이 한반도문제에 내재하는 복합성과 포괄성 탓에 실용주의적 접근의 효과를 예단하기도 어렵다. 그럼에도 불구하고 현실적 균형을 지향하는 가운데 여러 가능성에 대해 열린 자세를 취하는 실용주의는 동북아에서 한국의 입지를 감안할 때 일단 전략적으로 중요한 의미를 가지고 있음은 분명하다.

이러한 점을 고려해 이 글은 '평화·번영정책'이 새롭게 부각시킨 동북아의 역할 가능성을 중·장기적 시각으로 조망하는 데 초점을 맞추고자 한다. 이를 위해 우선 이론적 차원에서 한반도문제의 위상 및 성격을 규명함으로써 동북아의 역할을 조망하는 데 요구되는 분석틀을 모색하고, 한반도문제를 둘러싸고 전개되고 있는 동북아질서의 현황을 정리할 것이다. 그리고 이를 토대로 향후 한반도문제의 평화적 해결과정에서 동북아의 역할 가능성을 분석한 후 결론 부분에서 우리의 실천과제를 포괄적으로 요약·정리하고자 한다.

2. 한반도문제의 위상 및 성격: 이론적 논의

'한반도문제'란 한반도의 분단으로 인해 한반도 및 주변지역에서 발생하는 다양한 이슈(정치, 군사, 경제, 사회, 문화 등)를 포괄하는 개념이다. 따라서 한반도문제는 존재론적으로 포괄적이며 동시에 복합적인 성격을 띠고 있다. 그런 만큼 한반도문제에 대한 논의는 자칫하면 어느 일면만을 부각시킴으로써 현실을 왜곡할 가능성이 높다. 특히 한반도문제의 특정 이슈에 관한 논의의 경우 그러한 위험이 발생할 소지가 더욱 크다. 이를 피하기 위해서는 그 이슈가 한반도문제의 전체적 맥락과 맺고 있는 연관성에 대한 이해가 선행돼야 한다. 이는 당연히 한반도문제의 위상과 성격에 대한 인식의 기반을 확보할 때 비로소 가능하다.

이론적 접근은 한반도문제의 위상 및 성격에 관한 인식의 기반을 확립하는 데 커다란 도움을 준다. 이와 관련해서 존재론적 논의는 이론적 접근의 출발점으로서 매우 중요한 의미를 갖는다. 모든 사회과학 이론에 내재한 존재론적 논의는 행위주체(agent)와 구조(structure) 두 개념으로 수렴된다. 이론사를 일별하면 미시경제 이론처럼 행위주체가 구조를 결정한다고 주장하는 개체주의(individualism)와 역사주의나 맑시즘처럼 구조가 주체의 행위를 결정한다는 전체주의(holism)가 항상 경쟁해 왔음을 발견할 수 있다. 현대 사회과학에서 그러한 경쟁은 1970년을 전후해서 행위주체와 구조의 상호 의존성을 규명한 기든스(Anthony Giddens)의 이른바 '구조화(structuration)이론'을 계기로 일단락되는 경향을 보였다. 구조화이론에 따르면 사회구조는 행위주체의 자기이해(정체성의 형성과 변화)와 구체적인 실천을 통해 구성되는 반면, 역으로 행위주체의 행동에 동기를 부여하고 인과적인 결과를 초래하는 것이기도 하다.[2] 이러한 존재론적 인식방식은 1990년대 국제정치학에서 구성주의가 대두하는 데도 지대한 영향을 미쳤다.[3]

이러한 이론적 논의를 수용할 때 한반도문제에서 행위주체에는 개인, 집단, 사회, 그리고 국가가 모두 포함될 수 있다. 그렇지만 실제로 이들간에도 주체와 구조의 관계가 성립한다. 개인에

---

[2] Alexander Wendt, "The Agent-Structure Problem in International Relations Theory," *International Organization*, Vol.41, No.3 (1987), pp.355-361 참조.

[3] *Ibid.*; Nicholas Onuf, "Constructivism: A User's Manual," *International Relations in a Constructed World*, eds. by Vedulka Kublakova, et al. (Armonk, N.Y.: M.E. Sharpe, 1998), p.62 참조.

대해서는 집단이, 개인이나 집단에 대해서는 사회가, 또 이들에 대해서는 국가가 각각 구조로 간주될 수 있기 때문이다. 나아가 국가를 행위주체로 삼을 경우 세계적 구조뿐 아니라 하부구조로서 지역적 구조도 생각해 볼 수 있다. 이러한 점을 고려하면, 한반도문제를 구성하는 주체와 구조의 배열은 <그림 10-1>과 같이 도식화할 수 있다.

한반도문제의 구조적 측면을 살펴보면, 한반도를 중심으로 포함관계를 맺는 세 가지의 중층구조를 상정할 수 있다.4) 구조의

〈그림 10-1〉 한반도문제의 존재론적 구도

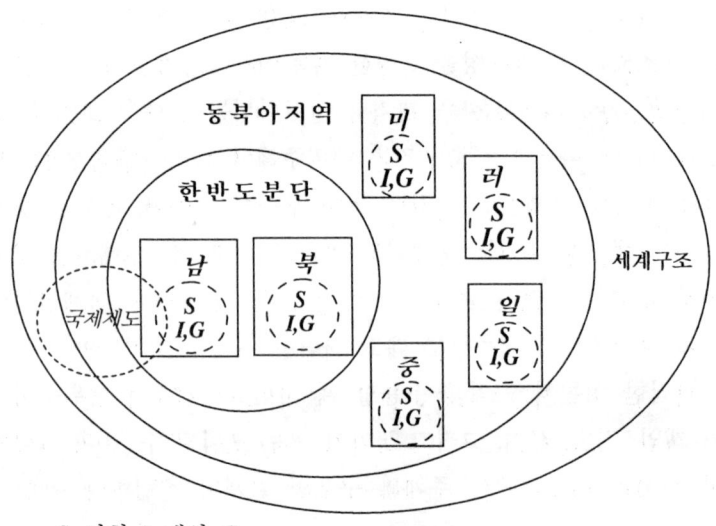

S: 사회, I: 개인, G:

---

4) 지역구조 역시 세분화될 수 있다. 예컨대 동북아 지역구조와 세계구조 사이에 동아시아 및 아·태지역 구조가 존재한다. 여기서는 논의를 간결하게 하기 위해 중간 지역구조를 생략한다.

세분화는 기본적으로 공간적 의미를 갖는다. 좁게는 한반도문제가 한반도 분단구조에 국한될 수 있다. 이러한 접근태도는 한반도문제의 당사자 해결 또는 남북 평화협정 체결주장에 반영되고 있다. 그러나 한반도문제를 둘러싸고 전개되는 일련의 복잡한 국제정치적 현실은 한반도 분단구조가 동북아 지역구조와 긴밀하게 연결돼 있음을 보여준다. 세계구조 역시 한반도 분단구조에 직·간접적인 영향력을 가지고 있다. 냉전시기 미·소 양극체제의 결정적 영향력에 대해서는 두말할 필요도 없고, 탈냉전시기에도 한반도 및 동북아 지역안보는 세계안보와 불가분의 관계를 맺고 있으며, 세계화의 진전에 따라 한반도와 동북아지역도 경제적·문화적 차원에서 결코 자유무역주의와 인권 같은 가치의 확산으로부터 자유로울 수 없기 때문이다.

이러한 구조의 공간적 구분은 특수성과 일반성의 문제를 수반한다. 즉 공간적으로 좁아질 경우 세계구조의 일반성보다 지역적 특수성이 상대적으로 증대하는 것이다. 이는 지역적 특성에 따라 세계정치의 일반적 법칙을 추구하는 국제정치 이론 가운데 특정 이론이 상대적으로 우월성을 가질 수 있다는 것을 의미한다. 그럼에도 불구하고 세 개의 중층구조는 서로 긴밀한 연계성을 가지고 있다. 예컨대 국제기구, 국제레짐, 국제법·규범·관습 등을 포괄하는 국제제도는 세 구조간 연계성을 보여주는 실체다. 국제제도는 나아가 국내구조와도 연계성을 갖는다. 이러한 현실을 감안하면 중층구조는 분석적 차원에서 분리 설명될 수 있겠지만, 실제 정책에서는 서로 분리시켜 접근할 경우 현실과 괴리될 가능성이 매우 높다.

국제정치 이론에서 행위주체는 입장에 따라 크게 국가와 사회로 대별된다.5) 현실주의 시각에서 보면 한반도문제에서 주체는 남북한 2개국 또는 주변 강대국을 포함한 6개국으로 이루어진다. 현실주의적 접근에는 주체의 행위와 결과의 인과관계를 단순화시켜 설명할 수 있다는 장점이 있다. 그러나 실제로 각국의 행위를 결정하는 외교정책은 국내적 사회관계 속에서 형성되며, 정책의 입안과 추진과정에서 지지 또는 저항을 받는다. 예컨대 대북·통일정책에 대한 남한사회 내의 이견, 대북 개입정책에 대한 미국 민주당과 공화당의 견해차이, 북·일관계 개선의 조건에 대한 일본 국내의 이견 등은 자유주의 시각의 타당성을 입증한다. 이에 비해 상대적으로 권위주의체제인 러시아, 중국, 북한의 경우에는 자유주의 시각은 적용에 한계가 있다. 물론 권위주의국가의 경우에도 정책결정과정에서 정치지도자 내지 엘리트집단이 행위주체로서의 성격을 갖는다는 점을 간과할 수 없다. 나아가 자유주의 시각에 따르면 사회적 행위주체는 국가를 통하지 않고 직접적으로 초민족적(transnational) 행동을 하기도 한다. 남한의 비정부단체가 직접 또는 세계적 비정부기구와의 협력을 통한 대북 식량 및 경제지원을 하는 것은 대표적인 예다.

이러한 논의를 통해 한반도문제는 각 이론의 방법론과 이슈의 성격에 따라 다양한 분석범위를 가질 수 있다는 사실이 드러난다. <그림 10-2>는 행위주체와 구조의 조합이 이론과 현실에서 어떤 의미를 갖는지 보여준다. 즉 이슈의 성격에 따라 분석범위가 달라질 수 있으며, 어떤 범위에서 어떤 이론이 현실설명에 더

---

5) 이 글에서 이론적 입장이란 핵심가정 및 방법론에서 서로 경쟁하고 있는 주류 국제정치 이론인 현실주의와 자유주의 패러다임을 염두에 둔 것이다. 양 패러다임의 자세한 이론적 입장에 관해서는 김학성, 『한반도 평화체제에 대한 이론적 접근: 현실주의, 자유주의, 구성주의의 비교』(통일연구원, 2000) 참조.

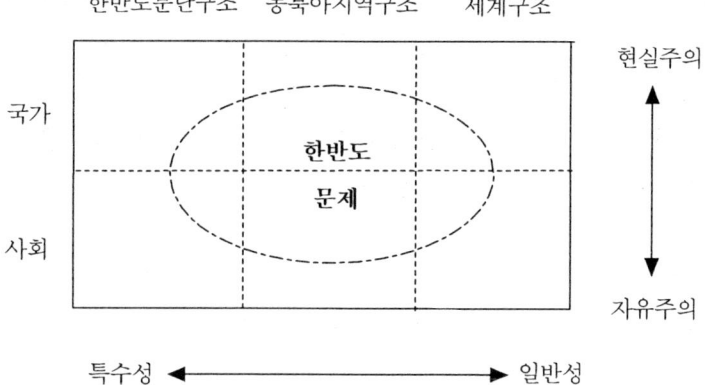

〈그림 10-2〉 한반도문제의 분석범위

유용한지 알 수 있다. 예컨대 한반도의 군사안보 이슈는 국가와 세 중층구조를 조합하는 현실주의적 접근이, 대북 식량지원은 사회와 세 중층구조를 조합하는 자유주의적 접근이 각각 효율적이라고 평가할 수 있다. 또 여기서도 한반도의 특수성을 어느 정도 강조하는가에 따라 분석의 중심이 달라질 수 있다.

그러나 한반도문제에 내재하는 대부분의 이슈는 현실적으로 서로 복합적인 연계성을 띠고 있기 때문에 어떤 이슈를 특정 분석범위 안에만 묶어 두는 접근은 방법론적으로는 의미가 있을지 몰라도 현실을 있는 그대로 설명하는 데는 한계가 있다. 이는 이론적으로도 수긍이 되는 사실이다. 현실주의와 자유주의의 일각에서는 각각 자기 이론의 한계를 인식하고 현실설명 및 문제해결을 위해 이론적 절충이 필요하다는 주장이 대두되고 있다.[6]

---

[6] 자유주의적 시각에서는 Andrew Moravcsik, *Liberalism and International Relations Theory*, The Center for International Affairs (Harvard Univ.)

이런 맥락에서 국가중심의 세력관계(현실주의)와 국제제도(자유주의)는 물론이고 구성주의에 의해 새롭게 조명된 문화 내지 정체성을 모두 고려하는 절충주의적 현실설명 및 문제해결 방법이 시도되고 있다.7) 비록 이러한 시도가 현상을 간단명료하게 설명하기는 어렵겠지만, 한반도문제의 실상과 해결방안 모색을 위해서는 필수적인 작업이 아닐 수 없다.

한반도문제의 위상 및 성격에 관한 이상의 논의는 기본적으로 공간적 차원에서 이루어진 것이다. 한반도문제가 어느 한순간에 해결될 수 있는 것이 아니라는 점을 감안하면, 여기에 시간적 차원의 논의가 더해질 필요가 있다. 우리에게 한반도문제의 궁극적 해결은 통일이다. 그렇지만 굳이 통일방안을 언급하지 않더라도 평화적인 방법에 의한 한반도 통일은 현실적으로 단계적인 문제해결 과정을 겪을 수밖에 없다는 점에서 통일과정에서 먼저 해결돼야 할 문제가 존재한다. 실제로 문제해결에 초점을 맞추는 경우 한반도문제는 크게 두 가지 의미로 혼용되는 경향이 있다. 첫째, 해결돼야 할 당면목표로서 한반도 평화정착의 문제다. 둘째, 평화정착을 토대로 궁극적 목표인 통일을 실현하는 문제다.

Working Paper Series No.92-6 (1992), pp.36-38 참조. 현실주의적 시각에서는 Randall L. Schweller & David Priess, "A Tale of Two Realisms: Expanding the Institutions Debate," *Mershon International Studies Review*, Vol.41 (1997), p.9; Stephen G. Brooks, "Dueling Realisms," *International Organization*, Vol.51, No.3 (1997), pp.445-477 참조.

7) 현실주의, 자유주의, 구성주의의 방법론을 절충해 현실을 설명하는 시도 중 대표적인 최근의 논문으로는 Christopher Hemmer and Peter J. Katzenstein, "Why Is There No NATO in Asia?: Collective Identity, Regionalism, and the Origins of Multilateralism," *International Organization*, Vol.56, No.3 (Summer 2002), pp.575-607 참조.

이러한 두 문제를 두고 우리는 별 의심 없이 시간적 연속선상에 존재하는 것으로 이해하며, 문제해결의 전 과정을 포괄적인 의미에서 통일과정이라고 말한다. 그러나 주변국가들도 우리와 같은 생각을 하고 있는지는 매우 의문스럽다. 무엇보다 이들 국가에게 한반도문제는 기본적으로 동북아의 안정을 위협하는 것으로 이해되고 있기 때문에 평화정착을 통해 문제가 해결된다고 생각한다. 즉 한반도문제 해결의 초점은 평화적인 현상유지다. 이에 비해 현상변경을 의미하는 통일은 동북아 안정에 불확실성을 증대시키는 요인으로 작용할 수도 있다. 따라서 우리의 통일추구는 주변국가들에게 새로운 한반도문제로 간주될 가능성을 배제할 수 없다.

이상과 같은 이론적 논의는 분석틀을 모색하는 기반으로서 한반도 통일과정에서 동북아의 역할을 설명하기 위한 몇 가지 귀중한 시사점을 제공한다. 첫째, 동북아구조는 한반도 분단구조 및 세계구조와 긴밀하게 상호 작용하는 중층적 관계를 맺고 있기 때문에 동북아의 역할을 분석하는 과정에서 한반도 분단구조 및 세계구조에 대한 고려가 충분히 이루어져야 한다. 둘째, 동북아의 역할은 군사안보뿐 아니라 정치, 경제, 사회, 문화 등 다양한 이슈에 걸쳐 있기 때문에 비단 국가뿐 아니라 사회적 주체들의 행위에도 주목할 필요가 있다. 이와 관련해서 세력, 제도, 문화로 상징화되는 현실주의, 자유주의, 구성주의의 시각을 분석과정에서 절충적으로 적용하는 것이 요구된다. 셋째, 한반도 통일과정은 우리가 생각하듯이 반드시 연속성을 가진 문제해결 과정이라고 단언할 수 없다. 따라서 당면목표로서 한반도 평화정착 문제의 해결과 이후 우리의 궁극적 목표인 한반도 통일문제의 해결과정에서 동북아의 역할은 동일하다기보다 상황에 따라 달라질 가능성이 없지 않다.

3. 한반도문제를 둘러싼 동북아질서의 현황

1) 동북아 현 질서의 구조적 특징

냉전이 종식된 이후 동북아질서는 변화의 진통을 겪어 왔다. 변화를 초래한 일차적 요인은 소련 및 공산권의 붕괴와 함께 미국이 세계적인 유일 초강대국의 지위를 확립하게 된 세계구조의 변화에서 찾을 수 있다. 즉 세계구조의 변화가 새로운 이슈— 즉 경제협력 증대, 군비경쟁, 영토분쟁 등—의 등장과 맞물려 냉전시기 구축됐던 지역질서의 균형을 무너뜨리는 가운데 동북아질서는 안정과 불안정이라는 양면성을 보여 왔다.

안정과 불안정이 교차하는 질서변화의 과정에서 비록 그 질과 성격의 차이는 있지만 냉전시기 동북아질서의 구조적 특징이었던 양자관계의 기본틀은 아직 유지되고 있다. 또 한반도의 긴장상태와 미·중 및 중·일간의 갈등 잠재력 등 군사안보적으로 냉전의 유산을 아직 완전히 떨쳐 내지 못하고 있다. 그러나 경제적으로는 공동번영의 필요성과 더불어 지역질서의 안정을 확보해야 한다는 공감대가 점차 확대되고 있다. 물론 이러한 경향이 장차 유럽과 같은 협력적 제도기반의 확립으로 나아갈 수 있을 것인지에 대해서는 전문가들 사이에 견해가 엇갈린다.[8] 그러나

---

8) 이에 대한 전문가들의 상이한 견해와 관련해서는 홍용표, "동아시아의

적어도 대다수 동북아국가들이 협력을 통한 안정추구를 선호하고 있는 것만은 분명하다.

이러한 변화의 큰 흐름 속에 서 있는 동북아 현 질서의 구조적 특징을 주요 이론적 관심사, 즉 세력, 제도, 문화를 중심으로 보다 구체적으로 정리하면 다음과 같다.

첫째, 세력에 주목하는 안보적 관점에서 보면 동북아질서는 지역적 다극화의 경향을 보이고 있다. 무엇보다 중국과 일본의 군사적 역할의 가능성이 증대하고 있기 때문이다. 그러나 그 이면에는 미국의 안보정책이 결정적인 영향력을 미치고 있다.[9] 냉전시기 구축된 한국 및 일본과의 동맹관계는 두말할 것도 없고, 중국과 북한에 대한 미국의 개입정책과 이들 국가의 대응이 동북아 안보질서를 특징짓고 있다. 러시아의 경우에도 유럽 및 세계정치 차원에서 미국의 정책적 이니셔티브에 대응하는 태도를 유지하고 있으며, 이는 긴급한 안보적 현안을 가지고 있지 않은 동북아에서도 마찬가지다. 따라서 동북아 안보질서는 미국의 동북아정책과 이에 대한 여타 지역 강대국들의 대응이 작용과 반작용을 거듭하며 새로운 모습을 갖추어 가고 있다고 해도 과언이 아닐 것이다.

이러한 가운데 동북아 안보질서의 안정화를 저해하는 몇 가지 요인이 부각되고 있다. 첫째, 거시적으로는 미국과 중국의 대립

지역협력과 한반도," 『통일정책연구』, 제11권 2호(2002), 257-266쪽 참조
9) 미국을 동북아지역 국가로 간주할 수 있을지에 대해 질문이 제기된다. 그러나 지역분류는 단순히 지리적 맥락을 넘어 종종 정치적 의미를 가질 수 있다는 점에서 동북아지역에서 엄청난 영향력을 발휘하고 있는 미국이 포함돼야 할 것이다. Christopher Hemmer and Peter J. Katzenstein, op. cit., p.575 참조.

잠재성이다. 미국은 중국이 향후 미국의 패권에 도전할 능력을 갖춘 유일한 강대국이라고 인식하고 있다.[10] 또 중국은 미국이 동북아 패권을 장악하는 데 대해 경계하고 있다. 둘째, 보다 좁게는 중국과 일본이 서로 상대국의 대국화를 우려하며 견제하는 것이다. 셋째, 중·장기적으로는 한반도문제의 불확실한 미래가 동북아안보에 미칠 영향이다. 넷째, 단기적으로는 북한의 핵개발로 인한 한반도 내외의 정치적·군사적 긴장고조다.

이들 문제에 대한 미국 및 지역국가들의 대처방식은 기본적으로 양자관계를 지향한다. 즉 냉전시기에 형성됐던 안보·동맹관계는 북·러 군사동맹을 제외하고 아직도 유효하다. 그러나 냉전종식과 더불어 꾸준히 제기돼 온 안보문제에 관한 다자대화의 필요성이 점진적이나마 실천될 가능성이 높아지고 있다. 특히 미국이 9·11테러 이후 '비대칭적 군사위협'에 대한 효율적 군사정책의 필요성[11]에 직면하면서 더욱 그러해졌다. 아세안지역포럼(ARF), 북한 핵문제를 둘러싼 '3자회담'과 '6자회담' 등은 대표적인 예다.

둘째, 지역협력에 초점을 맞추는 제도의 관점에서 보면, 동북

---

10) 신현실주의의 창시자인 왈츠도 이론적으로 그러한 견해를 뒷받침한다. 왈츠는 기본적으로 동북아 역학구조를 미국과 중국의 양극체제로 파악한다. 그 이유로 미국은 세계적인 초강대국이지만 지역 패권국이 아니라는 점을 내세운다. Kenneth N. Waltz, "Structural Realism after the Cold War," *International Security*, Vol.25, No.1 (2000), pp.32-38; Robert S. Ross, "The Geography of the Peace: East Asia in the Twenty-first Century," *International Security*, Vol.23, No.4 (1999), p.82 참조.

11) U.S. Department of Defense, *Quadrennial Defense Review Report*, (Sept. 30, 2001) 참조.

아는 냉전종식 이후 경제적 상호의존이 심화되는 가운데 정치·외교·경제의 측면에서 협력 제도화의 필요성이 증대하고 있다. 냉전종식 이후 세계의 각 지역에서는 개별국가의 이익을 극대화하려는 노력의 연장선상에서 지리적 근접성을 바탕으로 공동의 지역협력체 형성이 적극적으로 추진되고 있다. 동북아는 경제발전의 역동성이 매우 높은 지역으로서 1990년대 들어와 역내교역 및 투자가 급증하고 있다.[12] 뿐만 아니라 중국의 WTO 가입 이후 세계 3대 경제권으로 자리잡게 되었다.[13]

이렇듯 경제적 역동성을 바탕으로 가속화되고 있는 지역적 상호의존과 더불어 협력의 제도화가 요청되고 있다. APEC은 그 맥락에서 상당부분 제도화에 기여했다. 그러나 APEC은 대상범위가 동북아에 한정되지 않으며, 본격적인 지역 경제협력 기구라기보다 자유주의 경제협력을 지향하는 대화기구 수준에 머물러 있고, 또 아직은 동북아지역 안정이라는 정치적 동기가 중심적인 동인으로 작용한다.[14] 이처럼 동북아지역에서 협력의 제도화는 '포괄적 안보개념'의 맥락에서 경제적 상호의존을 통한 질서안정을

---

[12] 강명세, "동아시아 지역주의는 가능할 것인가?," 진창수 편, 『동북아시아에서의 경제협력의 정치경제』(성남: 세종연구소, 2002), 18-20쪽 참조

[13] 세계경제에서 동북아지역이 차지하는 비중은 GDP에서 1990년 16%였던 것이 2010년에는 27%로 증대할 것이며, 총생산도 1999년 19%에서 2020년에는 30%로 확대될 전망이다. 또한 세계에서 차지하는 물동량의 비중도 1998년 27.0%에서 2000년 28.1%, 2006년 30.1%로 증가할 것으로 예상된다. 유현석, "동북아 경제중심 실현, 추진전략과 과제," 『참여정부시대 남북관계와 한반도 평화번영전략』, 민주평통, 한국동북아학회, 호남국제정치학회 합동학술회의 발표논문(2003 .6. 12), 65쪽 참조

[14] 이호철, "탈냉전 동아시아 국제질서: 안보와 경제의 상호관계," 『국제정치경제연구』, 제1집(1997), 54-55쪽 참조.

추구하는 초기단계에 있다. 유럽통합도 그러한 단계를 거쳐 왔다는 점을 감안하면 향후 동북아지역 협력의 제도적 발전 가능성은 충분히 있다. 현실주의적 시각에서 이러한 가능성은 동북아지역 국가들의 안보이익이 어떻게 서로 타협점을 찾을지 여부와 불가분의 관계가 있다. 그러나 그 이면에서 제도화과정의 촉진요인으로 작동하는 공유의식의 확대 가능성을 따져 보는 것도 매우 중요하다.

셋째, 지역협력의 제도란 반드시 공식적인 기구만을 의미하는 것이 아니라 비공식적인 규칙과 규범을 포함한다.[15] 하스(Haas)나 도이취(Deutsch) 같은 자유주의 계열의 학자들은 통합 및 공동체 형성과정에서 공식적인 기구보다 공동체 기구에 충성심을 이전할 수 있는 과정, 즉 공동체의식의 생성과정에 초점을 맞추고 있다.[16] 구성주의자들은 여기서 한발 더 나아가 이념을 이익형성의 결정요인으로 간주하고 이념, 문화, 정체성의 역할에 주목한다.[17] 이러한 이론적 입장에서 보면, 냉전종식 이후 동북아지역에는 두 가지 문화적 가치의 축이 서로 교차하는 가운데 정체성 갈등이

---

15) 신자유제도주의의 거두인 키오헨은 제도의 형태를 ① 국제기구와 같은 공식적 제도, ② 특정 이슈에 대해 국가간에 합의된 명백한 규칙을 갖는 국제레짐, ③ 관습과 같은 비공식제도로 분류하고 있다. Robert O. Keohane, *International Institutions and State Power* (Boulder: Westview Press, 1989), p.15.

16) Ernest B. Haas, "The Uniting of Europe and the Uniting of Latin America," *Journal of Common Market Studies*, Vol.5, No.4 (1967), p.32; Karl W. Deutsch, et al., *Political Community and the North Atlantic Area* (Princeton: Princeton Univ. Press, 1957), p.5.

17) Nicholas Onuf, *op. cit.*, pp.66-69; Alexander Wendt, "Constructing International Politics," *International Security*, Vol.20, No.1 (1995), pp.75-79 참조.

전개됨으로써 공식적 제도, 즉 규칙 및 규범의 확대가 저해되고 있다고 할 수 있다.

문화적 가치의 한 축은 냉전의 유산과 관련이 있다. 세계적 탈냉전에도 불구하고 동북아에는 이데올로기 갈등이 완전히 종식되지 못했다. 비록 세계화추세 속에서 자유와 시장경제 이념이 러시아와 중국에 깊숙이 확산되고 있으며, 매우 제한적이나마 심지어 북한 내부에도 영향을 미치고 있지만, 북한은 두말할 것도 없고 중국은 정치적으로 사회주의이념을 따르고 있다. 이러한 상황은 상이한 문명권의 공존과 직결된 또 다른 문화적 가치의 축과 더불어 지역적 공동의식의 확산을 가로막고 있다. 다시 말해 서구문명과 유교적 문화유산이 동북아지역에 혼재하는 탓에 지역적 정체성의 확립이 어렵다는 것이다. 물론 경제적 발전과 산업화추세 속에서 이익 지향적인 시장경제와 자유민주주의 가치가 확대되고 있음은 분명하다. 그러나 안보문제나 문화적 이슈에서는 문명권의 차이에서 연원하는 상이한 삶의 방식이나 민족주의적 이념이 갈등을 야기하는 경향이 적지 않다. 이러한 특성은 냉전시기에는 서유럽의 나토(NATO)와 유럽 경제통합 기구 같은 것이 형성되지 못한 주요 원인으로 작용했으며, 또 탈냉전기에도 동북아질서가 안정과 불안정의 양면성을 쉽게 극복하지 못하게 만들고 있다.

아마도 당분간 유럽과 같은 지역적 공동의식의 형성은 결코 쉽지 않을 것이다. 특히 유럽의 경우에는 미국과 문화적 동질성을 가지고 있었다는 점에서 동북아지역과는 분명히 다르다. 만약 향후 동북아에서 어떤 지역적 정체성이 확립될 수 있다면, 그 과정은 적지 않는 갈등을 겪어야만 할 것이다.

2) 한반도문제에 대한 동북아 강대국의 이해관계

한반도문제에 대한 지역 강대국들의 이해관계는 동북아질서의 구조적 특성을 반영하고 있다. 즉 군사안보적 측면에서는 양자 동맹관계의 강화 및 균열이, 경제적 측면에서는 협력을 통한 공동번영의 필요성이, 문화적 측면에서는 정체성 갈등이 상호 작용하는 가운데 한반도에 대한 강대국들의 이익이 결정되고 있다. 국가별로 살펴보면 다음과 같이 개괄적으로 정리할 수 있을 것이다.

(1) 미 국

냉전종식 이후 미국이 동북아에서 추구하는 안보전략의 기본 목표는 '지역패권 등장의 억제,' '안정유지,' '지역질서 변화의 관리'라는 세 가지다.[18] 미국은 초강대국으로서 압도적인 군사력을 가지고 있긴 하지만, 군사력에 의존해 독자적으로 동북아질서 안정을 유지하는 데는 한계가 있다. 따라서 정치적·경제적 비용을 감안해 한편으로는 지역적 세력균형을 통해 안정을 도모하며, 다른 한편으로는 역내 강대국들과의 협력을 통해 미국이 효과적으로 개입하기 어려운 안보적 난제를 관리하려고 한다.

세계적 탈냉전에도 불구하고 한반도의 군사적 대립상태가 종

---

[18] Zalmay Khalizad, et al., *The United States and Asia: Toward a New U.S. Strategy and Force Posture*, Rand (2001), p.xiii, http://www.rand.org/publications/MR/MR1315 (검색일 2003. 9. 10).

식되지 않은 상황에서 미국은 한·미 동맹관계를 강조하며, 한국 방위에 대해 확고한 의지를 표명하고 있다. 이 점에서 대한반도 정책은 외형상 큰 변화를 보이고 있지 않지만, 냉전시기와는 내용상 분명한 차이가 있다. 체제대결 시기에는 미국의 대한반도 정책은 자유민주주의 수호에 일차적 목표를 두고 있었다면, 탈냉전시기에는 미국의 이익보호를 위한 동북아 안정유지라는 목표가 우선되고 있기 때문이다.

미국은 냉전종식 이후 경제적으로 아시아·태평양지역과 더욱 긴밀한 관계를 유지하고 있다. 미국 총교역량의 약 1/3이 아시아·태평양지역에서 이루어지고, 총 2천억 달러에 달하는 미국자본이 동아시아지역에 투자돼 있으며, 역으로 비슷한 규모의 동아시아 자본이 미국에 투자되고 있다.[19] 이 지역의 경제적 역동성에 주목하는 미국은 동아시아의 안정적 경제발전을 주요한 자국의 이익으로 판단한다. 그러나 지역안보 공동체가 존재하시 않고, 영토분쟁 등의 잠재적 갈등요인이 상존하고 있으며, 또 지역국가들의 민주주의적 정치발전이 뒤떨어져 있는 상황은 미국의 이익보호에 큰 저해요인으로 작용한다. 따라서 미국은 이 지역에 주도적·적극적인 개입을 통해 안정적인 안보질서를 확보하고자 한다.

한반도는 바로 그러한 맥락에서 미국의 전략적 요충지다. 우선 한반도의 군사적 긴장상태는 동북아의 안보질서 유지에 가장 큰 부담을 주고 있기 때문이다. 또한 북한 핵문제에서 보듯이 한반도 안보문제는 동북아지역에서 대량살상무기의 확산을 부추김으

---

19) CSIS Working Group Report, *A Blueprint for U.S. Policy toward a Unified Korea* (August 2002), p.15.

로써 동아시아 안보질서를 혼란에 빠트릴 위험성을 안고 있다. 9·11테러 이후 '실패한 정부' 내지 '불량국가'의 대량살상무기 개발 및 보유가 미국 안보정책의 최우선 관심사가 됐다는 점에서 더욱 그러하다. 뿐만 아니라 한반도 분단의 어떤 현상변경이 초래할 지역질서의 혼란에 대해서도 미국은 주목하고 있다.

이러한 점을 고려할 때 한반도에서 미국의 중단기적 전략목표는 북한의 대량살상무기 개발 및 보유를 억제하는 동시에 한반도 분단의 평화적 현상유지를 지속시키는 데 있다. 즉 동북아에서 자국의 안보적 부담을 가중시킬 어떤 사태의 발전도 원치 않는 미국은 당분간 한반도 통일보다 평화와 안정에 더 큰 관심을 가지고 있다. 다만 장기적으로 한반도 통일이 동북아 평화에 기여하는 방향에서 이루어진다면 반대할 명분은 없다. 미국이 찬성할 수 있고 또 희망하는 통일의 모습은 통일한국이 정치적으로 자유민주주의 체제하에서 안정적·개방적이고 경제적으로 자유무역을 지지하며 안보적으로 대량살상무기를 보유하지 않은 채 평화애호 및 평화유지 능력을 갖춘 미국의 동맹으로 남아 있는 것이다.[20]

한반도 통일과 관련해서 미국이 안보 측면에서 가장 큰 관심을 쏟는 문제는 주한미군의 계속 주둔 가능성이다.[21] 통일 이전에는 한반도의 안정유지를 위한 역할 때문에 미국이 주한미군을 철수할 개연성은 매우 낮다. 그러나 통일 이후에는 한국 내부와

---

20) *Ibid*, p.18; Gerrit W. Gong, "Korean Unification: Implications for the U.S. and Northeast Asia," *Korea and World Affairs*, Vol.16, No.4 (Winter 1992), pp.663-664 참조.

21) Zalmay Khalizad, et al., *The United States and Asia*, p.9; CSIS Working Group Report, *op. cit.*, pp.19-21 참조.

중국 및 러시아로부터 철군압력을 받을 가능성이 높고, 미국은 이를 거부할 명분이 약해진다. 기본적으로 미국은 한반도 통일 이후 주한미군의 지위변경이나 병력감축은 불가피하더라도 최소한 군사기지는 유지되길 원한다.[22] 무엇보다 미국은 향후 중국의 세력증대를 우려하기 때문에 주한미군의 지속적 주둔을 통해 동북아의 세력균형은 물론이고 동북아에서 미국의 안보이익을 유지하기 위해서다. 이런 맥락에서 미국은 한국정부가 햇볕정책을 추진한 이후 한국사회에서 더 커진 통일 이후 주한미군 철수요구와 특히 지난해부터 급격히 분출된 반미감정에 촉각을 세우고 있다. 이러한 사회분위기가 통일 이후 한국이 장차 문화적 동질성을 가진 중국에 더욱 다가가고, 결국은 중국의 영향권에 편입될 가능성을 보여주기 때문이다.

⑵ 중 국

중국은 과거부터 대외 및 안보정책의 원칙으로 반패권주의를 강조해 왔다. 냉전시기에는 소련을 겨냥했다면, 탈냉전시기에는 미국이 주대상이다. 중국의 다극주의에 대한 선호는 대한반도 정책에서도 분명히 나타난다. 중국의 입장에서 한반도는 20세기 초

---

22) 미군기지의 지속적 확보를 주장하는 논거는 크게 4가지로 요약된다. 한반도에서 기지를 철수할 경우 ① 미군의 억제기능이 약화된다. ② 이는 또한 미·일 군사동맹에 대한 미국의 억할분담 능력을 현저히 약화시킬 수 있다. ③ 유사시 동맹국들에 대한 미국의 안보약속을 이행하는데 어려움이 발생한다. 이에 비해 ④ 미군주둔은 지역적 연관성과 오랜 기간 형성된 미군과 한국군의 통합능력을 지속적으로 유지시킬 수 있다. CSIS Working Group Report, *op. cit.*, p.21.

반 이래 일본과 미국의 해양세력에 대한 완충지로 인식돼 왔다. 그러나 중장기적 시각에서 중국은 역사적으로 한반도에서 누렸던 영향력이 회복되길 원한다. 다만 이것이 현실적으로 어려운 것을 고려해 적어도 한반도에 대한 해양세력의 패권주의적 영향력확대를 억제하고자 한다.

현재의 한반도 상황에서 중국의 이해관계는 '한반도의 안정 및 평화유지'와 '영향력 확대' 두 가지로 요약될 수 있다. 중국이 한반도의 안정과 평화를 원하는 이유는 세 가지 측면에서 찾을 수 있다.[23] 첫째, 한반도에서 심각한 혼란의 발생은 지정학적으로 가까운 중국에 안보적으로 엄청난 부담을 지울 것이기 때문이다. 분쟁발생시 주변강대국들의 직·간접적 개입이 불가피할 것이고, 이는 경우에 따라 미국과의 군사적 대결까지 벌어질 위험성이 있으며, 특히 일본의 군사력 증강을 야기함으로써 동북아의 안보불안으로 인한 중국의 심각한 안보적·경제적 손실을 초래할 수 있다. 둘째, 중국과 일종의 순치(脣齒)관계에 있는 북한 사회주의체제의 붕괴가 초래할 여파에 대한 우려 때문이다. 이 경우에는 정치적으로 사회주의를 표방하는 내부체제에 부정적 파급효과가 발생할 수 있으며, 경우에 따라 미국의 영향력과 국경선을 직접 마주하게 됨으로써 안보적 위협이 증대될 수 있다. 또한 북한의 급변사태로 인한 대규모 난민유입은 동북3성 지역의 사회경제적 혼란을 야기할 수 있으며, 더욱이 한반도가 통일될 경우에는 조선족의 동요가 야기됨으로써 중국의 소수민족 정책에 일대 충격을 촉발할 수 있다. 셋째, 국내적 경제발전에 주

---

23) 신상진, 『한반도 평화체제 구축에 대한 중국의 입장과 전략』(민족통일연구원, 1998), 4-8쪽.

력하고 있는 중국으로서는 한반도의 불안이 자국의 경제에 심각한 영향을 미칠 것으로 판단하고 있기 때문이다. 특히 1990년대에 한·중의 경제교류가 급격히 증대하는 가운데 한국은 중국의 3대 교역국으로 성장했을 뿐 아니라, 중국이 필요로 하는 기술, 자본, 경제발전 경험을 제공할 수 있다는 점에서 더욱 그러하다.

중국은 북한에 대한 경제지원을 지속하고 있으며, 남한과는 정치적·경제적 관계개선은 물론이고 사회문화적 교류를 통한 문화적 친근성을 증대시킴으로써 한반도에 대한 영향력을 확대하려 한다. 그러나 한반도에 대한 영향력 확대의지는 공격적이라기보다 방어적 성격을 띠고 있다.[24] 다시 말해 동북아지역에 대한 패권확보 차원이 아니라 미국과 일본에 대한 대응전략의 일환이다. 중국은 장차 통일된 한반도가 미국 및 일본의 영향권 아래 편입되는 것을 결코 원치 않기 때문이다. 최근 중국이 북한의 핵개발문제에 직접적으로 개입하기 시작한 것도 이런 맥락에서 이해될 수 있다. 단지 한반도의 안정과 평화유지 차원뿐 아니라 문제해결을 미국과 일본에 맡겨 둘 경우에 발생할 결과를 우려하기 때문이다.

한반도 통일문제에 대해서 중국은 공식적으로 남북한 주도의 평화통일이 이루어질 경우에는 지지한다는 입장을 밝히고 있다. 대만을 통일해야 하는 중국으로서 분단해소를 거부할 수 없을 뿐 아니라, 남북한이 통일을 염원하고 있는 상황에서 부정적 입장을 밝히는 것은 외교적으로 현명하지 못하기 때문이다. 그러나 실제로는 남한이 주도할 수밖에 없는 통일보다 분단의 평화적

---

24) 박영호 외, 『한반도 통일문제에 대한 주변 4국의 입장분석』(민족통일연구원, 1997), 16쪽 참조.

현상유지가 훨씬 바람직한 것으로 판단하고 있다. 다만 장기적으로 한반도 평화통일이 가시화될 경우를 대비해 주변국은 보조적 역할에 국한돼야 한다는 입장을 강조하고 있다. 그러나 한반도 평화통일이 실현된다면 중국은 안보적 완충지역이었던 북한의 소멸에 대한 반대급부를 얻기 위해 노력할 것이다. 무엇보다 중국은 주한미군을 지역안정 유지세력이라기보다 중국 견제세력으로 간주하고 있기 때문에 더욱 그러하다.25)

(3) 일 본

일본의 한반도에 대한 이해관계는 정치대국을 추구하는 국가전략의 맥락에서 설명될 수 있다. 일본의 정치대국화 전략은 미국과의 책임분담 아래 아시아지역을 거점으로 추진되고 있다.26) 이에 따라 일본은 주요과제로 대국화하고 있는 중국에 대한 억제력 확보, 미·일 안보체제와 중국의 공존, 아·태지역 국가들과의 네트워크 형성을 추구하고 있다.27)

일본은 그러한 틀 속에서 한반도정책을 추진한다. 한반도는 지정학적으로 일본에게 정치·경제·안보적으로 매우 중요하다. 따라서 일차적으로 한반도에 전쟁발생 같은 위기사태가 발생하는 것을 억제하고자 하고 한반도에 대한 영향력을 확대하고자 한다. 1990년대 들어와 일본이 끊임없이 북한과의 수교를 시도해 온

---

25) Gaye Christoffersen, "China and The Asia-Pacific," *Asian Survey*, Vol.36, No.11 (Nov. 1996), pp.1083-1084.

26) 배정호, "일본 신보수세력의 등장과 대외정책 전망," 산업연구원 편, 『일본의 정책변화와 장래』(산업연구원, 1996) 참조.

27) 박영호 외, 앞의 책, 12-13쪽.

것도 그런 맥락에서 이해될 수 있다.

한반도문제에 대해 일본은 한국의 대북·통일정책을 지지하는 입장을 보이고 있으며, 한·미·일 공조체제를 바탕으로 대북정책에 대해 정책적 보조를 맞춘다. 이는 일본의 정치대국화 의지에도 불구하고 독자적인 한반도정책의 추진을 제약하며, 특히 미국의 대한반도 정책에서 벗어날 수 없도록 만드는 구조적 한계 요인으로 작용한다. 다만 북핵문제는 일본으로 하여금 군사대국화에 대한 명분을 제공할 수 있다는 점에서 기회로 인식될 수 있다. 그러나 일본의 군사대국화는 주변국가의 반발을 초래함으로써 정치대국화에 장애를 초래한다는 사실이 일본의 대외정책적 딜레마가 아닐 수 없다.

일본은 한반도 통일이 한반도에 대한 영향력 확대의 계기로 작용할 것으로 예상한다.28) 무엇보다 남한중심의 평화통일은 막대한 비용을 필요로 할 것이고, 이에 따라 통일한국은 일본에 경제적 의존도를 높일 수밖에 없다는 판단에서다. 그러나 이에 못지 않게 위험요인도 적지 않다. 무엇보다 동북아에서의 역사적 경험 때문이다. 일본은 과거사 반성 및 청산에 인색한 탓에 한민족의 대일감정은 매우 좋지 않다. 다수의 한국민과 심지어 엘리트들조차 일본을 향후 통일한국의 잠재적 안보 위협국이며 경제적 경쟁자로 인식하는 경향이 강하다. 만약 일본이 통일한국을 두고 중국과 경쟁관계를 상정한다면, 통일한국의 사회적 분위기는 오히려 중국에 더 가깝게 다가갈 것이다. 따라서 일본은 중국이 한국의 반일감정을 활용할 가능성에 대해 경계하고 있다. 이와 관련해서 한·미·일 군사동맹의 형성을 염두에 둘 수 있지

---

28) 위의 책, 13쪽.

만, 반일감정 탓에 그 가능성은 희박하다. 따라서 일본은 한·미 동맹 및 주한미군의 지속적 유지를 선호할 수밖에 없다.

어쨌든 일본의 대외적 위상에 기인하는 정책추진의 한계점을 감안할 때, 일본의 한반도에 대한 안보이익은 독자적으로 관철될 가능성보다 미국의 정책틀 속에서 추구될 수밖에 없을 것이다.

⑷ 러 시 아

러시아는 전통적으로 극동지역에 대해 팽창주의적 정책을 추진해 왔다. 역사적으로 러시아의 일차적 관심은 항상 중국과 일본을 지향하고 있었으며, 한반도는 이차적 관심의 대상이었다. 지금도 한반도에 대한 러시아의 정책은 기본적으로 중국, 일본, 미국의 대(對)강대국 정책의 틀 속에서 이루어지고 있다.

탈냉전시기 러시아의 한반도정책은 대체로 세 가지 목표를 추구해 왔다. 첫째, 러시아 극동지역의 경제발전에 절대적으로 필요한 평화로운 주변환경 유지차원에서 한반도의 평화안정, 북한 핵개발 저지, 한반도 비핵화 실현이다. 둘째, 남북한 등거리외교를 통한 실리추구와 이를 바탕으로 한반도에 대한 영향력 확보다. 셋째, 한국과의 관계발전과 한반도문제 해결과정에서 적극적인 역할을 수행함으로써 아·태지역의 외교적 교두보를 확보하는 것이다.[29]

그럼에도 불구하고 소련붕괴 이후 국내정치적 혼란과 경제적 어려움 탓에 러시아의 국제적 위상이 극도로 위축되는 가운데

---

29) 강원식, 『한반도 통일과정에서 러시아의 역할』(민족통일연구원, 1997), 30-32쪽 참조

한반도에 대한 영향력도 현격히 축소됨에 따라 실질적 정책추진이나 성과는 매우 미미했다. 푸틴 대통령 등장 이후 비로소 한반도에 대해 보다 적극적인 정책이 추진되기 시작했다. 그러나 여기에는 정치적·안보적 영향력을 재확보하기 위해서라기보다 경제적 이유가 주요동인으로 작용하고 있다. 특히 러시아는 시베리아 동부를 개발 및 발전시키기 위해 동북아지역의 안정과 협력이 필수요건이라고 판단하고 있기 때문이다. 푸틴의 평양방문과 김정일 위원장의 모스코바 초청 같은 정상외교 추진을 통해 한반도 평화를 위한 남북한 및 미·북관계의 중재자역할을 시도한 것은 그러한 맥락에서 이해될 수 있다.

현재 러시아의 국내외적 상황을 고려하면, 가까운 장래에 과거 소련이 누렸던 정도의 한반도에 대한 영향력을 회복하기란 사실상 어렵다. 이러한 현실은 다른 강대국들과 달리 러시아가 한반도 통일을 가장 적극적으로 지지하는 동인으로 작용한다. 이외에도 러시아가 한반도 통일을 적극적으로 지지하는 데는 몇 가지 실리적인 이유가 있다. 첫째, 이를 통해 동북아에서 러시아의 외교적 위상을 회복하려고 한다. 둘째, 한반도 통일이 궁극적으로 불가피한 상황이라면, 적극적 지원을 통해 통일한국과의 우호적 유대관계를 미리 설정하는 것이 유리하다는 판단이다. 셋째, 한반도 통일은 러시아의 경제발전에 유리하게 작용할 수 있다고 생각하기 때문이다.[30]

러시아는 한반도 통일이 초래할 동북아 역학관계의 변화에 대해 지대한 관심을 가지고 있다. 어떤 상황에서 통일이 이루어질 것인가에 따라 입장이 달라질 수 있지만, 일반적으로 미국보다

---

30) 위의 책, 38-40쪽.

중국의 역할에 더 큰 기대를 걸고 있다. 그러나 통일한국이 자유무역, 평화, 안정을 바탕으로 러시아와 더 긴밀한 관계를 맺을 수 있기를 바란다는 점에서 미국의 지원을 받는 통일을 선호한다. 더욱이 러시아는 전통적으로 한반도문제에 대해 중국보다 미국과 더 많이 협력해 왔다. 이러한 양면성을 고려해 러시아는 한반도에서 중국과 미국의 영향력이 균형을 이룸으로써 양국과의 관계를 유지하기를 바란다.31) 이런 맥락에서 러시아는 통일 이후 한반도 미군주둔 유지에 매우 애매한 입장을 보이고 있다. 미군주둔은 동북아 안정에 기여할 수 있지만, 러시아의 기본적 안보이익에는 반하기 때문이다. 러시아 내부에서는 찬성과 반대의견이 나누어져 있다. 이에 대한 러시아의 최종 입장은 향후 세계적 수준에서 미·러간 안보협력의 향배와 통일 당시의 상황에 의해 결정될 가능성이 높다.

4. 동북아질서의 구조변화와 한반도문제

한반도문제는 구조적으로 동북아질서 변화에 큰 영향을 받을 수밖에 없다. 그렇지만 역으로 한반도문제가 동북아질서 변화를 촉발 내지 가속화하는 요인으로 작용할 가능성도 있다. 평화정착을 거쳐 통일에 이르는 한반도문제의 해결과정을 염두에 둘 때, 그러한 상호작용은 여러 변수에 의해 결정될 것이다. 우선 구조적 측면에서 보면, 가장 큰 결정력을 갖는 변수는 두 가지로 압

---

31) CSIS Working Group Report, *op. cit.*, p.38 참조.

축될 수 있다. 첫째, 미국과 중국간 상호 이해관계의 조율 가능성과 그 방향이다. 둘째, 현재 동북아질서의 기반인 양자주의가 다자주의로 대체되거나 적어도 다자주의와 공존할 가능성 여부다. 그리고 한반도문제 측면에서는 일차적으로 동북아 안보를 위협하고 있는 북핵문제의 해결 여부와 북한체제의 불안으로 인한 한반도의 불확실한 미래가 주요 변수다.

1) 한반도문제 1: 평화정착

한반도 평화정착은 평화통일을 위한 선결요건으로 간주되고 있다. 일반적으로 한반도 평화정착은 한반도 내부의 안보불안이 제거된 상태를 의미하며, 그 필요성에 대해 남북한 및 주변 강대국은 기본적으로 공감하고 있다. 그러나 각국은 서로 다른 계산을 하고 있다. 남한은 평화정착이 경제적 측면에서 국가리스크를 줄일 수 있으며, 남북한 교류·협력을 활성화시킴으로써 장차 통일의 기반으로 작동할 것이라고 생각한다. 이에 비해 북한은 안보적·경제적 측면에서 체제생존을 위한 필수적인 전제조건으로 간주하고 있다. 또한 주변 강대국들은 앞장에서 살펴보았듯이 자국이익의 관점에서 평화적 현상유지에 초점을 맞춘다.

이러한 차이는 평화정착에 이르는 방법을 두고 이견과 갈등을 유발하고 있다. 남한은 남북한간 평화협정과 이에 대한 강대국들의 평화보장을, 북한은 미국을 실질적 당사자로 지명하고 북·미 평화보장 협정체결을 각각 해결책으로 제시하고 있다. 그러나 북한이 남한의 제안을 무시하고 또 미국은 북한의 요구를 수용할 의지가 없는 상황에서 평화정착을 위한 대화는 표류해 왔다.

1990년대 후반기에 개최된 '4자회담'에서 보듯이 새로운 시도 역시 결실을 맺지 못했다. 물론 시도되지는 않았지만 평화정착 방안으로 여러 가지 대안이 제시될 수 있으며[32], 2003년 베이징에서 개최된 '3자회담'과 '6자회담'도 그 범주에 들어갈 수 있다.

한반도 평화정착을 어렵게 만드는 핵심적인 원인은 두 가지 측면에서 찾을 수 있다. 첫째, 북한의 체제생존 전략 탓이다. 북한은 미국의 안보보장을 얻어내기 위해 노력하는 가운데 핵과 미사일개발을 수단으로 활용해 왔다. 북한은 이를 통해 비단 군사안보뿐 아니라 경제적 측면에서도 체제생존을 도모하고자 한다. 따라서 북한은 체제생존에 대한 확신을 가질 수 있을 때까지 대량살상무기 개발을 포기하지 않으려 할 것이다. 둘째, 북한의 체제생존 전략에 대한 효율적인 대응책 마련을 어렵게 만드는 동북아질서, 특히 미국과 중국의 역학관계 탓이다. 미국이 북한의 요구를 수용하지 않는 것은 기본적으로 북한정권을 불신하고 있으며, 북한과 같은 불량국가에 보상을 지불하고 문제를 해결하는 선례를 남기려 하지 않기 때문이기도 하지만, 미국의 대북정책은 단순히 북한만을 겨냥하기보다 중국을 의식하고 있으며, 동북아 역학관계에 미칠 영향을 계산하고 있기 때문이다. 중국 역시 지금껏 북핵문제의 해결이 자국 및 동북아 안보에 미칠 영향의 불확실성을 우려해 문제해결에 적극성을 보이길 주저해 왔다.

그렇다면 한반도 평화정착의 실마리는 북핵문제가 어떻게 평

---

[32] 대안으로서 남북한과 미국의 「2+1」, 남북한과 미·중의 「2+2」, 남북한과 4강의 「2+4」, 남북한과 참전16개국 및 중·러의 「2+16+2」, 그리고 아직 존재하지 않은 동북아 안보협력체를 통한 방안 등을 생각할 수 있다. 강원식 외, 「한반도 평화체제 구축방안」, (서울: 민족통일연구원, 1995), pp.148-185 참조.

화적으로 해결될 것인가에서 찾을 수 있다고 해도 과언이 아니다. 북한의 강경한 전략적 태도를 감안할 때, 북핵문제의 해결과정에서 미국은 대북 강요·설득·보상 중 어느 하나 또는 둘 이상을 혼합하는 선택을 할 수밖에 없다. 그러나 미국으로서는 현실적으로 어떠한 선택도 마땅치 않다. 따라서 여태껏 부시행정부는 적극적인 대응책을 제시하지 못하는 동안 북핵문제가 증폭됨으로써 한반도 긴장이 고조되었다. 그러한 가운데 미국은 9·11테러사건을 계기로 북핵문제를 지역안보 차원을 넘어 세계안보 차원에서 바라보기 시작했다. 이는 미국이 예방전쟁을 감행할 개연성과 동시에 문제해결을 위해 국제협력을 모색할 가능성이 있다는 이중적 의미를 갖는 것이다.

이런 상황은 중국의 적극성을 유발했다. 미국이 무력적으로 북핵문제를 해결할 개연성이 증대되자, 중국은 최악의 상황전개를 방지하는 것이 급선무로 다가왔기 때문이다. 이에 따라 중국은 북한을 압박해 '3자회담'과 '6자회담'이 개최될 수 있도록 노력을 아끼지 않았다.[33] 중국의 노력이 북핵문제 해결을 위한 다자대화의 새로운 길을 연 것은 분명하지만, 실질적인 문제해결은 이제부터이며, 무엇보다 향후 미국과 중국간 협력의 정도와 내용이 관건으로 작용할 것이다. 이 점에서 북핵문제는 동북아질서의 구조적 변화를 촉발하는 계기를 제공하고 있다고 말할 수 있다.

북핵문제 해결과정에서 향후 기대되는 미·중간 협력게임의 실질적 모습은 중국이 동북아에 대한 미국의 안보이익을 어느

---

[33] 중국은 북한에 대한 원유공급을 잠정 중단하는 등의 압박을 통해 3자회담에 북한이 참여하도록 강요했다는 보도가 있다. David E. Sanger, "North Koreans and U.S. Plan Talks in Beijing," *New York Times* (April 16, 2003).

정도 인정해 줄 것이며, 역으로 미국은 중국의 지역맹주 지위를 어디까지 용인할 수 있을지의 문제를 중심으로 전개될 것이다. 즉 지역적 세력균형에 대한 상호 신뢰성 있는 합의 여부가 협력게임의 핵심적인 문제라는 것이다. 앞장에서 이미 언급했듯이 미국과 중국은 군사안보, 경제, 문화의 모든 측면에서 상호 경쟁적인 것은 분명하다. 그러나 중장기적 시각에 사로잡혀 있기에는 북핵문제가 너무나 심각하고 당면한 안보 불안요소이기 때문에 양국이 단기적일지라도 타협을 모색할 가능성은 충분히 있다. 무엇보다 미국의 현실주의자들은 나중에 파기하더라도 필요하다고 판단되면 협력의 제도화를 정책수단의 측면에서 수용하고 있으며,34) 중국의 실용주의자들도 미국의 안보적 기득권을 당장 부인하는 것이 중국의 현대화에 결코 도움이 되지 않는다는 점을 인식35)하고 있기 때문이다.

미국과 중국이 상호이익의 타협을 바탕으로 협력할 수 있다면, 북핵문제 해결은 시간문제일 것이다. 일단 중국의 대북압력이 강화될 것이고, 동시에 동북아지역 국가들의 설득과 보상이 뒤따를 것이다. 그래도 효과가 없다면 미국을 중심으로 지역국가들의 공조 아래 대북 경제봉쇄와 극단적으로는 북한 지도부 교체 등과 같은 강압도 예상된다. 이 과정에서 북한은 더 이상 버티기 힘들 것이며, 체제생존을 보장받는 대가로 문제해결을 모색할 가능성

---

34) 리차드 하스, "9·11 이후 미국의 외교정책," 장성민 역, 『9·11테러 이후 부시행정부의 한반도정책』(김영사, 2002), 46쪽 참조.
35) Zhongying Pang, "China-ROK Cooperation in East Asian Integration and Its Implications for the ROK-US Alliance," 한국국제정치학회 · 국방대 국제학술회의 (2003. 9. 25), p.4 참조, http://www.joins.com/(검색일 2003. 9. 26).

이 높다. 북한의 체제생존 보장에는 경제적 대가지불과 평화보장 협정체결이 요구된다. 따라서 그 과정은 각 지역국가의 이해관계를 고려해 다자간 협상을 통해 이루어질 수밖에 없다.

미·중협력을 기반으로 하는 다자적 협력틀 속에서 북핵문제의 해결은 한반도의 평화적 현상유지를 위한 초석이 될 것은 분명하다. 그러나 이것이 곧 동북아의 다자주의적 협력을 의미하지는 않는다. 다자주의란 형식적인 조직원리를 넘어 규범적 원칙이 개입된 개념으로서 행위자를 결속시키는 심층구조를 바탕으로 하는 협력을 전제로 한다.[36] 이러한 의미의 다자주의가 동북아에 조만간 확립될 것으로 기대하기는 어렵다. 한반도 평화정착이 다자적 협력에 의해 이루어진다고 해도 그것의 기반은 양자주의에 두어질 것이다. 미국을 중심으로 하는 양자동맹 체계(hub-and-spokes system)는 그대로 유지될 것이며, 핵개발을 포기한 북한은 여전히 중국의 영향권 아래 남아 있을 가능성이 매우 높기 때문이다. 다만 한반도의 평화적 현상유지가 동북아질서의 안정에 기여하는 가운데 다양한 분야에서 지역국가간의 양자 및 다자적 협력이 다자주의가 확산되는 방향으로 선순환할 가능성을 기대할 수 있을 따름이다.

2) 한반도문제 2: 통일

한반도 평화정착 과정을 거치지 않는 평화통일을 완전히 배제

---

[36] James A. Caporaso, "International Relations Theory and Multilateralism: The Search for Foundation," *Multilateralism Matters: The Theory and Praxis of an Institutional Form* (N.Y.: Columbia Univ. Press, 1993), pp.54-56 참조.

할 수는 없다. 독일통일과 같이 북한의 내적 붕괴가 평화통일로 바로 이어질 수도 있기 때문이다. 그러나 동독과 북한의 사회구조적 차이를 감안할 때, 북한의 경우에는 내적 붕괴가 무력동원을 유발할 가능성이 매우 높다. 따라서 여기에서는 평화정착 과정을 거치는 평화통일 시나리오를 중심으로 문제해결 과정을 설명할 것이다.

한반도 평화정착 문제를 해결하는 과정은 북핵문제로 인한 안보질서의 혼란을 공동으로 회피하려는 노력이 빚어 내는 '조정'(coordination)의 성격을 띤다. 이에 비해 평화정착 이후 평화통일의 해결과정은 공동이익의 균형을 찾으려는 '협동'(collaboration)의 성격을 보일 가능성이 매우 높다. 게임이론에 따르면 조정은 경우에 따라 여러 가지 균형점을 형성하는 데 반해, 협동은 대체로 차선적 결과라는 하나의 균형점을 도출해 내는 경향을 보인다.37) 이것이 시사하는 바는 통일문제가 평화정착 문제보다 해결되기 어렵다는 것이다.

게임이론을 좀더 원용하면, 통일문제의 해결과정은 다자적 게임인 동시에 다차원게임(multi-level game)의 성격을 띤다.38) 즉 동북아국가들의 전략만으로 협력의 촉진을 온전하게 설명할 수 없으

---

37) 협력을 조정과 협동으로 구분해서 설명하는 논문으로는 Arthur Stein, "Coordination and Collaboration: Regimes in Anarchic World," *International Regimes*, ed. by S. D. Krasner (Ithaca: Cornell Univ. Press, 1983), pp.120-127 참조.

38) 다차원게임에 관해서는 Robert Axelrod & R. O. Keohane, "Achieving Cooperation under Anarchy: Strategies and Institutions," *Neorealism and Neoliberalism: The Contemporary Debate*, ed. by D. A. Baldwin (N.Y.: Columbia Univ. Press, 1993), p.105 참조.

며, 각국의 전략이 상호 작용하는 맥락과 상이한 차원의 게임간에 발생하는 상호 영향에 대한 이해가 필요하다는 것이다. 이와 관련해서 이슈연계, 국내정치와 국제정치의 연결, 여러 차원의 게임간 양립 가능성 여부 등이 고려돼야 한다. 이러한 복합적 성격을 반영하고 있는 것이 바로 제도다. 따라서 동북아국가들의 협력을 통한 통일문제 해결에는 협력의 제도화가 주요변수로 작용한다. 특히 제도를 권력정치의 종속변수(현실주의)가 아닌 행위의 독립변수(자유주의와 구성주의)로 인식[39]한다면, 더욱 그러하다.

평화정착의 초석이 마련된 이후 통일문제는 일차적으로 남북한에 의해 주도될 것이다. 이 과정은 한반도 평화의 공고화와 맥을 같이하며, 남북한의 인적·물적 교류·협력과 더불어 정치적 문제해결 능력의 증대와 군사적 신뢰구축 및 군축 같은 조치를 요구할 것이다. 그러나 남북한이 통일에 대한 공감대를 확보하고 다양한 분야의 문제를 해결해 나갈 의지가 있다고 하더라도 추진과정의 원활성 및 효율성은 동북아의 제도화수준에 따라 큰 편차를 보일 것이다.

만약 양자주의가 압도하는 상황이라면, 미·중관계와 일·중관계의 역학관계가 한반도 통일을 억제하는 요인으로 작용할 것이다. 통일에 따른 현상변경이 초래할 결과가 자국이익의 증진에 도움이 될지가 불투명하기 때문에 현상유지를 선호할 개연성이 높기 때문이다. 이 경우 한반도 통일의 가능성은 향후 미국의 세계 패권국 지위와 동맹정책의 변화 가능성, 일본의 정치 및 군사 대국화 가능성, 중국의 영향력 확대 등의 문제가 동북아 역학관

---

[39] 국제정치 이론의 패러다임별로 제도개념의 차이를 정리한 글로는 John J. Mearsheimer, "The False Promise of International Institutions," *International Security*, Vol.19, No.3 (1994/1995), pp.5-49 참조.

계에 어떤 변화를 초래하는가에 종속될 것이다. 이에 비해 다자주의가 상대적으로 증대할 경우에는 통일의 속도가 보다 빨라질 수 있다. 경제적·사회문화적 측면에서 공유의식의 확산은 정치적 문제해결 능력을 증대시킬 수 있기 때문이다. 더욱이 공동번영에 대한 공감대 형성은 안보갈등을 완화시키는 가운데 포괄적 안보의 중요성을 증대시킬 것이다. 이 경우 남북한의 통일의지 및 실천은 다자협력의 틀 속에서 수용될 가능성이 커진다.

따라서 한반도 통일과정에 동북아질서가 긍정적 역할을 할 수 있기 위해서는 점진적이나마 양자주의에서 다자주의로의 구조적 변화가 요구된다. 물론 동북아에서 협력의 제도화가 쉽게 진전될 것으로 예상되지는 않는다. 그렇지만 역사적으로 제도는 항상 확산돼 왔다. 규범적 압력이 존재하고 모방할 대상이 있을 경우 제도의 확산은 가능하다.[40] 실제로 북핵문제가 다자적 협력에 의해 해결될 수 있다면 이는 제도화의 출발점이 될 수 있다. '유럽안보 및 협력회의'(CSCE)의 성립과정을 되돌아보면, 바로 독일문제가 해결(동서독 관계 정상화)됐기 때문에 '헬싱키선언'이 가능했다는 사실을 발견할 수 있다.[41] 그렇다면 CSCE는 동북아지역이 모

---

40) 신제도주의에 따르면 각 조직간에는 항상 제도의 평준화현상이 발생하며, 이는 강제(coercion), 모방(mimesis), 규범적 압력(normative pressures)의 메커니즘에 의해 이루어진다. Paul J. DiMaggio & Walter W. Powell, "The Iron Cage Revisited: Institutional Isomorphism and Collective Rationality in Organization Fields," *The New Institutionalism in Organizational Analysis*, eds. by W. W. Powell & P. J. DiMaggion (Chicago: Univ. of Chicago Press, 1991), pp.67-74.

41) Norbert Ropers & Peter Schlotter, "Regimeanalyse in KSZE-Prozeß," *Regime in den interantionalen Beziehungen*, hrsg. von Beate Kohle-Koch (Baden-Baden: Nomos Verlag, 1989), pp.324-325 참조.

방할 수 있는 좋은 대상이 아닐 수 없다. CSCE는 비록 느슨하며 군사안보적으로 실천능력을 갖추지 못한 협력제도이지만, 동북아에서 그러한 협력틀이 갖추어진다면 출발점으로 매우 중요한 의미를 가질 것이다.

더욱이 탈냉전시기 동북아에는 경제 및 사회문화적 측면에서 일반적인 국제규범이 점점 확산되는 경향을 보인다. 동북아지역에 경제협력기구가 아직 구성되지는 못했지만, 대부분의 지역국가가 APEC과 '세계무역기구'(WTO) 같은 국제기구에 가입함으로써 교류 및 협력의 규범을 공유하기 시작했다. 또한 '자유무역협정'(FTA)의 필요성에 대한 공감대도 확산되고 있다. 물론 동북아에서 다자주의가 확산 및 발전하기 위해서는 넘어야 할 장애물이 많다. 무엇보다 동북아에는 이데올로기적 정체성, 문화적 정체성, 공동이익 증대를 위한 국제규범 등 이념적 차원의 갈등요인이 중첩돼 있기 때문이다.

어쨌든 일단 다자주의적 협력이 미약하나마 시작될 수 있다면, 한반도 통일은 동북아질서의 구조적 변화를 가속화시키는 중요한 요인이 될 것이다. 한반도 통일의 분위기가 고조된 시점에서 동북아의 제도화가 어느 수준에 도달해 있을지에 따라 차이는 있지만, 적어도 한반도의 현상변경에 대한 주변국가들간 안보이익의 조율이 필요할 것이기 때문이다. 아마도 가장 큰 논란은 결국 통일 이후 주한미군 주둔문제로 모아질 것이며, 이 문제에 대한 논의과정은 동북아에서 군사적 신뢰구축과 군축을 포함하는 안보레짐의 형성을 촉진할 것이다.

5. 맺음말: 우리의 실천과제

이 글은 머리말에서 미리 밝혔듯이 한반도의 평화적 통일을 전제로 동북아의 역할——주로 긍정적 역할——가능성에 초점을 맞추었다. 실제로 그와 같은 일이 전개될지는 누구도 정확하게 예측하기 어렵다. 그럼에도 불구하고 긍정적인 시나리오에 중점을 둔 이유는 우선 우리의 목표와 가깝기 때문이며, 나아가 그 목표를 실현하기 위해 필요한 우리의 실천과제를 찾으려는 의도가 이면에 깔려 있기 때문이다.

현실적으로 우리는 한반도에 대한 주변 강대국들이 단기적 이익을 포기 또는 변경하게 만들 수 있는 능력을 갖고 있지 못하다. 우리가 현재 할 수 있으며 또 해야 할 일은 한반도 평화정착을 바탕으로 통일을 실현시키려는 장기적 목표에 부합하는 정책 프로그램을 마련하고, 이에 대한 주변 강대국들의 동의를 받아내는 것이다. 이 과정은 주변 강대국에 대한 설득이나 한반도 현안문제를 둘러싼 정책적 조율을 넘어 보다 넓은 시각에서 동북아의 경제 및 사회문화 협력을 증진시킴으로써 포괄적 안보협력체 형성의 필요성에 대한 공유의식 확대 및 실현을 위한 노력과 더불어 진행돼야 한다. 이는 결코 쉬운 일이 아니며, 풍부한 상상력을 요구하는 일임에 분명하다.

이 맥락에서 동북아질서가 한반도 통일에 긍정적 역할을 할 수 있는 여건을 조성하기 위한 우리의 실천과제를 포괄적이나마 간략하게 요약하면 다음과 같다.

첫째, 한반도문제 해결에 관한 우리의 중·장기적 정책프로그램이 국민적 합의를 바탕으로 더욱 명확하게 정리돼야 한다. 우리 정부는 정부출범 때마다 새로운 청사진을 제시하고 있다. 그러나 지난 몇 년간 정책추진 과정에서 사회적 이념갈등이 표출됐고, 그 결과 정부의 정책목표에 대한 국내적 인식의 혼란이 빚어지고 있다. 우리 국민이 정책목표에 대한 인식적 혼란을 거듭하는 상황에서 주변국가들이 확신을 갖길 기대하는 것은 무리다.

둘째, 정책목표 달성을 위한 세부정책은 보다 긴 호흡으로 국제정세에 부합하는 방향으로 단계적 추진과정을 거칠 필요가 있다. 동북아에서 상대적으로 약소국인 우리의 입지를 고려할 때, 민족적 해결의 당위성을 내세워 국제정세를 뛰어넘으려는 정책추진은 성공하기 어렵다. 햇볕정책 추진과정에서 남북한 관계개선을 위한 집중적인 노력도 북미관계 악화로 소기의 성과를 거두기 어려웠던 경험을 소중한 교훈으로 삼을 필요가 있다.

셋째, 위의 과제와 연관된 것으로 대북정책과 4강 외교의 효율적 연계가 필요하다. 한반도문제 해결과정에는 지역국가들의 이해관계가 복잡하게 꼬여 있기 때문에 이를 풀어 나가는 과정은 여러 수준에서는 물론이고 여러 이슈에 관한 대화와 협상으로 이루어질 수밖에 없다. 따라서 한반도문제 해결전략이라는 하나의 큰 로드맵을 구상하고, 이 속에서 그러한 대화와 협상을 서로 순차적·교차적으로 연계시킴으로써 협상의 성사 가능성을 제고하는 전략이 요구된다.

넷째, 양자적 차원에서는 물론이고 다자적 차원에서 공동번영을 위한 구체적인 대안을 모색해야 한다. 이를 위해서는 일차적으로 주변국들의 선호를 자극할 수 있는 우리의 경제역량과 사회적 자본을 증대시켜야 할 것이다. 그리고 동북아국가들의 공동이익을 증대시킬 수 있는 국제제도를 확립하는 데 주력해야 한다. 정부차원에서 이를 주도하기에 우리의 역량이 아직 부족하다면, 비정부차원에서라도 적절한 공동사업을 개발해 북한을 포함한 지역국가들의 동참을 유인하는 노력을 기울여야 한다. 한국, 중국, 일본, 러시아의 적극적 참여 속에 진행되는 러시아 극동지역(RFE) 천연가스전 공동개발 사업은 그와 관련한 모범적인 사례다. 뿐만 아니라 시베리아횡단철도(TSR) 및 중국횡단철도(TCR)와 한반도종단철도(TKR)를 연결시키는 구상도 한 예가 될 수 있다.

다섯째, 동북아에서 다자간 안보협력이 성사되지 못하고 있는 이유는 강대국간 안보이익의 상이성 탓이지만, 각국의 이익규정도 따지고 보면 상당부분 안보협력에 관한 공유의식 부족과, 더 근본적으로는 문화적 정체성의 차이에서 연원한다. 문제는 앞에서도 지적했듯이 동북아지역에 존재하는 정체성 갈등은 실제로 쉽게 극복되기 힘들다. 아무리 세계화가 심화되고 산업이 발전하더라도 동북아국가에서 생활양식의 동질화가 이루어질 수 있다고 기대하기는 어렵다. 그렇다면 해결방법은 다른 체제와 문화를 서로 이해하고 받아들이는 것, 즉 문화적 다원주의를 바탕으로 서로 다름을 인정하고 존중함으로써 공존하는 것이다. 이것이 가능하기 위해 우리는 지역국가간 사회문화 분야의 교류·협력이 활성화될 수 있는 여건창출에 더 많은 노력을 기울여야 할 것이다. 이는 남북한관계에도 적용됨은 두말할 나위가 없다.

동북아 신질서 — 지역안보와 경제협력

초판 제1쇄 찍은날 : 2004. 6. 20
초판 제1쇄 펴낸날 : 2004. 6. 30

지은이 : 김계동 외 9인
펴낸이 : 김 철 미
펴낸곳 : 백 산 서 당

등록 : 제10-42(1979.12.29)
주소 : 서울 서대문구 홍제동 330-288
전화 : 02)2268-0012(代)
팩스 : 02)2268-0048
이메일 : bshj@chol.com

값 18,000원

ⓒ 국가정보대학원

ISBN 89-7327-345-0 03340